国家社会科学基金教育学一般课题："双一流"建设的历史发展及其理论体系研究（BIA180177）

国家社科基金丛书
GUOJIA SHEKE JIJIN CONGSHU

中国"双一流"建设研究

Research on
China's "Double First Class" Construction

耿有权 著

人民出版社

责任编辑：王彦波
封面设计：石笑梦
版式设计：胡欣欣

图书在版编目（CIP）数据

中国"双一流"建设研究 / 耿有权著. -- 北京 ：
人民出版社，2024. 10. -- ISBN 978 - 7 - 01 - 026752 - 4

Ⅰ. G649. 2

中国国家版本馆 CIP 数据核字第 2024JG1246 号

中国"双一流"建设研究

ZHONGGUO SHUANGYILIU JIANSHE YANJIU

耿有权　著

人民出版社 出版发行
（100706　北京市东城区隆福寺街 99 号）

北京九州迅驰传媒文化有限公司印刷　新华书店经销

2024 年 10 月第 1 版　2024 年 10 月北京第 1 次印刷
开本：710 毫米×1000 毫米 1/16　印张：17. 5
字数：280 千字

ISBN 978 - 7 - 01 - 026752 - 4　定价：88. 00 元

邮购地址　100706　北京市东城区隆福寺街 99 号
人民东方图书销售中心　电话（010）65250042　65289539

目　　录

前　　言

　　当前,世界百年未有之大变局加速演进,中华民族伟大复兴进入关键时期。全球范围内新一轮科技革命和产业变革蓬勃兴起,世界各国都在抢抓机遇,国际人才争夺日趋白热化。我国要实现高水平科技自立自强,归根结底要靠高水平创新人才。要培养造就大批高水平创新人才,我国必须建设一批世界一流大学和世界一流学科。中国"双一流"建设,正是适应国家这一重大需求而发展起来的,因此具有特别重要的战略意义和现实意义。中国"双一流"建设,虽然起步较晚,经验积累不多,但独具优势和特色。中国"双一流"建设,是世界最大发展中国家开启的战略性工程,是中国人民立足自身独有的五千年中华文明根基,坚定历史自信、文化自信和教育自信,在新中国成立以来特别是改革开放以来重点高校建设经验基础上,坚持世界一流导向,以学科建设为基础,致力于建成中国特色世界一流大学,源源不断地培养大批德智体美劳全面发展的社会主义建设者和接班人,使中国发展成为世界重要学术中心、世界重要科学中心、世界重要人才中心和创新高地,进而为构建人类命运共同体和创造人类文明新形态作出重大贡献。从建设规律和建设成效看,中国的"双一流"建设,彰显了中国理念、中国特色和中国优势,正向构建中国道路的方向升级发展,并展现出光明的发展前景和突出的优越性。

　　在这个背景下,本书聚焦中国"双一流"建设问题,致力探讨的重要课题是中国"双一流"建设是如何形成的,以及如何立足中国"双一流"大学的成功实践建构中国"双一流"建设理论体系。基本观点是:中国"双一流"建设,是近现代中国高等教育长期探索和实践的创新性成果,是中国教育现代化的重要组成部分;中国"双一流"建设,是中国共产党领导的世界一流大学和世界一流学科建设,是在积极发扬中华优秀教育传统文化,学习借鉴西方建设模式的基础上发展起来的,既有西方模式的共同特征,更有基于国情的中国特色;中国"双一流"建设,坚持服务中华民族伟大复兴战略全局,以建成中国特色世界一流大学为目标,发挥社会主义集中力量办大事的制度优势,走"集中资源、率先突破、带动整体"的重点建设道路,坚持扎根中国大地立德树人,坚持社会主义办学方向,培养有家国情怀、全球视野、创新能力的世界一流人才。中国"双一流"建设的实践主体是中国"双一流"大学,中国"双一流"建设成效取决于"双一流"大学建设成效,"双一流"大学尤其要把内涵建设、特色建设和质量建设提升到世界一流水平。这既是西方世界一流大学建设带给我们的启示,也是总结中国一流大学建设经验得到的科学结论,更是中国"双一流"大学面向未来必须遵循的基本建设规律。概言之,中国"双一流"建设实践,具有显著的中国性、民族性、传承性和创新性特征,这决定了中国"双一流"建设理论必然具有丰富的中国内涵和鲜明的中国特点。

　　本书的目标不是介绍中国"双一流"建设的具体做法和细节知识,而是在一般意义上探讨中国"双一流"建设的总体认识、基本规律和基本原理,因此,本书坚持以问题为导向,从基本问题入手。那么,究竟哪些问题是中国"双一流"建设的基本问题? 判断基本问题的依据是什么? 毫无疑问,有关中国"双一流"建设的理论和实践问题有很多,但只有那些既影响全局又影响局部,既影响长远又影响眼前,既影响中国又影响世界,带有根本性、基础性、全局性、普遍性特征的问题才是基本问题。进一步说,中国"双一流"建设在理论的意义上涉及四个基本问题,即何谓中国"双一流"建设? 中国"双一流"建设如何构成? 中国"双一流"建设如何运行? 中国"双一流"建设追求什么？这些基本问题相互联系，"牵一发而动全身"，对任何一个问题的认识和理解若出现错误或偏差，都会影响到对其他问题甚至所有问题的正确认识和理解，进而影响中国"双一流"建设的实践发展。一言以蔽之，这些基本问题是中国"双一流"建设理论研究需要直接面对和严肃探讨的重要课题。

围绕以上问题，我们引入古希腊哲学家亚里士多德"四因学说"即"本因、物因、动因和善因"的理论方法作为"逻辑引线"，在阐述中国"双一流"建设的历史源流及其理论进展的基础上，尝试提出以本质意义、基本要素、运行原理、功用目的四个部分为有机构成的中国"双一流"建设基本理论建构思路，着力阐释上述基本问题的来龙去脉和丰富内涵，前瞻性地分析中国"双一流"建设与研究发展的未来前景。据此思路，全书主体内容展开为四章，前有绪论，后连结语，层层推进，有序展开，形成一个较为系统完整的中国"双一流"建设基本理论的框架体系。

绪论　中国"双一流"建设的历史发展与研究。这个部分从演变规律的角度探讨中国"双一流"建设的历史源流，系统梳理中国"双一流"建设前期从"国立大学建设时期"到"重点高校建设时期"，到"211 工程"和"985 工程"建设时期，再到"双一流"建设时期的历史进程；从四个维度综述中国"双一流"建设研究的进展状况，揭示中国"双一流"建设的逻辑要义，即历史逻辑、理论逻辑、实践逻辑的意义，尝试综合性提出以"四论"为主体内容来建构中国"双一流"建设理论体系的新思路、新框架。

第一章　中国"双一流"建设的本质意义。这一章从世界一流大学建设的一般规律和特殊规律的角度，探讨什么是中国"双一流"建设的问题，分析其本质意义。这是中国"双一流"建设的根本性问题，也是首要问题。具体从基本概念入手，分析阐述了中国"双一流"建设的意义、实践主体，以及"双一流"大学建设的目标定位、主要特征，并研讨走好中国"双一流"建设道路的理念、方向、动力和途径。

　　第二章　中国"双一流"建设的基本要素。这一章从世界一流大学建设的内部关系规律和外部关系规律的角度,探讨中国"双一流"建设如何构成的问题,分析其实践主体——中国"双一流"大学建设的构成要素是什么,具体从分析"双一流"大学建设的全球生态以及关键力量入手,深入探讨"双一流"大学建设的关键要素,包括一流大学的管理者要素、创新文化、社会因素和国际因素,揭示中国"双一流"建设的要素构成规律。

　　第三章　中国"双一流"建设的运行原理。这一章从世界一流大学建设的发展规律、办学规律和育人规律的角度,探讨中国"双一流"建设如何运行的问题,分析揭示中国"双一流"大学推动各种办学要素和谐有序、高效运行的基本原理,具体包括:中国特色世界一流的鲜明导向、扎根中国大地立德树人的示范引领、世界一流学科的内涵式发展、科学合理规范的绩效管理、改革推进科教产教融合发展、高质量国际学术交流与合作、中国特色世界一流大学治理体系和治理能力现代化。

　　第四章　中国"双一流"建设的功用目的。这一章从世界一流大学功能发展的角度,深入探讨中国"双一流"建设追求什么功用目的的问题,分析揭示中国"双一流"大学建设的功能作用和目的指向,具体探讨五个方面的内容:一是引领社会服务,促进社会至善;二是引领人才培养,促进教育至善;三是引领科学研究,促进科技至善;四是引领文化传承创新,促进文化至善;五是引领国际交流,促进人类至善。

　　结语　中国"双一流"建设与研究的未来展望。这个部分从趋势发展的角度探讨中国"双一流"建设与研究的未来前景,科学分析中国"双一流"建设与研究面临的新形势,包括"双一流"建设不断向更高级阶段发展,国家不断对"双一流"大学建设提出更高更新更多的要求,由此带来许多发展性问题和重要课题需要研究,并前瞻性指出理论研究的未来走向和发展趋势。

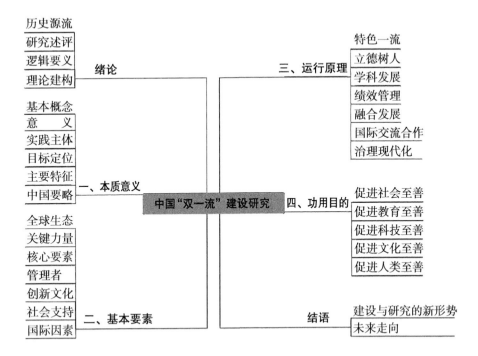

《中国"双一流"建设研究》简图

绪　论　中国"双一流"建设的历史发展与研究

　　中国"双一流"建设,是在中国特色社会主义进入新时代的背景下实施的重大战略。这一战略是承前启后、继往开来的高等教育战略,是推进社会主义现代化强国建设、实现中华民族伟大复兴、构建人类命运共同体的突破性、引领性、标志性工程,具有深远的历史意义,也具有鲜明的时代意义。从历史源流看,中国"双一流"建设在构想、观念或思想层面可以追溯到新中国成立前一批杰出的教育家、思想家倡导建设的"大学校""大大学""第一流大学""国立大学",从这种观念和实践出发,到新中国成立后特别是改革开放后实施的重点大学建设计划,到20世纪90年代的"211工程"和"985工程"以及21世纪的"2011计划",再到2015年启动实施"双一流"建设战略,这个建设过程充分体现了中国一流大学建设的历史逻辑、理论逻辑和实践逻辑的三重意义。在此发展过程中,我国高等教育特别是一流大学建设取得了举世瞩目的重要成就,以此为基础,未来中国通过"双一流"建设及配套体系建设,争取到本世纪中叶,不仅与世界高等教育同步发展,更要建成国际公认的中国特色世界一流大学,建成一批享誉全球的中国特色社会主义标杆大学,建成世界重要学术中心、世界重要科学中心、世界重要人才中心和创新高地,成为名副其实的世界高等教育强国。与此同时,我国学术界跟踪这一历史进程开展研究,以前沿、科学、系统、创新的教育理论成果指导和推进中国"双一流"建设实践,产生了积极影响。

第一节　中国"双一流"建设的历史源流

讨论世界一流大学建设问题,不能回避大学的历史,也难以回避大学的历史。"一个人如果不理解过去不同时代和地点存在过的不同的大学概念,他就不能真正理解现代大学。"①重要的是,我们要从中外大学史中学习经验规律,更好地走向未来。普遍认为,中西方古代就有高等教育机构,如中国古代的太学、古希腊的学园、古埃及的爱资哈尔等,这些机构承担着最高学问中心的职能,被称为"大学",但是真正意义上的"大学"起源于中世纪时代的欧洲。② 不过,有学者认为中世纪大学的组织模式起源于伊斯兰学术界,这是有可能的。③ 还有学者认为西方大学模式可能有两个来源:一个来源是中世纪欧洲大学,另一个来源很可能是中国的科举制度。看法国大学院,保留类似科举制度的统一高考,很可能反映的是中国的传统,或者说受到中国传统的影响。④ 这表明,早期人类的大学的起源是一个非常复杂的过程。

现代教育学者常引用牛津大学前校长阿什比(Eric Ashby)的一个类比说法是:"大学是继承西方文化的机构,它保存、传播和丰富了人类的文化。它

---

① ［美］伯顿·克拉克:《高等教育新论——多学科的研究》,王承绪等译,浙江教育出版社2001年版,第49页。

② 注:中世纪,这一概念最早是十五世纪的意大利人文学者提出的,这些学者认为古代的辉煌成就与他们自身时代的教化之间有一个黑暗的中间时期。如果要指明具体时间,可以认为中世纪包含了从罗马文明在拉丁西方的灭亡(大约公元500年)到1450年的这一段时期,因为1450年时艺术与文学的复兴即所谓的"文艺复兴"肯定已经在进行。参见［美］戴维·林德伯格:《西方科学的起源》,张卜天译,商务印书馆2019年版,第193页。

③ ［瑞士］吕埃格:《欧洲大学史·中世纪大学》第1卷,［比］希尔德·德·里德-西蒙斯分册主编,张斌贤等译,河北大学出版社2008年版,第9页。

④ ［加拿大］许美德:《中国大学从边缘到中心及中外大学文明间的对话》,张秀琴:《外国人看中国教育》,高等教育出版社2012年版,第315—322页。

像动物和植物一样地向前进化。所以任何类型的大学都是遗传和环境的产物。"①就遗传而言,多数学者认为,中世纪时代欧洲出现两所被称为"母型大学"的大学,即意大利博洛尼亚大学和法国巴黎大学,"巴黎大学被称为教师大学的模板,而博洛尼亚大学自然是学生大学的鼻祖。之后出现的所有大学或多或少都是直接继受了其中之一的成熟组织建构,但也有个别独树一帜的例外"。②"实际上,许多大学都是同时受到了两所母型大学的影响。"③美国高等教育史专家哈斯金斯说:"20世纪的大学是中世纪巴黎大学和博洛尼亚大学的直接后裔。它们是现代大学被砍砸打磨出来的那块岩石;它们是现代大学被挖掘梳理出来的那条壕沟……现代大学和中世纪大学的基本组织是一样的,历史的延续性并未中断。"④就环境而言,大学在发展过程中面临着环境的影响,历史、政治、经济、社会等各种复杂因素影响着大学的发展,从中世纪大学到十九世纪初德国现代性大学,大学经历了漫长而曲折的发展过程,国际公认的富有代表性的现代性大学是德国柏林大学,以及借鉴德国模式发展起来的美国研究型大学,它们无不是遗传和环境的产物。中国的大学也不例外。

近代以来特别是20世纪以来,受全球政治、经济、社会、文化、教育等各种复杂因素的影响,"西学东渐"成为时代潮流,中国开始关注、学习和借鉴欧美大学的办学模式,在清末学堂基础上成立国立大学,发展"第一流大学",开启了近代中国高等教育发展新局面。新中国成立以来尤其是改革开放以来,在重点高校建设的基础上推出"211工程""985工程"和"2011计划"等高等教

---

① [英]阿什比:《科技发达时代的大学教育》,滕大春、滕大生译,人民教育出版社1983年版,第7页。
② [英]海斯汀·拉斯达尔:《中世纪的欧洲大学:大学的起源》第一卷,崔延强、邓磊译,重庆大学出版社2011年版,第10页。
③ [英]海斯汀·拉斯达尔:《中世纪的欧洲大学:大学的起源》第一卷,崔延强、邓磊译,重庆大学出版社2011年版,第11页。
④ [美]查尔斯·霍默·哈斯金斯:《大学的兴起》,王建妮译,上海人民出版社2007年版,第2—3页。

育国家级重大教育工程,现已发展到"双一流"建设时期,中国一流大学极大地增强了办学自主权,释放了办学活力,取得了非凡成就,以"双一流"大学为代表的中国高水平大学群体已经迈入世界高等教育的第一方阵,且继续向前发展,正在塑造世界高等教育新格局。

一、"国立大学"建设时期

中国人很早就有建设世界著名学府的愿望。清末后期,"西学东渐"促进了中国高等教育近代化。一批杰出的思想家、教育家在亲历西方教育之后,主动学习借鉴西方大学的观念和模式,阐明在中国建设世界著名学府的意义和定位,产生了重要影响。当时,虽然没有出现"世界一流大学"的概念,但出现了意义基本相同的称谓,如世界著名学府。这个概念在梁启超的观念里是"大学校",在胡适的眼中是"最好的大学"和"第一流大学",在冯友兰的表述中是"大大学"。由此,在近代中国环境下,以国立北京大学为代表的一批"国立大学"诞生了,如国立东南大学、国立清华大学、国立四川大学、国立东北大学、国立湖南大学、国立厦门大学等。这可以说是中国人试图在本土环境中建设世界一流大学的初期成果。

辛亥革命推翻了清王朝统治,给教育发展带来了新的机遇。1912年,创办于1898年的京师大学堂被改称北京大学,由严复任校长。当年,有欧游经历的著名思想家梁启超在莅临北京大学演讲时说道:"鄙人在十五年前,实不能料及今日有如是规模宏大之大学校,鄙人不能不钦佩历任校长、教师与学生诸君之努力,且当为国家感谢者也。惟今日之大学校,与欧、美、日本之大学校相较,则程度之相去尚远……大学校安能发达?敬祈诸君勉力为中国之学问争光荣"①,并指出:"大学校之所以异于普通学校而为全国最高之学府,则因于普通目的以外,尚有特别之目的在,固不仅其程度有等差而已。特别之目的

---

① 梁启超:《梁启超论教育》,商务印书馆2017年版,第140页。

惟何？曰研究高深之学理,发挥本国之文明,又贡献于世界之文明是焉"①,并建言:"诸君勉之,努力问学之事业,以发挥我中国之文明,使他日中国握世界学问之牛耳,为世界文明之导师,责任匪轻,诸君其勉力为我中国文明争光荣"②。显然,梁启超所憧憬的"握世界学问之牛耳,为世界文明之导师","为我中国文明争光荣"的中国"大学校",不正是中国人期待拥有的世界著名学府吗？

1912年10月,有留德经历的中华民国首任教育总长蔡元培主持制定的《大学令》第一条即规定:"大学以教授高深学术、养成硕学宏才、应国家需要为宗旨"。③ 曾留学美国的新文化运动主将胡适是力推中国建设世界著名学府的代表性人物。胡适1912年撰文《非留学篇》建议"增设大学":"吾国诚以造新文明为目的,则不可不兴大学,徒恃留学无益也。盖国内之大学,乃一国学术文明之中心;无大学,则输入之文明,皆如舶来之入口货,一入口立即消售无余,终无继长增高之望。"④胡适在1915年2月20日至21日的日记中记录了他与英文教师亚丹先生(Prof. J. Q. Adams, jr.)讨论"国立大学之重要性"问题时很有感慨的一段话:"吾他日能生见中国有一国家的大学可比此邦之哈佛、英国之康桥牛津,德之柏林,法之巴黎,吾死瞑目矣。"⑤可以看出,胡适是多么盼望中国拥有可以媲美哈佛大学、牛津大学、柏林大学、巴黎大学的世界著名学府。

1925年4月,曾留学美国哥伦比亚大学的冯友兰提出中国须力求"学术上的独立",要"办一个稍为有点规模的大学"。⑥ 1945年9月,冯友兰在《大学与学术独立》的文章中提出肩负国家"知识上底独立,学术上底自主"的

① 梁启超:《梁启超论教育》,商务印书馆2017年版,第141页。
② 梁启超:《梁启超论教育》,商务印书馆2017年版,第143页。
③ 高平叔:《蔡元培教育论著选》,人民教育出版社2017年版,第25页。
④ 姜义华:《胡适学术文集·教育》,中华书局1998年版,第18页。
⑤ 姜义华:《胡适学术文集·教育》,中华书局1998年版,第24页。
⑥ 冯友兰:《冯友兰论教育》,谢广宽编,人民出版社2010年版,第23页。

"大大学"的概念,他说:"在世界各国中,不见得所有底大学都是大大学,但在世界的强国中,每一个强国都必需有几个大大学",为此建议国家"要树立几个学术中心。其办法是把现有底几个有成绩底大学,加以充分底扩充,使之成为大大学"。① 显然,"大大学"即冯友兰心目中的"世界一流大学"。1947 年 9 月,胡适在《争取学术独立的十年计划》的文章中建议"在十年之内,集中国家的最大力量,培植五个到十个成就最好的大学,使他们尽力发展他们的研究工作,使他们成为第一流的学术中心,使他们成为国家学术独立的根据地……我深信,用国家的大力来造成五个十个第一流大学,一定可以在短期内做到学术独立的地位。我深信,只有这样集中人才,集中设备,只有这一个办法可以使我们这个国家走上学术独立的路"②。胡适还对"学术独立"的四个条件做了阐述:一是世界现代学术的基本训练,中国自己应该有大学可以充分担负,不必向外国去寻求;二是受了基本训练的人才,在国内应该有设备够用和师资良好的地方,可以继续作专门的科学研究;三是本国需要解决的科学问题如工业问题、医药与公共卫生问题、国防工业问题等,在国内都应该有适宜的专门人才与研究机构可以帮助社会国家解决;四是对于现代世界的学术,本国的学人与研究机构应该和世界各国的学人与研究机构分工合作,共同担负人类学术进展的责任。③ 胡适的建议虽得到几所大学校长和相关教授的赞成,却遭到多数人的反对。④

民国时期先后设立了 32 所国立大学,其经费由国家财政投入,实际上国立大学就是民国时期的重点建设大学。其中,国立北京大学是中国历史上第一所称为"国立"的大学。⑤ 1916 年 12 月,蔡元培就任国立北京大学校长,首

① 冯友兰:《冯友兰论教育》,谢广宽编,人民出版社 2010 年版,第 134、133 页。
② 季蒙、谢泳:《胡适论教育》,安徽教育出版社 2006 年版,第 263—266 页。
③ 季蒙、谢泳:《胡适论教育》,安徽教育出版社 2006 年版,第 262 页。
④ 刘海峰:《"双一流"建设的统筹兼顾与深入推进》,《高等教育研究》2022 年第 9 期。
⑤ 李木洲、刘海峰:《民国时期国立大学的设立与分布》,《高等教育研究》2014 年第 4 期。

先明确办学宗旨："大学者,研究高深学问者也"①,并要求"诸君须抱定宗旨,为求学而来。入法科者,非为做官;入商科者,非为致富。宗旨既定,自趋正轨"。② 之后他积极回应社会之关注,"依各国大学通例,循思想自由原则,兼容并包"③,加强师资队伍建设,强力改造北京大学,促进了思想解放和学术繁荣,使北京大学一跃成为闻名中国的名校,也影响了中国社会发展进程。例如,他聘请陈独秀为北大文科学长,支持《新青年》期刊倡导"民主"与"科学"的口号。1918 年秋,毛泽东在北大图书馆工作,广泛接触各种新的思潮,特别是宣传马克思主义和十月革命的文章。就在那时候,他"迅速地朝着马克思主义的方向发展"④。令人印象深刻的是,这个时期由北大、清华和南开三所学校组成的西南联合大学的艰难实践,可以说为创建中国的世界一流大学积累了令人称赞的成功经验,也证明了中国人的智慧和能力。

二、"重点高校"建设时期

新中国成立初期,我国高等教育发展受到苏联模式的影响较大,全国重点高等学校基本采取政府指定方式。1950 年 6 月,教育部召开第一次全国高等教育工作会议。为了培养国家高级建设人才,周恩来在会议中提出了"整顿大学,形成重点"的方针。这一年,中央决定建设两所大学——中国人民大学、哈尔滨工业大学,并且确定各个大区重点建设一所大学,初步形成了重点高等学校建设的布局。1954 年 1 月,中共中央宣传部决定,高等教育部除对高等学校进行一般领导和管理外,应以中国人民大学、北京大学、清华大学为工作重点,积累经验,全面推广。1954 年 10 月,中共中央在《关于重点高等学

---

① 高平叔:《蔡元培教育论著选》,人民教育出版社 2017 年版,第 75 页。
② 高平叔:《蔡元培教育论著选》,人民教育出版社 2017 年版,第 76 页。
③ 高平叔:《蔡元培教育论著选》,人民教育出版社 2017 年版,第 750 页。
④ 西南联合大学北京校友会:《国立西南联合大学校史(修订版):一九三七年至一九四六年的北大、清华、南开》,北京大学出版社 2006 年版,第 2 页。

校和专家工作范围的决议》中指定 6 所学校为全国性重点大学：中国人民大学、北京大学、清华大学、北京医学院、北京农业大学、哈尔滨工业大学。"重点学校的主要任务有以下三方面：第一，必须培养质量较高的各种高级建设人才及科学研究人才；第二，为高等学校培养师资，包括培养研究生及进修师资，举办必要的培训班，并争取多留一些本科毕业生做高等学校师资；第三，在培养师资和教学工作、教学资料等方面经常予其他学校以帮助。此外，还应帮助高等教育部进行必要的重点实验的工作，解决有关的重大问题，接收外国留学生及创设函授班等。"①这一文件的出台标志着我国重点高等学校建设的制度开始形成。1959 年 3 月，中共中央发布《关于在高等学校中指定一批重点学校的决定》，指定中国人民大学、北京大学、清华大学、哈尔滨工业大学等 16 所高等学校为全国重点大学。同年 8 月又增加了 4 所重点高等学校：协和医科大学（第二次复校）、哈尔滨军事工程学院（国防科技大学+哈尔滨工程大学）、第四军医大学、军事通讯工程学院（西安电子科技大学）。1960 年 10 月，中共中央发布《关于增加全国重点高等学校的决定》指出，在高等教育工作中集中力量办好全国重点高等学校，应作为中央教育部、中央各主管部门和各省（自治区、直辖市）共同的首要职责；并决定在原来 20 所重点高等学校的基础上，再增加 44 所重点高等学校，共 64 所。1963 年 9 月，中央批准将上海外国语学院、浙江大学、厦门大学改为全国重点高等学校。同年 10 月新增南京农学院，1964 年增加国际关系学院为全国重点高等学校。这样，始于院系调整的全国重点高等学校建设经过三次指定院校，国家重点建设制度逐步确立起来，也为学科发展确立了平台依托。1964 年 4 月，中共中央、国务院批转教育部党组《关于审定全国重点高等学校发展规模和专业设置的报告》，报告遵照"缩短战线，集中力量保证重点"的精神，除了对重点高等学校的专业个数和招生人数进行详细规定外，还对各校的专业设置进行了调整。经过不断的建

---

① 中央教育科学研究所：《中华人民共和国教育大事记（1949—1982）》，教育科学出版社 1984 年版，第 114 页。

设,1954 年至 1964 年全国重点高校建设格局初步形成,全国重点高校规模达到 69 所。①

粉碎"四人帮"以后,国家确立了以经济建设为中心的发展路线,逐步恢复建设全国重点高等学校的方针政策。1977 年至 1978 年,邓小平多次指出,教育的发展"应该考虑各级各类学校发展的比例","要研究发展什么样的高等学校",要研究"重点大学搞什么,谁管,体制怎么定"。② 1978 年 2 月 17 日,国务院转发教育部《关于恢复和办好全国重点高等学校的报告》,指出,恢复和办好全国重点高等学校是一项战略性措施,对于推动教育战线的整顿工作,迅速提高高等教育的水平,尽快改变教育事业与社会主义革命和建设严重不相适应的状况,是完全必要的。该文件要求教育部门和各省、自治区、直辖市和各部委都要给予足够的重视。该文件拟定第一批全国重点学校 88 所,其中恢复原有的 66 所,新增加的 28 所,约占当年高等学校总数(405 所)的 22%。③ 1978 年 10 月 4 日,教育部专门印发了《全国重点高等学校暂行工作条例(试行草案)》,这是在 1960 年《教育部直属高等学校暂行工作条例(草案)》(高教六十条)的基础上修改而成的。1978 年 11 月,教育部又印发了《全国重点高等学校教师工作量考核试行办法(征求意见稿)》。1979 年 11 月 27 日,教育部依据《全国重点高等学校暂行工作条例(试行草案)》制定并印发《关于高等学校教师职责及考核的暂行规定》,要求认真做好教师的考核工作,调动广大教师的积极性和创造性,充分发挥各级教师的职能作用,努力完成教学、科学研究等各项任务。④ 1982 年 3 月,科学普及出版社还编辑出版

①　谢桂华:《高等学校学科建设论》,高等教育出版社 2011 年版,第 9—10 页。

②　中华人民共和国教育部:《邓小平教育理论学习纲要》,北京师范大学出版社 1998 年版,第 61 页。

③　《中国教育年鉴》编辑部:《中国教育年鉴 1949—1981》,中国大百科全书出版社 1984 年版,第 802—803 页。

④　《中国教育年鉴》编辑部:《中国教育年鉴 1949—1981》,中国大百科全书出版社 1984 年版,第 815 页。

了一本《全国重点高等院校介绍》的专书,汇集了当时全国 96 所重点高等院校的基本信息。

1983 年 5 月 19 日,南京大学匡亚明、浙江大学刘丹、天津大学李曙森、大连理工大学屈伯川等四位老教育家联名向中央提出了《关于将 50 所左右高等学校列为国家重大建设项目的建议》,使这些高校成为"世界知名的高等学校"(史称"835 建言")①。"835 建言"受到邓小平等中央领导同志的高度重视。"努力办好一批重点大学"的设想转化为中国教育改革与发展的战略性决策,后来发展为"211 工程"和"985 工程"。② 1984 年 4 月,国务院通过了教育部、国家计划委员会提交的《关于将 10 所高等学校列入国家重点建设项目的请示报告》,指出:"重点建设北京大学等 10 所高等院校是贯彻中央关于把教育列为国民经济发展战略重点的一项重要举措"。决定"七五"期间国家安排专项补助投资,作为北京大学、清华大学、复旦大学、西安交通大学、上海交通大学、中国科学技术大学、北京医学院、中国人民大学、北京师范大学、北京农业大学等大学加速建设之用,列入国家重点建设项目。1984 年至 1985 年,经国务院批准,哈尔滨工业大学、中国国防科技大学、北京航空航天大学、北京理工大学和西北工业大学 5 所国防院校被列入国家重点建设项目。试办研究生院,是我国研究生教育在 20 世纪 80 年代受到重视并获得较大发展的一个里程碑。1984 年、1986 年国家先后在 32 所高等学校建立研究生院,这些重点院校建设为后来高等教育发展特别是研究型大学发展创造了新的条件。例如,1985 年,面对新的教育形势,清华大学提出要逐步把学校建设成为"世界一流的、有中国特色的社会主义大学"③。1986 年,北京大学党委研究室在总

---

① 洪银兴、陈骏:《大学之魂:南京大学精神传统文存》,南京大学出版社 2012 年版,第 243 页。
② 龚放:《事业心 大局观 创造性——从"835"建言看匡亚明的战略决策特点》,全国高校校史研究会组编:《道与术:中国著名大学校长的办学理念与治校方略》,南京大学出版社 2014 年版,第 285—290 页。
③ 王大中教育文集编辑组:《王大中教育文集(1994—2003)》,清华大学出版社 2011 年版,第 3 页。

结北大改革建设工作时,明确提出要把"创办世界一流大学"作为学校的发展
目标。

关于重点学科建设,1985 年 5 月出台的《中共中央关于教育体制改革的
决定》提出:"有计划地建设一批重点学科。重点学科比较集中的学校,将自
然形成既是教育中心,又是科学研究中心"。国家教委从 1985 年就考虑这件
事,于 1987 年初在工作要点中指出:"要有计划地部署高等学校重点学科的建
设"。要进行重点学科建设,首先要评选好重点学科。① 首次(1986—1987)高
等学校重点学科评选,共计评选出 416 个反映当时我国各学科领域最高水平
的重点学科点。在这些学科点中,文科有 78 个、理科 86 个、工科 163 个、农科
36 个、医科 53 个,分布在 107 所高等院校中。② 2001 年至 2002 年,第二批评
选出 964 个重点学科。2006 年至 2007 年第三批评选出 287 个一级学科国家
重点学科、693 个二级学科重点学科和 219 个国家重点(培育)学科。③ 这些
努力为后来的世界一流学科建设奠定了基础。

三、"211 工程"和"985 工程"建设时期

20 世纪 90 年代,世界教育处于风起云涌的改革建设时期。1993 年 2 月,
党中央、国务院颁布《中国教育改革和发展纲要》,提出"为了迎接世界新技术
革命的挑战,要集中中央和地方等各方面的力量办好 100 所左右的重点大学
和一批重点学科、专业"(简称"211 工程")。1993 年,北京大学校长丁石孙在
"全国高教论坛"上提出,"建设具有社会主义特色的一流大学"。1994 年,北
京大学提出了"创建一流大学"的建设目标。④ 1995 年,国务院批准《"211 工
程"总体建设规划》,决定"面向 21 世纪,重点建设 100 所左右的高等学校和

---

① 吴本厦:《中国学位与研究生教育的创立及实践》,高等教育出版社 2010 年版,第 283—
284 页。
② 谢桂华:《高等学校学科建设论》,高等教育出版社 2011 年版,第 21 页。
③ 谢桂华:《高等学校学科建设论》,高等教育出版社 2011 年版,第 28—30 页。
④ 闵维方等:《学术的力量:教育研究与政策制定》,北京大学出版社 2010 年版,第 104 页。

一批重点学科"①,并拨出专项资金,正式实施"211 工程"建设,掀开了新中国成立以来我国教育史上规模最大的一次高等教育领域重点工程建设,为推动高等学校学科建设提供了发展与提高的机遇。此后,学界在期刊论文中使用"世界一流大学"概念不断增多。1995 年、1996 年,江泽民相继为复旦大学九十周年校庆、上海交通大学百年校庆题词,分别提出:"面向新世纪,把复旦大学建设成为具有世界一流水平的社会主义综合大学"。"继往开来,勇攀高峰,把交通大学建设成世界一流大学"②。从题词内容看,党和国家领导人对我国重点大学发展成为世界一流大学寄予厚望。

1998 年 5 月 4 日,江泽民在北京大学百年校庆讲话中宣告:"为了实现现代化,我国要有若干所具有世界先进水平的一流大学。"讲话针对"一流大学"概念进行了"四个应该"的内涵阐释,即"这样的大学,应该是培养和造就高素质的创造性人才的摇篮,应该是认识未知世界、探求客观真理、为人类解决面临的重大课题提供科学依据的前沿,应该是知识创新、推动科学技术成果向现实生产力转化的重要力量,应该是民族优秀文化与世界先进文明成果交流借鉴的桥梁"③。为了贯彻落实这一重要讲话精神,1999 年 1 月,国务院批转教育部《面向 21 世纪教育振兴行动计划》文件中提出"创建若干所具有世界先进水平的一流大学和一批一流学科"的战略目标,并明确"要相对集中国家有限财力,调动多方面积极性,从重点学科建设入手,加大投入力度,对于若干所高等学校和已经接近并有条件达到国际先进水平的学科进行重点建设。今后 10—20 年,争取若干所大学和一批重点学科进入世界一流水平"④。

---

① 郭新立:《中国高水平大学建设之路——从 211 工程到 2011 计划》,高等教育出版社 2012 年版,第 2 页。

② 闵维方等:《学术的力量:教育研究与政策制定》,北京大学出版社 2010 年版,第 104 页。

③ 江泽民:《在庆祝北京大学建校一百周年大会上的讲话》,中华人民共和国教育部:《科教兴国动员令》,北京大学出版社 1998 年版,第 5 页。

④ 《国务院批转教育部〈面向 21 世纪教育振兴行动计划〉的通知》(国发〔1999〕4 号),1999 年 1 月 13 日。

这一项目被称为高等教育领域的"985 工程",也叫"世界一流大学建设项目"。2001 年 4 月 29 日,江泽民在庆祝清华大学建校九十周年大会上发表重要讲话,再次强调,"要继续提高高等教育的质量,加快高等教育事业的发展,努力在全国建设若干所具有世界先进水平的一流大学",同时进一步丰富和拓展了"四个应该"精神的内涵:"一流大学应该坚持正确的办学思想,注重形成优秀的办学传统,形成鲜明的办学风格,发展优势学科,努力建设一支高素质、高水平的教师队伍,为国家和民族的兴旺发达作出贡献。一流大学应该站在国际学术的最前沿,紧密结合先进生产力的发展要求,依托多学科的交叉优势,努力进行理论创新、制度创新、科技创新,特别要抓好科技的源头创新,并推动科技成果加速转化为现实生产力。一流大学应该成为继承传播民族优秀文化的重要场所和交流借鉴世界进步文化的重要窗口,成为新知识、新思想、新理论的重要摇篮,努力创造和传播新知识、新理论、新思想,不断促进社会主义文化的发展。一流大学应该成为培养人才的重要基地,不断为祖国为人民培养出具有正确的世界观、人生观、价值观,具有创造精神和实践能力的全面发展的人才"。① 显然,党和国家领导人提出的"四个应该"的办学标准体现了我国对"一流大学"理想境界有了更加清晰准确的认识。

2004 年 3 月 3 日,国务院批准教育部《2003—2007 年教育振兴行动计划》,决定继续实施"985 工程",努力建设若干所世界一流大学和一批国际知名的高水平研究型大学。2006 年 2 月 9 日,国务院发布实施《国家中长期科学和技术发展规划纲要(2006—2020 年)》,明确提出:加快建设一批高水平大学,特别是一批世界知名的高水平研究型大学,是我国加速科技创新、建设国家创新体系的需要。为贯彻落实该纲要及其配套政策,教育部于 2007 年 7 月 10 日发布了《关于加快研究型大学建设增强高等学校自主创新能力的若干意见》,提出,研究型大学是国家创新体系的重要组成部分,加快建设一批研究

---

① 江泽民:《在庆祝清华大学建校九十周年大会上的讲话》,《清华大学教育研究》2001 年第 2 期。

型大学,对于加强人才培养和科学研究,提高高等教育质量,建设创新型国家具有重要意义。2008年5月3日,在北京大学建校110周年前夕,胡锦涛到北京大学视察并在北大师生代表座谈会上发表重要讲话,提出,"要始终高举中国特色社会主义伟大旗帜,坚持正确办学方向,继承优良传统,借鉴国外经验,发挥自身优势,紧密联系改革开放和社会主义现代化建设的伟大实践,以更加广阔的视野、更加开放的姿态、更加执着的努力,加快推进创建世界一流大学步伐"。2010年6月7日,教育部、财政部印发《关于加快推进世界一流大学和高水平大学建设的意见》(以下简称《意见》),在充分肯定"985工程"重点建设成绩的同时,指出,"我国高校同世界一流大学相比,在拔尖创新人才培养、自主创新能力和国际竞争力、制度和学术环境建设等方面仍然存在相当差距"。《意见》还提出:"继续实施'985工程',要坚持'中国特色、高水平'发展之路,办出'中国特色、世界水平'。既要体现国情,又要坚持国际公认的标准;既要在可比办学指标上和世界一流大学相当,更要为国家做出突出贡献;既要拥有世界一流学科,更要形成独具特色的发展模式和先进的大学文化。"①《意见》强调,要以改革创新精神开创"985工程"建设新局面,创新决策机制,建立专家咨询监督与政府决策相结合的管理机制。此后,"985工程"建设机制得到进一步完善,保障了世界一流大学建设项目顺利推进。其间,教育部、财政部"985工程"办公室要求各校在总结前期10年建设经验成果时提供国际对比分析报告,即各校选一所同类型的世界名校作为参照系,从定性和定量两个方面进行比较分析并提交报告。②受此影响,各所大学对本校与国际著名大学的"可比办学指标"高度重视。理由很简单。如果我们认定哈佛、耶鲁、斯坦福、牛津、剑桥等世界名校就是世界一流大学,且是最好的学习榜样的

---

① 郭新立:《中国高水平大学建设之路——从211工程到2011计划》,高等教育出版社2012年版,第292—298页。
② 郭新立:《中国高水平大学建设之路——从211工程到2011计划》,高等教育出版社2012年版,第284—291页。

话,那么,按照这些世界名校办学要素及世界大学排行榜指标进行办学,自然是一种优先选择。于是,国内不少高校采取继续扩大规模的措施,包括扩大招生规模、奖励发表论文等政策举措,努力在国际可比办学指标上取得更大成效、更大进步。

2010年7月29日,中共中央、国务院发布的《国家中长期教育改革和发展规划纲要(2010—2020年)》明确到2020年"建成一批国际知名、有特色、高水平的高等学校,若干所大学达到或接近世界一流大学水平"的奋斗目标,同时指出:"以重点学科建设为基础,继续实施'985工程'和优势学科创新平台建设,继续实施'211工程'和启动特色重点学科项目"。确实,"985工程"经过三期建设,部分重点大学与国外研究型大学在可比办学指标上的差距迅速缩小,初步具有冲刺世界一流大学的潜力和实力条件,有力地推动了中国高等教育事业的整体发展。不过,随后大学中出现了"五唯"即"唯论文、唯帽子、唯职称、唯学历、唯奖项"的现象。这很令人担忧,因为如果所有高校都是采取这种跟随国际大学排行榜办学或者按照国际可比指标模式创办世界一流大学的话,那么中国大学很容易失去自身特色,更难以办出真正的中国世界一流大学。毫无疑问,这是一个需要高度重视和深刻反思的重要问题。

2011年4月24日,纵观全球研究型大学发展的新趋势新特点,胡锦涛在清华大学百年校庆讲话中明确提出,"要积极推动协同创新,通过体制机制和政策项目引导,鼓励高校同科研机构、企业开展深度合作,建立协同创新的战略联盟,促进资源共享,联合开展重大科研项目攻关,在关键领域取得实质性成果"。他还强调,清华大学作为国家重点支持的大学,要坚持"中国特色,世界一流"的发展道路,改革创新,奋勇争先,在加快建设世界一流大学的进程中取得新的更大的成就。① 实际上,这是国家对重点大学推动协同创新提出的新要求。为了贯彻落实这一重要讲话精神,教育部、财政部颁布《关于实施

---

① 胡锦涛:《在庆祝清华大学建校100周年大会上的讲话》,《人民日报》2011年4月25日。

高等学校创新能力提升计划的意见》,提出,积极推动协同创新,促进高等教育与科技、经济、文化的有机结合,大力提升高等学校的创新能力,支撑创新型国家和人力资源强国建设。该项目计划是以人才、学科、科研三位一体的"高等学校创新能力提升"为核心任务的重点建设计划,要求在全国建设一批高水平协同创新中心即"2011 协同创新中心",意在集聚和培养一批拔尖创新人才,取得一批重大标志性成果,成为具有国际重大影响的学术高地、行业产业共性技术的研发基地、区域创新发展的引领阵地和文化传承创新的主力阵营。① 该计划也被称为"2011 计划"。学界认为,"2011 计划"是"211 工程""985 工程"的发展和延续,三者依据我国高等教育不同发展阶段的不同要求,各有侧重,相互依托。"211 工程""985 工程"重在学科、人才、平台等创新要素的发展,重在高校内部的建设。而"2011 计划"重在高校的机制体制改革,重在推动高校内部以及与外部创新力量之间创新要素的融合发展,建立协同创新模式,从而能带动与推进"211 工程""985 工程"的实施,激发高水平大学的整体合力。② 该计划对高等学校和学科建设产生很大的影响,例如,在这个重大项目的指导下,一批全国重点大学与相关科研机构、社会行业企业等联合申报创建协同创新中心,包括面向科学前沿的协同创新中心、面向文化传承创新的协同创新中心、面向行业产业的协同创新中心、面向区域发展的协同创新中心。③ "路漫漫其修远兮,吾将上下而求索。"(屈原《离骚》)可以看出,瞄准目标、重点建设、纵横施策、稳步推进,是这个时期我国创建世界一流大学的鲜明特点。

---

① 郭新立:《中国高水平大学建设之路——从 211 工程到 2011 计划》,高等教育出版社 2012 年版,第 308—314 页。

② 郭新立:《中国高水平大学建设之路——从 211 工程到 2011 计划》,高等教育出版社 2012 年版,第 52 页。

③ 郭新立:《中国高水平大学建设之路——从 211 工程到 2011 计划》,高等教育出版社 2012 年版,第 62—64 页。

四、"双一流"建设时期

2012 年 11 月,党的十八大召开。党的十八大以来,习近平总书记在领导全党全国各族人民推进党和国家事业发展的伟大实践中,立足世界发展大势和国家发展全局,着眼中华民族伟大复兴梦想,紧紧围绕培养什么人、怎样培养人、为谁培养人这个根本问题,牢牢把握立德树人根本任务,作出了一系列有关教育改革发展的重要论述。[①] 这些论述系统回答了教育工作的方向性、根本性、全局性、战略性问题,为做好新时代教育工作提供了根本遵循和行动指南。[②] 习近平总书记关于中国特色世界一流大学建设的重要论述,对新时代中国一流大学正确认识和科学推进世界一流大学建设具有重大指导意义。2014 年 5 月 4 日,习近平总书记在北京大学师生座谈会上的讲话指明了前进方向:"党中央作出了建设世界一流大学的战略决策,我们要朝着这个目标坚定不移前进。办好中国的世界一流大学,必须有中国特色。没有特色,跟在他人后面亦步亦趋,依样画葫芦,是不可能办成功的。这里可以套用一句话,越是民族的越是世界的。世界上不会有第二个哈佛、牛津、斯坦福、麻省理工、剑桥,但会有第一个北大、清华、浙大、复旦、南大等中国著名学府。我们要认真吸收世界上先进的办学治学经验,更要遵循教育规律,扎根中国大地办大学。"[③]显然,在创建中国世界一流大学的过程中,我们在很长时间内是学习西方一流大学建设理论,并模仿西方一流大学模式办学治校,现在随着中国的快速发展,教育形势已经明显不同于过去,这就是要"扎根中国大地"建设"第一个北大""第一个清华""第一个浙大""第一个复旦""第一个南大",努力展现中国特色世界一流大学的全新理念、全新面貌、全新道路。实际上,这是我们在总结过去建设的经验和教训的基础上,站在中国大地和中国需要的视角重

---

① 《习近平总书记教育重要论述讲义》,高等教育出版社 2020 年版,第 2 页。
② 《深入学习习近平关于教育的重要论述》,人民出版社 2019 年版,第 1 页。
③ 《习近平谈治国理政》,外文出版社 2014 年版,第 174 页。

新定义中国人理想中的"世界一流大学"的概念内涵。无疑,这已经成为中国"双一流"大学的努力方向和转型目标。

　　中国建设世界一流大学的未来方向十分明确。但是,建设世界一流大学是一个长期的动态的过程,在我国还将长期处于社会主义初级阶段的条件下,建设世界一流大学更具有艰巨性和复杂性。① 2015 年 10 月,在全面深入总结"211 工程""985 工程"以及"优势学科创新平台"和"特色重点学科项目"等高等教育国家级重点工程建设经验的基础上,着眼于提升我国教育发展水平、增强国家核心竞争力、奠定长远发展基础,经中央全面深化改革委员会审议通过,国务院印发《统筹推进世界一流大学和一流学科建设总体方案》(以下简称《总体方案》)的纲领性文件为重要标志的中国"双一流"建设战略正式起航,掀开了中国高等教育发展新篇章。《总体方案》提出了"三步走"的世界一流大学建设战略:第一步:从文件发布之日起到 2020 年,若干所大学和一批学科进入世界一流行列,若干学科进入世界一流学科前列。此目标已经实现。第二步:到 2030 年,更多的大学和学科进入世界一流行列,若干所大学进入世界一流大学前列,一批学科进入世界一流学科前列,高等教育整体实力显著提升。第三步:到本世纪中叶,一流大学和一流学科的数量和实力进入世界前列,基本建成高等教育强国。② 无疑,这是新时代中国立足中华民族伟大复兴的战略需求,充分发挥社会主义制度集中力量办大事的优越性,在高等教育领域实施的又一项具有突破性、引领性、标志性特征的国家级重大工程,将引领开辟一条中国特色世界一流大学建设新路,推动实现我国从高等教育大国到高等教育强国的历史性跨越。

　　作为重大战略部署文件,《总体方案》受到多方高度关注和研究。人们注

---

　　① 《习近平在浙江》上册,中共中央党校出版社 2021 年版,第 131 页。
　　② 王战军:《世界一流大学世界一流学科建设政策汇编》,中国科学技术出版社 2018 年版,第 3 页。

意到《总体方案》有一个重要词语是"统筹",用一位教育专家的话来说,这是"一种比较艺术或比较学术的说法,其真正的意思实际上就是统合、替代"①。那么,这里的"统合、替代"指什么? 要理解其中的含义,我们需要了解 2016 年 6 月 3 日《教育部、国务院学位委员会、国家语委关于宣布失效一批规范性文件的通知》精神,这份通知文件详细公布了失效的规范性文件目录,并指出这些失效文件"不再作为行政管理的依据",其中包括 2003 年至 2013 年间国家制定的《关于印发〈"211 工程"建设实施管理办法〉的通知》《关于印发〈"985 工程"建设管理办法〉的通知》等 8 份与"211 工程"和"985 工程"有关的文件。② 国家宣布失效一批涉及"211 工程"和"985 工程"的规范性文件,立即引来社会对国家重点高校建设项目的诸多疑问。2019 年 11 月 28 日,教育部在回应"关于 985、211 名单"的咨询时明确指出:"现已将'211 工程'和'985 工程'等重点建设项目统筹为'双一流'建设"。③ 所谓"统筹"就是"统一筹划"。在这个意义上,"双一流"建设,是新时代中国高等教育领域一个具有继承性、统筹性、开创性的重大改革发展战略,具有显著的中国特色。

为了贯彻落实《总体方案》的重大战略部署,2017 年 1 月,教育部、财政部、国家发展改革委颁布《统筹推进世界一流大学和一流学科建设实施办法(暂行)》(以下简称《实施办法》),明确提出加强总体规划,坚持扶优扶需扶特扶新,按照"一流大学"和"一流学科"两类布局建设高校,同时采取竞争优选、专家评选、政府比选、动态筛选的方式认定"双一流"建设高校,并公布了建设高校和建设学科名单。"此次遴选认定所产生的是'建设'名单及'建设'学科,重点在'建设'。"教育部相关负责人强调,这份名单的公布只是迈向世界

---

① 刘海峰:《"双一流"建设的统筹兼顾与深入推进》,《高等教育研究》2022 年第 9 期。

② 《教育部、国务院学位委员会、国家语委关于宣布失效一批规范性文件的通知》,2016 年 6 月 3 日,见 http://www.moe.gov.cn/srcsite/A02/s5911/moe_621/201606/t20160622_269365.html。

③ 教育部:《关于 985、211 名单的咨询》,2019 年 11 月 28 日,见 http://www.moe.gov.cn/jyb _hygq/hygq_zczx/moe_1346/moe_1366/201911/t20191128_409940.html。

一流的起点,而不是认定这些学校和学科就是世界一流大学和一流学科,能否成为世界一流大学和一流学科还要看最终的建设成效。① 根据国家公布的名单信息,"双一流"建设确定建设高校合计 137 所,其中"一流大学建设高校"42 所(A 类 36 所,B 类 6 所),"一流学科建设高校"95 所,"双一流"建设学科合计 465 个。由于中国地质大学、中国矿业大学、中国石油大学三所学校异地办学,独立运行,所以总体算起来,"双一流"建设高校实际有 140 所。《实施办法》规定每 5 年为一个建设周期,与国家五年规划同步实施,2016 年开始第一轮建设,并对建设高校实施"总量控制、开放竞争、动态调整"的政策,这样从 2016 年至 2020 年就是第一个建设周期,在建设周期内,相关高校被称为"一流大学建设高校"或"一流学科建设高校"。根据《总体方案》和《实施办法》,"双一流"建设高校需要"找准定位、发挥优势",拥有多个国内领先、国际前沿高水平学科的大学,通过全面建设进入世界一流大学行列或前列;拥有若干国内前列、国际同类院校中居于优势地位的高水平学科的大学,通过一流学科建设带动学校进入世界同类高校前列;拥有某一个高水平学科的大学,通过建设进入该学科的世界行列或前列。显然,不同的建设高校有不同的优势特色,也有不同的选择路径。2017 年 7 月,为引导中央高校加快推进世界一流大学和一流学科建设以及特色发展,规范中央高校建设世界一流大学(学科)和特色发展引导专项资金的使用和管理,财政部、教育部颁布实施《中央高校建设世界一流大学(学科)和特色发展引导专项资金管理办法》。这意味着,中国"双一流"建设从战略政策阶段进入战略实施阶段。

2017 年 10 月,党的十九大召开。习近平总书记在党的十九大报告中指

---

① 高靓、董鲁皖龙:《探索世界一流大学建设的中国模式——"双一流"建设高校和建设学科名单解读》,2017 年 9 月 22 日,见 http://www.moe.gov.cn/jyb_xwfb/s5147/201709/t20170922_315007.html。

出:"加快一流大学和一流学科建设,实现高等教育内涵式发展。"①这里强调"加快建设"和"内涵发展"。2018 年 5 月 2 日,习近平总书记在北京大学师生座谈会上发表重要讲话,就加快"双一流"建设作出系统阐述,为建设中国特色世界一流大学提供了思想指引和行动指南。为深入贯彻落实党的十九大精神和习近平总书记重要讲话精神,写好新时代教育"奋进之笔",2018 年 8 月,教育部、财政部、国家发展改革委发布《关于高等学校加快"双一流"建设的指导意见》(以下简称《指导意见》),强调坚持特色一流、坚持内涵发展、坚持改革驱动、坚持高校主体,进一步明确"双一流"建设高校承担的实践主体责任,要求紧紧抓住坚持办学正确政治方向、建设高素质教师队伍和形成高水平人才培养体系三项基础性工作,以体制机制创新为着力点,全面加强党的领导,调动各种积极因素,在深化改革、服务需求、开放合作中加快发展,努力建成一批中国特色社会主义标杆大学,确保实现"双一流"建设总体方案确定的战略目标。

2019 年 2 月,中共中央、国务院印发的《中国教育现代化 2035》提出分类建设一批世界一流高等学校,建立完善的高等学校分类发展政策体系,引导高等学校科学定位、特色发展。加强高等学校创新体系建设,建设一批国际一流的国家科技创新基地,加强应用基础研究,全面提升高等学校原始创新能力。② 其间,为加快发展新一代人工智能的重要部署,充分发挥"双一流"建设高校人才培养优势,2020 年 1 月,教育部、财政部、国家发展改革委发布《关于"双一流"建设高校促进学科融合,加快人工智能领域研究生培养的若干意见》,推动"双一流"建设高校着力构建赶超世界先进水平的人工智能人才培养体系,加快培养勇闯"无人区"的高层次人才。2020 年 10 月,《中共中央关于制定国民经济和社会发展第十四个五年规划和二〇三五年远景目标的建

---

① 《习近平著作选读》第二卷,人民出版社 2023 年版,第 38 页。
② 《中共中央、国务院印发〈中国教育现代化 2035〉》,《人民日报》2019 年 2 月 24 日。

议》强调:"提高高等教育质量,分类建设一流大学和一流学科,加快培养理工农医类专业紧缺人才。"①在"双一流"首轮建设收官之时,为贯彻落实《深化新时代教育评价改革总体方案》,加快"双一流"建设,2020年12月,教育部、财政部、国家发展改革委印发《"双一流"建设成效评价办法》,开启对首轮建设成效的全面评估,评估确认"双一流"建设战略实施以来,各项工作有力推进,改革发展成效明显,推动高等教育强国建设迈上新的历史起点。具体而言,党对高校的领导全面加强;高水平师资队伍建设进展显著;服务国家需求的高层次人才培养能力持续提升;服务国家科技自立自强能力进一步提高;哲学社会科学主力军作用充分体现;对外交流合作水平不断提升。

确实,一些重要数据的变化,也反映了"双一流"建设首轮建设的成就。根据"2021年世界一流学科排名",我国有12个世界冠军学科,位列全球第二。在"双一流"建设之初,我国仅有一所高校的一个学科进入基本科学指标数据库(ESI)前1/10000,目前已有10所高校的16个学科进入前1/10000,成为全球最顶尖的学科。②从国际期刊论文数量看,2016年至2020年,内地高校国际期刊论文增量高达33万多篇,增幅接近70%。2016年1月至2020年5月,共计74所高校在世界公认的顶级学术期刊 Nature、Science、Cell 发表论文,五所高校发表论文超20篇,较"双一流"建设前大幅提升。③作为考察第一轮建设成果的一项集中总结,"双一流"建设动态监测与成效评价课题组编写出版了《首轮"双一流"建设典型案例集》,集中展示了"双一流"大学和学科合计161个具有代表性且有一定影响力的典型案例。④

---

① 《中共中央关于制定国民经济和社会发展第十四个五年规划和二〇三五年远景目标的建议》,人民出版社2020年版,第33页。
② 熊思东:《"双一流"建设的现实审思与未来走向》,《群言》2022年第1期。
③ 熊思东:《"双一流"建设的现实审思与未来走向》,《群言》2022年第1期。
④ "双一流"建设动态监测与成效评价课题组:《首轮"双一流"建设典型案例集》,中国科学技术出版社2022年版,第1—229页。

表 1　中国"双一流"建设的历史进程

"国立大学"建设时期	"重点大学"建设时期（1982）	"211 工程"和"985 工程"建设时期			"双一流"建设时期	
		"211 工程"（1995）	"985 工程"（1999）	"2011 计划"	第一轮（2016—2020）	第二轮（2021—2025）
32 所	96 所	112 所	39 所	4 类协同	140 所	147 所

注：1. 民国"国立大学"数量来自李木洲、刘海峰：《民国时期国立大学的设立与分布》，《高等教育研究》2014 年第 4 期。2. 截至 1982 年的"全国重点大学"数量来自 1982 年科学普及出版社出版的《全国重点院校介绍》。3. "211 工程""985 工程"和"2011 计划"统计数据和相关信息参考郭新立主编：《中国高水平大学建设之路——从 211 工程到 2011 计划》，高等教育出版社 2012 年版。4. "双一流"建设第一轮和第二轮建设高校数量来自教育部网站。

至此，如果说 2015 年至 2020 年是统筹部署和探索实施阶段，那么，2021 年至 2030 年就是深入推进和加速提升阶段，而 2031 年至本世纪中叶，则是整体跃升和超越引领阶段。这三个阶段有机衔接，逐步推进和提升，最终将达到国家战略发展的目标要求。

深入推进和加速提升阶段（2021 年至 2030 年）。在这个阶段，中国"双一流"建设将在前期建设基础上进一步深入推进，加速提升建设质量，即第二轮建设（2021 年至 2025 年）和第三轮建设（2026 年至 2030 年）。如前所述，在充分肯定首轮建设成绩的同时，我们也认识到"双一流"建设成效同我国综合国力和国际地位还不相匹配，同经济社会发展对人才的多样化需求相比还有不小差距。具体说，国家在未来建设中需要解决高层次创新人才供给能力不足、服务国家战略需求不够精准、资源配置亟待优化等问题。为此，2022 年 1 月，经中央深改委会议审议通过，就"十四五"时期深入推进"双一流"建设，教育部、财政部、国家发展改革委发布《关于深入推进世界一流大学和一流学科建设的若干意见》（以下简称《若干意见》），同时公布第二轮"双一流"建设高校及建设学科名单。从《总体方案》的"统筹推进"到《若干意见》的"深入推进"，表明中国"双一流"建设进入高质量发展新阶段。《若干意见》明确了"双一流"建设的新方位、新使命、新要求，强调：准确把握新发展阶段战略定位,全力推进"双一流"高质量建设;强化立德树人,造就一流自立自强人才方阵;服务新发展格局,优化学科专业布局;坚持引育并举,打造高水平师资队伍;完善大学创新体系,深化科教融合育人;推进高水平对外开放合作,提升人才培养国际竞争力;优化管理评价机制,引导建设高校特色发展;完善稳定支持机制,加大建设高校条件保障力度;加强组织领导,提升建设高校治理能力。经过统筹考虑,第二轮"双一流"建设在首轮建设基础上有四大调整变化:一是建设名单采取"总体稳定、优化调整"的认定原则,且"淡化身份色彩",不再区分"一流大学建设高校"和"一流学科建设高校",而是统称"双一流"建设高校及建设学科,这样安排是为了"引导各高校在各具特色的优势领域和方向上创建一流"①。二是赋予北京大学、清华大学以更大自主权,两校可以自主确定建设学科并自行公布。三是基于国家、行业、地方发展需要新增了7所建设高校和43个建设学科,建设高校总数达到147所,建设学科331个(不含自定学科),第二轮建设学科中数学、物理、化学、生物学等基础学科布局59个、工程类学科180个、哲学社会科学学科92个。四是为增强建设动力,完善约束机制,对首轮建设成效并未完全达到预期、相比同类学科在整体发展水平、可持续发展能力和成长提升程度方面相对偏后的16个学科给予公开警示(含2个予以撤销学科),受公开警示的学科被要求加强整改并接受再评价,届时未通过的,将调出建设范围。② 可以看出,不论是国家还是省市层面,或是高校和学科层面,"双一流"建设体制机制正在不断完善,目标是进一步促进高校将注意力聚焦到国家战略发展的目标要求上来,真正把一流内涵建设作为各项建设的落脚点和归宿点。

整体跃升和超越引领阶段(2031年至2050年)。在这个阶段,与国家发

① 邓晖、周世祥:《时隔5年再发力——"双一流"建设有了新方位、新使命、新要求》,2022年2月15日,见 http://www.moe.gov.cn/jyb_xwfb/s5147/202202/t20220215_599500.html。
② 王战军:《中国研究生教育质量报告·2022》,中国科学技术出版社2022年版,第6—7页。

展同步,中国“双一流”建设获得资源雄厚的发展基础和完善的体制机制保障,中国“双一流”大学开始整体跃升并引领全球大学发展趋势。《中国教育现代化 2035》提出:“到 2035 年,总体实现教育现代化,迈入教育强国行列,推动我国成为学习大国、人力资源强国和人才强国,为到本世纪中叶建成富强民主文明和谐美丽的社会主义现代化强国奠定坚实基础。”①根据《总体方案》,到本世纪中叶,我国一流大学和一流学科的数量和实力进入世界前列,基本建成高等教育强国。算起来,从 21 世纪 30 年代中期到本世纪中叶,这是以中国式现代化全面实现中华民族伟大复兴的关键时期。虽然从目前看无法把握到那个时期我国一流大学能发展到何种程度、何种境界,但从现有基础和规划前景可以看到,中华民族的发展状态是令人欣喜的,可以跃升到世界强国的重要台阶,在世界上发挥着举足轻重的作用。据经济学家对 GDP 增速的测算,在低、中、高情形下,中国的经济规模将分别在 2028 年、2030 年和 2032 年超过美国,成为世界第一大经济体。如果世界经济保持年均增长 3.55%(1960—2016 年的年均增长率),根据预测结果,到 2050 年,中国占世界经济的比重将达到 24%。② 按此趋势发展,中国高等教育特别是“双一流”大学建设将得到更加稳定雄厚的政策资金支持,内涵发展质量将会进一步提升,实现“双一流”建设的战略目标有很大希望。

第二节 中国“双一流”建设研究进展述评

中国实施“双一流”建设以来,学界围绕该主题深入研究,发表了大量研究成果,产生了广泛影响。这些研究,不仅帮助人们深化了对中国“双一流”建设战略的认识和理解,促进了中国“双一流”建设的内涵发展,也推进了“双

---

① 《中共中央、国务院印发〈中国教育现代化 2035〉》,《人民日报》2019 年 2 月 24 日。
② 姚洋、[美]杜大伟、黄益平:《中国 2049:走向世界经济强国》,北京大学出版社 2020 年版,第 47—48 页。

一流”大学与国外一流大学的思想和学术交流。这里从“双一流”建设的战略、政策与实践维度；道路、理论与制度维度；文化、特色与模式维度；比较、借鉴与进展维度，对研究进展进行述评，以为本研究提供基础。

一、关于“建设”的政策与实践研究

战略决定总体方向，政策决定战略的具体行动，从战略到政策再到实践，这是一个国家推进发展的必然过程。如果战略符合事物发展的规律和趋势，适应未来形势的发展需要，那么，这种战略一旦转化为政策，必然会对实践产生重要促进作用。“双一流”战略确定前后，学术界持续开展战略、政策及实践研究，发表了系列成果。这些成果对推进中国“双一流”建设产生了积极影响。

“双一流”建设是党中央、国务院在新时代作出的重大战略决策。这一个重大战略决策是以习近平新时代中国特色社会主义思想尤其是习近平总书记关于教育的重要论述为指导制定的。学界深刻领会习近平总书记“一以贯之”的思想，即“扎根中国大地办大学”这一形成于中国特色社会主义新时代的重要思想。① 高校坚持以习近平新时代中国特色社会主义思想为指导推进“双一流”高质量内涵建设。② 有国外学者考察中国政府在高等教育重点项目实施过程中扮演的角色，认为没有中央政府的政策和经济支持，中国高校不可能成功跻身世界一流大学。③ 通过政府发起的一系列世界一流大学建设项目，中国高等教育机构在数量和质量上都取得了“惊人的进步”。④ “985 工

---

① 周光礼:《习近平总书记关于“双一流”建设思想研究》，《清华大学教育研究》2022 年第 3 期。

② 郝平:《深入学习贯彻习近平新时代中国特色社会主义思想　加快“双一流”建设　实现高校内涵式发展》，《中国高教研究》2017 年第 12 期。

③ Ha Thi Hai Do , Anh Ngoc Mai, "Role of the Government in the Establishment of World-Class Universities in China", *Policy Futures in Education*, Vol.21, No.2(2023), pp.205-219.

④ Dongbin Kim, Quirong Song, Ji Liu, Qingqin Liu , Adam Grimm, "Building World-Class Universities in China: Exploring Faculty's Perceptions, Interpretations of and Struggles with Global Forces in Higher Education", *Compare*, Vol.48, No.1(2018), pp.92-109.

程"实施以来,中央政府赋予高校更多的管理自治权,以提升高校的国际竞争力且成效显著。① 黄宝印认为,要准确把握"双一流"建设的总体要求和主要任务,着力推进中国特色现代大学制度建设;要坚定不移地走重点建设之路,加快推进世界一流大学和高水平大学建设,这是提升我国高等教育整体水平的战略选择。② 翁铁慧指出,加快建设中国特色世界一流大学需明确目标定位,把握关键举措,加强保障支撑,坚持科学治理。③ 田建国分析认为,"双一流"大学不仅仅要跨越与世界一流大学在办学规模、科研成果、论文数量、师资力量、物质条件等方面的显性差距,更重要的是要缩短在大学文化、特别是观念机制等方面的隐性差距。④ 王战军等比较分析全球一流大学评价体系和世界一流大学本质特征,认为坚持国际视野,学习借鉴各国大学的成功经验,探索世界一流大学建设的中国道路,是"双一流"建设的必然选择,并提出构建"双一流"建设评价理念、检测体系和推进方略。⑤ 钟秉林提出,应在把握"双一流"建设实质和内涵的基础上,构建和完善择优遴选机制、绩效评价机制、动态调整机制、统筹协调机制、自主办学机制和监督问责机制。⑥ 周光礼认为,建设世界一流大学和一流学科的关键是推进学科专业课程一体化建设。⑦ 潘懋元等认为,在"双一流"建设中应当着重一流专业教育、一流学科建设。⑧ 胡建

---

① Futao Huang, "Building the World-Class Research Universities: A Case Study of China", *High Educ*, No.70(2015), pp.203-215.

② 黄宝印:《科学谋划　创新推进　加快建设中国特色世界一流大学和一流学科》,《中国高等教育》2017 年第 19 期。

③ 翁铁慧:《加快推进"双一流"建设　努力建设高等教育强国》,《中国高教研究》2019 年第 11 期。

④ 田建国:《"双一流"大学建设 11 讲》,中国石油大学出版社 2017 年版,第 38—49 页。

⑤ 王战军等:《世界一流大学和一流学科评价体系与推进战略》,经济科学出版社 2022 年版,第 1—196 页。

⑥ 钟秉林:《扎实推进世界一流大学和一流学科建设》,《教育研究》2018 年第 10 期。

⑦ 周光礼:《"双一流"建设中的学术突破——论大学学科、专业、课程一体化建设》,《教育研究》2016 年第 5 期。

⑧ 潘懋元等:《要勇敢面对一流本科教育这个世界性难题(笔谈)》,《教育科学》2019 年第 5 期。

华提出集群组合、领域构建和生态布局是学科调整与发展,进而建设世界一流学科的主要方式。[①] 李文平认为,我国世界一流大学战略性目标呈高度稳定状态。[②] 包水梅等认为,"双一流"战略指向模糊,具体目标与任务笼统会使得政策不易落实。[③] 王建华提出,高等教育建设须着眼于明确具体的目标。[④] 刘莉等基于埃德温·洛克目标设置理论和彼得·德鲁克目标管理的SMART原则,将"双一流"建设的战略目标分解为2020年、2025年、2030年、2050年四个阶段,并提出相应建议。[⑤] 眭依凡提出,为避免"双一流"建设重走"985工程""211工程"的老路,应加强政府及大学决策层供给侧结构性改革,为大学按规律办学治校创造必要的制度环境,加强中央政府的主导作用,以高效、集中的原则遴选"双一流"建设单位。[⑥] 宣勇认为,在学科建设方面存在重点学科建设不合理、缺少顶层设计、学科建设上"见物不见人"的问题,需要通过重点学科的遴选、经费投入、学科组建等方面进行转变。[⑦]

为响应《总体方案》中确定的"总体规划,分级支持",各省级政府加大了对"双一流"建设的政策支持和经费投入,研究人员针对政策文本进行分析,总结问题并提出建议。各省区市发布本地的"双一流"建设方案,如上海市印发《关于本市统筹推进一流大学和一流学科建设实施意见》、海南省印发《海南省统筹推进高水平大学和一流学科建设实施方案》、吉林省印发《吉林省统

---

① 胡建华:《"双一流"建设对大学学科调整的影响》,《南京师大学报(社会科学版)》2019年第4期。

② 李文平:《我国世界一流大学建设政策的特征与发展——基于"985工程"与"双一流"建设的政策文本比较》,《现代教育管理》2020年第3期。

③ 包水梅等:《世界一流大学建设政策运行机制:香港的经验与启示》,《教育发展研究》2016年第23期。

④ 王建华:《"双一流"建设中一流学科建设政策检视》,《苏州大学学报(教育科学版)》2020年第2期。

⑤ 刘莉、刘念才:《"双一流"建设战略目标的分解研究》,《清华大学教育研究》2021年第3期。

⑥ 眭依凡:《关于"双一流建设"的理性思考》,《高等教育研究》2017年第9期。

⑦ 宣勇:《建设世界一流学科要实现"三个转变"》,《中国高教研究》2016年第5期。

筹推进高水平大学和高水平学科专业建设实施方案》,这些指导文件的颁布实施体现了各地政府贯彻落实国家"双一流"建设战略的决心和意志。"双一流"建设已成为各地高等教育发展规划的核心内容,"双一流"政策研究也受到学者的关注。马廷奇认为,"双一流"建设标志着中国高等教育模式的转变,由政府选择性向大学竞争性发展。[1] 翟雪辰、王建华回顾我国高等教育建设政策的变革历程,总结反思各阶段的特征和问题,认为我国高等教育重点建设政策始终以追求效率为先,在建设过程中以服务国家发展为目的。[2] 李春林等基于政策工具和政策主题二维研究架构对 2015 年以来中国省域政府出台的 30 份"双一流"政策文本进行量化分析发现,"双一流"政策政府主导特征明显、政策工具应用不均衡、政策主题集中,认为省域政府优化策略应是主动谋划完善政策体系、综合应用多种政策工具、适度调整政策力度三方面。[3] 习勇生基于 30 省的政策文本分析了省域政府在"双一流"建设中的注意力配置问题,认为地方政府在分配注意力时没有充分考虑约束条件,配置结构优化程度不高,分类方法不够规范。[4] 褚照锋分析了中国 24 个地区地方政府"双一流"政策文本,认为各地颁布时间、机构、文本名称等差异较大,规划目标数字化明显,指导思想上注重凸显区域特色,重点支持优势特色学科;推进策略上主要体现分层分类支持、资源优化整合、前后政策衔接、巨额资金投入。[5] 总结各地政府颁布的"双一流"建设方案有以下几个特点,第一,建设目标明确,具体到大学,精确到排名;第二,支持高校分类发展;第

---

[1]　马廷奇:《"双一流"建设与大学发展》,《国家教育行政学院学报》2016 年第 9 期。

[2]　翟雪辰、王建华:《我国高等教育重点建设政策的演变与启示》,《当代教育科学》2017 年第 7 期。

[3]　李春林等:《中国省域"双一流"政策文本量化分析》,《高等工程教育研究》2019 年第 4 期。

[4]　习勇生:《"双一流"建设中地方政府的注意力配置——基于 30 项省域政策文本的 NVivo 软件分析》,《教育发展研究》2017 年第 21 期。

[5]　褚照锋:《地方政府推进一流大学与一流学科建设的策略与反思——基于 24 个地区"双一流"政策文本的分析》,《中国高教研究》2017 年第 8 期。

三,鼓励高校大力发展优势学科、特色专业;第四,重视人才引进与教师队伍建设。

在政策推动下,"双一流"建设取得进展,学界对"双一流"建设进展和成效进行研究,发现在政策实施、体制机制等方面存在一些问题,需要关注和解决。关于"双一流"建设的进展研究,阎光才等聚焦高校"双一流"首轮建设成效与问题,从"双一流"大学的规划方案、资源投入、本科教学、教师国际化、科技成果转化等进行研究,就基础研究领域的前沿突破、激活高校自我"造血""生血"能力、科学引导本科教学等方面提出了建设性意见。[1] 檀慧玲等认为,"双一流"政策的落实陷入政策认知偏差、政策执行者利益需求不同、政策执行条件和资源差异明显、政策执行监督机制不健全等困境,亟待解决。[2] 孙科技认为,政策工具选用结构不合理、传统政策工具的限制、市场工具使用不当以及政策工具选择受到政策网络主体间关系的限制等因素,影响了"双一流"政策的顺利实施;[3]并提出通过推动利益整合、促进信息共享、完善激励机制和优化监督方式等措施从而优化"双一流"政策的执行路径。[4] 李立国指出,在行政主导学科专业设置的体制机制下,学科与专业成了资源分配的依据,各个学科专业为了自身利益最大化,不断增设"新学科",导致学科与专业划分愈来愈细,数量庞大,学科与专业的封闭性极强,学科优化与交叉融合非常困难,认为要逐步建立和完善市场主导的面向社会需求的学科专业设置机制,促进学科专业调整优化与交叉融合。[5] 刘益东认为,"双一流"建设的巨大挑战

---

① 阎光才等:《中国高等教育发展年度报告——聚焦高校"双一流"建设(2019)》,华东师范大学出版社2021年版,第1—168页。

② 檀慧玲等:《教育政策执行视角下"双一流"建设实施的思考》,《北京教育(高教)》2016年第12期。

③ 孙科技:《论"双一流"政策执行的阻碍因素及其优化路径——基于政策工具理论的分析框架》,《复旦教育论坛》2019年第3期。

④ 孙科技:《基于委托代理理论的"双一流"政策执行优化路径探索》,《高教探索》2019年第11期。

⑤ 李立国:《"双一流"背景下需求导向的学科专业调整优化》,《大学教育科学》2017年第4期。

在于以绩效为导向的战略目标与以师生发展为导向的世界一流大学文化产生了内在冲突,导致了一些学术文化困境,如学术气候异化、价值认同缺位、学术领导力缺位,需要加以重视和应对。①

二、关于"建设"的道路、理论与制度研究

面向未来,"双一流"建设究竟应该走什么样的建设道路、遵循什么样的理论体系、采取什么样的治理制度,这是中国"双一流"建设的关键问题。习近平总书记强调:"办好中国的世界一流大学,必须有中国特色。"②从本质上说,创建中国特色的世界一流大学,就是要加强我国大学区别于国际其他世界一流大学的核心要素的建设。③ 这不仅是中国特色社会主义标杆大学建设的内在要求,也是中国高等教育改革发展取得成功的关键所在。

"双一流"建设沿着中国特色道路前进,学者响应国家提出的"扎根中国大地办教育"和"高等教育内涵式发展"的号召,既有从宏观层面论述一流大学要走中国特色道路的必要性、发展历程和建设路径,也有在微观层面上从学科评估体系、人才培养等方面提出中国建设方案,使"中国特色世界一流大学"走向世界。宏观层面研究方面,如刘承波探讨新时代"双一流"建设的中国道路,认为新时代对"双一流"建设提出了新要求新期望,"双一流"建设要服务国家发展战略,引领高等教育内涵式发展,为构建人类命运共同体、促进人类进步作出更大贡献,由此要走"中国特色、世界一流"的发展道路,为此要有体制机制保障,即推进治理体系和治理能力现代化。④ 林杰等认为,中国特色世界一流大学建设既有理论的可能性也有现实的必要性,建设世界一流大

① 刘益东:《论"双一流"建设中的学术文化困境》,《教育科学》2016 年第 3 期。

② 《习近平谈治国理政》,外文出版社 2014 年版,第 174 页。

③ 王战军:《世界一流大学和一流学科评价体系与推进战略》,经济科学出版社 2022 年版,第 12 页。

④ 刘承波:《探索新时代"双一流"建设中的中国道路》,中国财政经济出版社 2018 年版,第 1—240 页。

学的中国离不开国际行动与大学自主办学的耦合。① 史静寰认为,从"985 工程"到"双一流"建设,走向 2035 的中国世界一流大学建设正在从"形似"走向"神备",即从全面追随模仿西方大学的外形,转向在实现可比指标与西方大学比肩的基础上,打造中国大学的气质和灵魂。② 杨蕾提出,"双一流"建设要从"追赶发展"走向"超越发展"。③ 谢冬平认为,要实现扎根中国大地办大学,应努力实现两个转向:从"办在中国的大学"向"长在中国的大学"转向,从"被化"向"化人"转向,进而提高中国高等教育在世界的话语权和引领作用。④ 微观层面研究上,杨清华等认为,建立中国特色的世界一流大学评价体系迫在眉睫。⑤ 张继平等分析提出,应以中国特色的学科评估推进"双一流"建设。⑥ 李立国提出,"双一流"高校应坚持内涵式发展道路,即根据国家重大需求确定重点建设方向,实现一流学科的内涵式发展,形成高水平人才培养体系。⑦ 阮成武等认为,坚持扎根中国大地办教育,根本在于一流人才培养。⑧ 卢晓中等认为,高等教育中的"中国基因"体现在政治思想基因、文化传统基因和国家需求基因,只有准确把握"中国基因"并融入发展之中,才能成功探索"双一流"建设之路。⑨

---

① 林杰等:《论世界一流大学建设的中国道路——国家行动与大学自主办学的耦合》,《大学教育科学》2020 年第 2 期。

② 史静寰:《"形"与"神":兼谈中国特色世界一流大学建设之路》,《中国高教研究》2018 年第 3 期。

③ 杨蕾:《从"追赶发展"到"超越发展":后发视野下中国的世界一流大学建设路径》,《国家教育行政学院学报》2021 年第 2 期。

④ 谢冬平:《内涵、关系与走向:双一流建设的国际化与民族化》,《黑龙江高教研究》2018 年第 11 期。

⑤ 杨清华等:《建立中国特色的世界一流大学评价体系》,《中国高等教育》2017 年第 19 期。

⑥ 张继平等:《以中国特色的学科评估推进"双一流"建设:问题与进路》,《研究生教育研究》2020 年第 6 期。

⑦ 李立国:《"双一流"高校的内涵式发展道路》,《国家教育行政学院学报》2018 年第 9 期。

⑧ 阮成武等:《论新时代高等教育发展道路自觉》,《安徽师范大学学报(人文社会科学版)》2020 年第 3 期。

⑨ 卢晓中等:《"双一流"建设的中国特色与世界一流》,《国家教育行政学院学报》2018 年第 9 期。

　　"双一流"建设涉及的理论内容比较多,基本概念诸如什么是世界一流大学? 什么是世界一流学科? 这两者的关系是什么? 厘清概念及其关系,是"双一流"建设理论研究的重要基础,也是开展"双一流"建设实践的基本前提。近年来,学界从多个维度对这些理论问题进行分析。鉴于世界一流大学在国外建设较早,经验比较丰富,其理性认识可以提供一定参考。例如美国学者菲利普·阿特巴赫教授指出,所有人都向往世界一流大学,每个国家都觉得他们的国家可以做到,但问题是,没有人知道世界一流大学是什么,也没人知道如何实现它,每个人都只是知道这个概念。[1] 在阿特巴赫看来,世界一流大学通常是指全球最负盛名的研究型大学,是在全球知识经济中提高本国竞争力必不可少的,它们居于高等教育层级顶端,在创造并传播知识、培养高技术劳动力和专业管理者、满足社会需求等方面发挥着重要作用。[2] 国内有学者尝试概括世界一流大学的共性特征。如张炜对部分文献中关于世界一流大学的特征进行了归纳概括,如规模大、历史悠久、学科全面、教授治校、学术自由等,除此以外还采用演绎法剖析发现部分世界一流大学的个性特色。[3] 有文献分析一些现代大学继承古典大学的合理传统,通过多方面的创新实现了迅速崛起。[4] 对于世界一流大学,学者达成共识的是,一流大学应有雄厚的办学实力,包括充足的经费与科研收入等;应有高水平学术队伍;应对社会有较大贡献。什么是世界一流学科? 周光礼等提出,世界一流学科是基于知识、权利与规训的制度组合;[5]潘静依据学科组织的基本要素分析指出,高水平的学科队伍、充分的物质保障、高效率的运行机制与突出的社会贡献构成了一流学科

---

①　Philip G.Altbach,"The Cost and Benefits of World-Class University",*International Higher Education*,No.1(2003),pp.5-8.

②　Philip G.Altbach,"Peripheries and Centers:Research Universities in Developing Countries",*Higher Education Management and Policy*,Vol.19,No.2(2007),pp.106-130.

③　张炜:《世界一流大学的共性特征与个性特色》,《中国高教研究》2016 年第 1 期。

④　别敦荣等:《教育理念与世界一流大学的形成》,《高等教育研究》2010 年第 7 期。

⑤　周光礼等:《什么是世界一流学科》,《中国高教研究》2016 年第 1 期。

的特征。[1] 胡建华等探讨了"双一流"建设与高校学科发展问题,认为学科建设是"双一流"建设的基础工程。只有强化学科建设才能建成一流学科,只有通过一流学科建设才能成就一流大学,只有建成了世界一流大学和一流学科才能最终实现"双一流"建设的战略目标——基本建成高等教育强国。[2] 白强认为,"双一流"建设是一项系统工程,不仅包含"一流大学"和"一流学科"建设两个中心问题,还涉及实现"双一流"的系列重要支撑问题,并拓展讨论了一流人才培养、一流师资建设、一流大学校长培育、走向一流的大学改革等领域的问题。[3] 通过上述讨论可以看到,国内外学界在一些基本概念上还没有达成广泛的共识或形成统一概念。有学者指出,在中国,国际排名成为定义世界一流大学的一个重要指标。[4] 实际上,在高等教育领域,全球著名的大学排行榜采用的指标与国家和机构的绩效评估指标相互重叠。[5]

"双一流"建设是中国高等教育改革发展的核心内容,也是必须实现战略目标的重大工程,其实践涉及多种复杂因素,包括制度建设、体制机制建设等。如何在科学的理论指导下开展制度建设,也是"双一流"建设研究的重要内容。对此,学界进行了深入的讨论,目的是完善"双一流"建设的制度基础和体制保障。有学者肯定"双一流"建设对大学内部管理制度的积极作用,认为抓住"双一流"建设的契机,推进大学内部管理制度改革,有助于规范学校成员的行为,促进决策科学化与民主化,使大学各项工作有章可循,进而实现内涵式发展。[6] 对于形

---

① 潘静:《"双一流"建设的内涵与行动框架》,《江苏高教》2016年第5期。

② 胡建华等:《"双一流"建设与高校学科发展》,南京师范大学出版社2021年版,第16—61页。

③ 白强:《"双一流"建设基本问题研究》,武汉大学出版社2022年版,第1—12页。

④ Ryan M. Allen, "Commensuration of the Globalised Higher Education Sector: How University Rankings Act as a Credential for World-Class Status in China", *Compare*, Vol. 51, No. 6 (2021), pp.920-938.

⑤ Hazelkorn E., *Rankings and the Reshaping of Higher Education: The Battle for World-Class Excellence*, London: Springer, 2015.

⑥ 张茂聪:《"双一流"建设中的现代大学内部管理制度》,《山东师范大学学报(人文社会科学版)》2019年第3期。

成当前制度的原因,阎凤桥认为历史文化传统的失落是受了国家体制影响,也是近现代不断追赶西方发达国家的结果。① 黄炳超认为问题在于"双一流"政策工具选择单一,政策制定自上而下,政策变迁动力是地区均衡博弈的结果。② 研究人员探讨了政府政策制度、学校的治理制度、评价制度、教师管理制度、绩效评价制度、招生制度、培养制度等方面问题,提出了对策建议。周志刚等认为"双一流"建设政策作为重点建设政策的延续,虽然进行了一定的制度调整,但"马太效应"、分层隔区等问题依旧存在,需要构建开放的高等教育系统、坚持学科基础、完善动态调整机制。③ 马跃认为现行大学教师管理制度存在功利化价值取向明显、区分度不够等问题,应秉持学术制度至上的制度设计理念;④胡娟认为我国一些高校的教师聘任与评价制度更多以绩效为导向,评价方式工具主义化,通过比较德美研究型大学的聘任模式提出中国研究型大学需要建立起"静水深流"的学术环境。⑤ 有学者以 2019 年东、中、西和东北部地区 14 所"双一流"大学的 293 份博士招生简章为研究样本,构建指标观测体系,分析不同地区博士"申请—考核制"存在的问题并提出优化方案。⑥这些理论探讨和问题研究,对中国"双一流"大学实践具有建设性意义。

三、关于"建设"的文化、特色与模式研究

扎根中国大地办大学,就要积极探索和传承中国文化、体现中国特色、适

---

① 阎凤桥:《我国高等教育"双一流"建设的制度逻辑分析》,《中国高教研究》2016 年第11 期。

② 黄炳超:《"双一流"政策的逻辑导向、制度困境与优化调适》,《中国高校科技》2020 年第 3 期。

③ 周志刚、宗晓华:《"双一流"建设政策的制度调适、实施逻辑与推进机制》,《现代教育管理》2019 年第 6 期。

④ 马跃:《"双一流"建设背景下大学教师管理制度创新研究》,《现代教育管理》2019 年第6 期。

⑤ 胡娟:《"双一流"建设中教师聘任与评价制度改革反思》,《苏州大学学报(教育科学版)》2020 年第 2 期。

⑥ 胡春艳、周付军:《"双一流"高校博士生"申请—考核制"制度设计与实践特征》,《研究生教育研究》2020 年第 1 期。

应中国的"双一流"建设道路。中国"双一流"建设的主旨方向即"中国特色、世界一流",但二者并不是分而述之的关系。一方面世界一流大学的评价标准必定是国际性的,只有将大学置于世界高等教育发展进程中,才能获得学术共同体的尊重与认可;[1]另一方面教育根植于文化,中国独有的历史文化和独特的国情决定了我们必须走自己的高等教育发展道路,形成我们自己的独特发展道路。

　　大学文化是大学赖以生存和发展的灵魂,是大学核心竞争力,一流的大学文化对建成世界一流大学与一流学科至关重要。有学者以"文化剧本"的视角从共产主义、新自由主义与实用主义三个维度入手,分析了对中国建设世界一流大学产生影响的特定文化背景。[2] 蔡红生等提出,要将大学文化建设纳入"双一流"建设的大格局。[3] 学者将大学文化划分成不同维度进行探讨,如中华传统文化、学术文化、学科文化、校训文化等方面,同时指明校园文化中存在的不足并提出解决方案。从形式角度,20世纪初作为"西学渐进"结果之一的现代大学至今不过百余年时间,欧小军认为从某种意义上说,我国高等教育"大而不强",更多的是引进了西方大学的"形式",需要在保守和创新中发展文化,在求同存异中发扬文化,在形式借鉴中超越形式。[4] 从内容角度,高校在推进"双一流"建设的进程中,必须不断增强道路自信、理论自信、制度自信和文化自信。中华优秀传统文化为"双一流"建设提供文化理念和文化指引。同时,"双一流"建设中的通识教育为中华优秀传统文化"走出去"提供重要依托和良好契机;[5]章琳认为,大学文化的主要功能与价值在于人才培养,而学

　　① 卢晓中等:《"双一流"建设的中国特色与世界一流》,《国家教育行政学院学报》2018年第9期。

　　② Yilin Wei, Christopher Johnstone, "Examining the Race for World-Class Universities in China: A Culture Script Analysis", *Higher Education*, No.79(2020), pp.553–567.

　　③ 蔡红生等:《大学文化:"双一流"建设的灵魂》,《思想教育研究》2017年第1期。

　　④ 欧小军:《"中国特色世界一流"大学的文化选择》,《现代教育管理》2017年第12期。

　　⑤ 刘利琼:《中华优秀传统文化对"双一流"建设中通识教育的引领作用》,《社会科学家》2018年第2期。

术文化是大学文化的核心,应当建设优秀的学术文化滋养研究生的学术成长;①翟理祥等提出,中医药是我国文化自信的深厚根基,在"双一流"建设背景下,将中医药价值、中医药知识和中医药形式构成中医药文化融入校园文化建设的核心要素;②铁铮等在总结大学文化建设的重要性之后,指明当前大学文化建设存在诸多不足,如重视硬件建设,忽略内涵挖掘;强调表面文章,轻视内涵实质;重视短时效应,忽视长远效益;强调单打独斗,忽略协同作战,并提出大学文化应始终扎根中国大地,坚持立德树人,坚持发挥特有优势,坚持拓宽国际视野。③ 建设中国特色世界一流学科与世界一流大学是中国建设世界高等教育强国必经之路,任重而道远,在建设过程中我们不能仅"纸上谈兵",更应该在实践中检验理论、发展理论。

学者们在中国特色世界一流大学特征的研究观点上比较统一,均将我国高等教育发展方向同我国发展的现实目标和未来方向紧密联系在一起。为人民服务、为中国共产党治国理政服务,为巩固和发展中国特色社会主义制度服务,为改革开放和社会主义现代化建设服务,在服务中体现大学的价值追求。同时学者针对如何建设中国特色世界一流大学和一流学科,从评价体系和国外大学的历史经验等方面提出建议。牛欣欣等提出,扎根中国大地建设"双一流"应抓住教师队伍建设、教学科研条件和配套的管理制度三个关键点。④有学者认为,"双一流"建设的中国特色在于服务中华民族伟大复兴,从中国实际问题出发,密切关注国家发展,回应国家需要。⑤ 从根本来说就是要全面

---

① 章琳:《以优秀的学术文化滋养研究生的学术成长——"双一流"建设背景下学术学位研究生培养的思考》,《学位与研究生教育》2018 年第 8 期。

② 翟理祥等:《"双一流"背景下中医药文化融入校园文化建设研究》,《黑龙江高教研究》2018 年第 36 期。

③ 铁铮等:《"双一流"建设背景下的新时代大学文化建设》,《思想教育研究》2019 年第 10 期。

④ 牛欣欣等:《中国特色视角下"双一流"建设研究(笔谈)》,《中国高教研究》2018 年第 1 期。

⑤ 周光礼等:《扎根中国大地办大学——中国共产党创办新型高等教育八十年论坛综述》,《教育研究》2017 年第 11 期。

贯彻习近平总书记的重要讲话精神,毫不动摇坚持党对高校的领导,坚持社会主义办学方向,全面贯彻党的教育方针,落实"四个服务"的要求,切实肩负起立德树人的核心使命,真正解决好培养什么人、如何培养人以及为谁培养人的根本问题。"中国特色世界一流大学"始终立足于中华大地,遵循教育规律与文化传统,培养社会主义事业建设者和接班人,将"中国性"与"世界性"相结合。① 研究人员从不同角度对中国特色世界一流大学建设进行研究。例如,白强分析了外国一流大学的历史规律,提出扎根中国大地建设"双一流",要抓住立德树人、传承创新民族文化、服务国家战略需求、建设一流学科与一流师资几个要点,从而办好人民满意的教育。② 王战军等认为,由于评价对建设的导向作用,首先要构建中国特色评价体系,提出构建由达成度、贡献度、支撑度、引领度、满意度五个维度构成的建设成效指数框架,多方面综合评估世界一流大学建设情况。③ 而中国特色世界一流学科建设的根本主旨是助推我国学科走向自主化、本土化和世界化,龙宝新认为,在新时代应汲取西方已有经验,形成"中体西用"的本土化学科建设方案,包括中国本土的学科建设与环境诉求、世界学科建设的共同经验和中西融合的节点设计。④

研究人员在分析世界大学发展模式后,针对如何建设中国特色世界一流大学和一流学科提出不同模式并在实践中进行探索的认识,如从整体上讨论大学建设模式、学科建设模式,以及从局部上讨论人才培养模式、教学模式、图书馆建设模式等。关于世界大学发展模式,周光礼等认为,在全球两大高等教育体系中,盎格鲁—撒克逊体系传统上遵循市场逻辑、自由竞争形成世界一流

---

① 耿有权:《试论中国特色世界一流大学》,《研究生教育研究》2016 年第 1 期。
② 白强:《中国特色"双一流"大学建设的逻辑根据与路径选择》,《重庆大学学报(社会科学版)》2018 年第 6 期。
③ 王战军等:《构建中国特色评价体系 推进世界一流大学建设》,《清华大学教育研究》2018 年第 6 期。
④ 龙宝新:《论中国特色一流学科建设》,《高校教育管理》2020 年第 3 期。

大学,如牛津大学、剑桥大学等,而罗马体系遵循行政逻辑,世界一流大学的产生由政府指定,如首尔大学、清华大学。周光礼等认为,中国高校创建世界一流大学应结合建设逻辑与演化逻辑,最终走向内涵式发展。① 从整体来看,马陆亭指出,"双一流"建设存在不同的模式与路径,不同的模式与路径为我们扎根中国大地办教育奠定了基础,要建成中国的北大而不是中国的哈佛。② 大学层面上,如同济大学将"中国特色"和"世界一流"结合起来,提出在创新人才培养模式和创新科技发展领域过程中、在服务国家和区域经济社会发展过程中、在传承中国文化的发展过程中实现"中国特色、世界一流"。③ 学科层面上,张德祥等通过梳理学科知识生产的三种模式与大学人才培养、科学研究以及学科组织、制度建设的关系,提出顺应学科知识生产模式变革的大学自我调整能够激发大学高水平人才培养的动力、高深知识生产和创新活力,有利于提升大学综合竞争力。④ 从局部看,西安交通大学基于"扎根西部、服务国家、世界一流"的定位,从国家招生政策、招生计划、衔接基础教育与高等教育、创新人才选拔模式和高校考试招生大数据分析五个方面积极探索拔尖创新人才考试招生模式。⑤ 有学者从馆舍、空间、管理、数据、平台和服务六个方面构建智慧图书馆的建设模式。⑥ 这些研究和探讨,对"双一流"大学立足中国推进内涵建设起到了积极的影响。

---

① 周光礼等:《世界一流大学的建设与评价:国际经验与中国探索》,《中国高教研究》2019年第9期。

② 牛欣欣等:《中国特色视角下"双一流"建设研究(笔谈)》,《中国高教研究》2018年第1期。

③ 方守恩等:《推进世界一流大学和一流学科建设的思考与实践》,《中国高等教育》2017年第Z1期。

④ 张德祥等:《学科知识生产模式变革与"双一流"建设》,《江苏高教》2019年第4期。

⑤ 郑庆华:《"双一流"建设背景下中国特色高校招生选拔创新模式探索与实践》,《中国高教研究》2017年第9期。

⑥ 王欢:《"双一流"建设背景下大学智慧图书馆建设模式探析》,《图书馆工作与研究》2021年第S1期。

四、关于"建设"的比较、借鉴与进展研究

"双一流"建设致力于建设在国际上有巨大影响力的中国一流大学,无疑需要在国际范围内进行比较,对别的国家世界一流大学的建设成就和有益经验,我们要积极学习借鉴,不断丰富我们的建设理念和建设视野,不断拓展我们的建设路径和建设方法,从而尽快赶上甚至超过当代世界一流大学的建设水平。显然,通过比较研究、借鉴研究和进展研究,我们可以获得参考资源。实际上,这不仅是"双一流"建设者关注和研究的实践课题,也是"双一流"大学必须跟踪研究的时代课题。

研究人员从不同层面分析"如何建成世界一流大学?""如何建成世界一流学科?"从外部环境看,离不开政府、市场和社会环境对一流大学形成的支持。[1] 从内部因素看,校长领导、师资队伍、学科发展、课程改革、理念变革等都对建设世界一流大学有关键影响,甚至大学官网也会产生重要影响。[2] 陈振英等紧扣中美一流大学学术竞争力评估的主题,建立在相关理论分析基础上,从宏观、中观和微观三个视角探讨中美大学在一流联盟、顶尖大学、顶尖学科、重点领域四个层面的研究差距,就学术竞争力提升提出若干启示。[3] 由由等基于美国 20 所世界一流大学数据分析,认为建设世界一流大学,政府应给予高校一定财政自主权,同时加大对一流高校的投入;高校在提高管理效率的同时加大对教学、科研和公共服务等方面的投入。[4] 洪成文认为,世界一流学

---

[1] 武建鑫:《世界一流大学研究的主题演进与前沿探讨——基于 CNKI 数据库关键词共现知识图谱的分析》,《湖南师范大学教育科学学报》2016 年第 3 期。

[2] Sohyeon Bae, Adam T. Grimm and Dongbin Kim, "Only One Way to be a World-Class University? Comparative Analysis on the Texts and Visual Images on Websites of Universities in China and South Korea", *Asia Pacific Journal of Education*, Vol.43, No.1(2023), pp.144—159.

[3] 陈振英等:《中国"双一流"大学与美国一流大学:学术竞争力视角下的比较》,浙江大学出版社 2021 年版,第 1—3 页。

[4] 由由等:《高校经费水平、结构与科研产出——基于美国 20 所世界一流大学数据的分析》,《高等教育研究》2016 年第 4 期。

科发展的国际经验大致包含发展机遇、学术氛围、代际发展的可持续性保障、关怀人类根本疾苦等四个方面。① 包水梅等基于对香港世界一流学科建设的研究,认为要从构建特色与创新并存的学科建设理念、政府引导下高校自主发展的学科建设模式、系统规划与灵活调整相结合的学科建设方案、严格的审核监督和自由竞争相结合的保障机制等方面入手。② 陈新忠等借鉴加州大学戴维斯分校建设世界一流学科的经验,提出应坚持实际问题导向,丰富课程活动,加快成果转化,创建一流师资,搭建就业平台等建设经验。③ 武建鑫以牛津大学化学学科作为案例研究对象,认为"双一流"办学者需要更加关注中心与边缘地带学术制度的创新机制,遵循世界一流学科的成长逻辑开展学科培育工作,并思考塑造未来大学的世界一流学科究竟需要何种大学学科理念及其制度结构。④

　　在借鉴西方模式的基础上,中国"双一流"建设实践取得了重要进展,也表现出鲜明的中国特色。首先,《总体方案》提出要加强党对高校的领导,扎根中国大地办学治校。刘存福等认为,高校党委组织在"双一流"建设中应发挥引领示范作用。⑤ 程建平强调"以高质量党建引领'双一流'建设"⑥。其次,地方高校是学科建设的基层组织,负责"双一流"建设的具体实施,并承担教育、科研、管理等多方面职能。学者从不同维度对"双一流"大学建设进行研究,一方面有学者从地方政策对省域高校建设的影响提出相应建议,地方政府应以建设一流体系为出发点,有效处理高校分类分层关系,体现高校与所在

　　① 洪成文:《世界一流学科发展有哪些国际经验》,《中国高等教育》2018年第5期。

　　② 包水梅等:《从政府战略到院校行动:香港世界一流学科建设的经验及启示》,《高等工程教育研究》2017年第3期。

　　③ 陈新忠等:《加州大学戴维斯分校建设世界一流学科的经验及启示——以农业与环境科学为例》,《现代教育管理》2021年第7期。

　　④ 武建鑫:《从边缘到中心:世界一流学科的演进特征与形成机理——基于牛津大学化学学科的案例分析》,《中国电化教育》2021年第2期。

　　⑤ 刘存福等:《提升院系党建质量促进"双一流"建设的内在逻辑与实践路径》,《学校党建与思想教育》2020年第11期。

　　⑥ 程建平:《以高质量党建引领"双一流"建设》,《党建》2022年第9期。

地方的密切联系。① 同时,"双一流"建设不仅建设一流教学科研体系,也需要建设一流治理体系,治理体系和治理能力现代化是推进新时代中国大学内涵式发展的内在需求。② 高校在内部管理机构改革的过程中已取得了一些成效,但也存在一些问题。葛信勇等基于"双一流"高校机构改革的调查,从实际出发提出高校内部治理现代化路径的优化设计。③ 另一方面,有较多学者以高校图书馆、学报期刊、实验室等重要组成部门为切入点,探讨其在建设"双一流"事业中的作用和改革路径。就图书馆而言,较多研究图书馆在"双一流"背景下的转型定位与发展路径,提出依托信息资源保障中心、学科知识支持中心、文化传承交流中心和互动共享学习中心,构建全媒介信息资源共享体系、服务体系等;④ 就学报期刊而言,有研究发现高校技术期刊发展与学科建设相互支持、相互成就。⑤ 周志红认为,这是一个机遇也是一个挑战,应抓住机遇为我国建设世界一流科技期刊作出应有贡献。⑥ 一些研究关注"双一流"背景下高校实验人才队伍建设与发展⑦、实验室综合改革⑧、高校实验室信息化建设⑨等。最后,人是最

---

① 雷家彬:《"双一流"建设与分类管理:省域高校分化政策的悖论及应对》,《现代大学教育》2021 年第 4 期。

② 袁占亭:《治理体系和治理能力现代化:"双一流"大学建设的重要保证》,《中国高等教育》2019 年第 22 期。

③ 葛信勇等:《高校内部管理机构改革及其治理现代化的路径选择——基于国内五所"双一流"大学机构改革实践的调查》,《西南大学学报(社会科学版)》2021 年第 3 期。

④ 王群等:《"双一流"建设背景下高校图书馆功能与定位的再思考》,《图书情报工作》2020 年第 13 期。

⑤ 接雅俐等:《高校卓越期刊与"双一流"建设的关联性分析及期刊提升策略》,《中国科技期刊研究》2021 年第 3 期。

⑥ 周志红:《"双一流"建设中高校科技期刊面临的挑战与机遇》,《中国科技期刊研究》2021 年第 1 期。

⑦ 李峥等:《"双一流"背景下高校实验教学队伍建设与发展》,《实验室研究与探索》2021 年第 4 期。

⑧ 何碰成等:《"双一流"建设视角下高校实验室综合改革的策略与路径》,《实验室研究与探索》2017 年第 12 期。

⑨ 徐美勇等:《"智能+"时代高校实验室信息化建设的实践探索》,《实验技术与管理》2019 年第 8 期。

为关键的要素。高校教师队伍是"双一流"建设的关键。有学者发现,在"双一流"建设背景下,加速高层次人才流动的同时也加剧了人才的"商品化",[①]孙涛认为,"双一流"建设持续推进,增加了高校教师队伍管理难度,使得人才向下流动渠道不畅,并提出改革考核制度,补偿人才流失高校等措施纾解困境。[②] 透过上述讨论,我们可以看到"双一流"建设内涵丰富,需要政府、高校、社会各方面作出艰苦的努力,如此,才能实现我们的战略目标,为实现中华民族伟大复兴作出重大贡献。

第三节　中国"双一流"建设的逻辑要义

改造世界,先要认识世界。中国"双一流"建设,是在中国独特的历史、文化、传统和国情环境下诞生和成长的,蕴含着深刻的历史逻辑、理论逻辑和实践逻辑,具有深厚的历史内涵、中国特色的理论内涵和坚实可靠的实践基础。准确把握这三重逻辑及其要义,对正确认识和科学推进中国"双一流"建设具有重要意义。

一、历史逻辑:执着追求中国的世界一流大学梦

近代以来,中国人执着追求中华民族伟大复兴,包括追求中国的世界一流大学梦想。虽然多种原因导致中国具有现代意义的大学比西方大学发展滞后一个世纪时间,但新中国成立后中国人奋起直追,不断创造高等教育发展新辉煌,为世界高等教育作出了榜样。中国"双一流"建设,就是这种持续努力的标志性产物和代表性成果,充分体现了中国人执着追求世界一流

---

① 郭书剑等:《"双一流"建设背景下我国大学高层次人才引进政策分析》,《现代大学教育》2017 年第 4 期。

② 孙涛:《困境与出路:"双一流"建设视域下的高校教师流动》,《北京社会科学》2020 年第 6 期。

大学梦的至善精神。

国家大学从无到有(清末至20世纪20年代):近代中国,从没有国家大学到拥有现代国家大学。20世纪初,毕业于美国大学的胡适先生就梦想中国有国家大学,并建言国家"增设大学",包括国立大学、省立大学和私立大学,[1]意在改变国家只能被动地通过留学教育获得高级人才的不利处境。后来,经过多位教育家包括蔡元培的努力,创立于1898年的京师大学堂发展成为中国第一所国立综合性大学,也是近代中国最高教育行政机关。辛亥革命后,改为现名——北京大学,标志着近代中国开始创办国立大学。

现代性大学从少到多(20世纪20年代至新中国成立前):从有现代性大学到建立一批现代性大学。蔡元培把北京大学发展成为中国最有名的大学,与此同时,留学美国哥伦比亚大学的郭秉文学习借鉴美国模式,采取"寓师范于大学",把南京高等师范学校升级为综合性大学——国立东南大学,后来陆续设立国立广东大学、国立同济大学、国立暨南大学、国立清华大学、国立四川大学、国立东北大学、国立厦门大学等,近代中国出现了一批现代性大学。[2]其间,1947年胡适撰文提出"高等教育的十年计划",即分两期施行建设10所大学,"用最大力量培植他们","使他们在短期内发展成为现代学术的重要中心"。[3]实际上,这是谋求国家学术独立的重要构想之一,产生了一定的社会影响。

现代性大学多中选优(新中国成立至20世纪80年代):从现代性大学到出现一批重点大学。1959年3月,中共中央《关于在高等学校中指定一批重点学校的决定》指定北京大学、清华大学、中国人民大学等16所高校为全国重点学校。1963年,国家分四批确定了68所全国重点大学。"文化大革命"

---

① 姜义华:《胡适学术文集·教育》,中华书局1998年版,第18—20页。
② 李木洲、刘海峰:《民国时期国立大学的设立与分布》,《高等教育研究》2014年第4期。
③ 胡适:《争取学术独立的十年计划》,陈漱渝、姜异新选编:《胡适论教育》,福建教育出版社2016年版,第112—113页。

后,1977 年 5 月邓小平提出"办教育要两条腿走路,既要注意普及,又注意提高。要办重点小学、重点中学、重点大学"[①]。7 月又指出:"重点大学既办教育的中心,又办科研的中心"。[②] 8 月提出"在大专院校中先集中力量办好一批重点院校",并要求"重点大学都要逐步加重科研的分量,逐步增加科研的任务"。[③] 在此思想指导下,1978 年国务院确定北京大学、清华大学等 88 所高校为全国重点大学。至 1982 年,全国共有 96 所重点大学,数量达到顶峰。

重点大学优中培强(20 世纪 80 年代至 90 年代中期):从举办重点大学到建设研究型大学。1981 年 1 月经全国人大常委会批准,《中华人民共和国学位条例》正式实施,这是新中国教育史上第一部具有里程碑意义的立法。1985 年 5 月,《中共中央关于教育体制改革的决定》明确指出:"为了增强科学研究能力,培养高质量的专门人才,要改进和完善研究生的培养制度",文件首次提出建设重点学科,并将它列入国家中长期发展计划。1995 年 11 月国家实施"211 工程",开始重点建设一批高等学校和一批重点学科,其实就是"双一流"建设的历史起点。1999 年 1 月国家实施"985 工程",即从"211 工程"大学中遴选出一部分大学进行"重中之重"建设,经过若干年建设发展,社会广泛认可这些重点高校的国家地位和国际影响力。换言之,我国重点大学中涌现出一批研究型大学,这些高校在本科教育的基础上开展有规模的研究生教育,逐步发展成为重点从事研究生教育的研究型大学。

研究型大学又强又特(20 世纪 90 年代中期至今):从研究型大学到中国特色世界一流大学。经过"211 工程""985 工程"以及"2011 计划"的高等教育重点工程建设,我国重点大学从一般研究型大学逐步发展到有实力参与世界一流大学竞争的质量水平。通过世界大学排行榜的数据分析发现,20 多年

---

① 中共中央文献研究室:《邓小平论教育》(第三版),人民教育出版社 2004 年版,第 25 页。

② 中共中央文献研究室:《邓小平论教育》(第三版),人民教育出版社 2004 年版,第 40 页。

③ 中共中央文献研究室:《邓小平论教育》(第三版),人民教育出版社 2004 年版,第 34 页。

来,中国一批重点大学在可比性办学指标上,如办学规模、研究生招生数、科研经费数、本研比、师生比等,已达到或超过当今世界一流大学水平,完全有能力有实力实现更高更远更强的发展目标。如北京大学在多个世界大学排名中稳居全球前 50 名左右,主要办学指标已与世界一流大学有可比性。[①] 以 2015年出台的《总体方案》为指导,中国"双一流"大学致力于重点建设优势学科,逐步走向世界一流学科前列,最终全面建成中国特色世界一流大学,为世界高等教育发展事业作出中国的独特贡献。

二、理论逻辑:持续发展中国的世界一流大学理论

很长时间,我们建设世界一流大学的实践是学习西方的,因为我们建设一流大学的历史不长,经验不足,缺少自己的理论,而西方大学历史较长,有深厚的实践基础、成功的实践成果和丰富的理论积累,所以,我们只能向西方学习,但是中华民族是富有智慧的民族,我们认识到西方理论是从发达国家的实践中总结出来的,不一定全部适用于发展中国家,包括中国。这样,我们中国大学所走的道路就是边学习边探索,边实践边总结,逐步形成自己的理论体系。蔡元培说:"凡一科学之成立,必先有事实,然后有学理。以无事实,则无经验可言;无经验,则学理亦无由发生。"[②]中国"双一流"建设发展具有什么样的理论? 学界一直在跟踪研究并提出一些新概念、新判断、新观点和新理论,大致可以归纳为十个方面,这些探索和认识不仅对中国一流大学建设有指导意义,对发展中国家也有积极的参考价值。

一是关于世界一流大学建设与现代化国家建设的关系。新中国成立后,通过观察、研究和比较,我们发现以美国、英国、德国、法国为代表的工业发达

① 《北京大学一流大学建设高校建设方案》(精编版),北京理工大学研究生教育研究中心等:《"双一流"建设高校一流大学建设方案汇编》(内部资料),中国科学技术出版社 2018 年,第5 页。

② 高平叔:《蔡元培教育论著选》,人民教育出版社 2017 年版,第 249 页。

国家无不拥有若干所世界一流大学,这些国家的世界一流大学均从事世界一流水平的科学研究和尖端人才培养工作,有力地支撑了国家发展,也引领着世界高科技发展和创新人才培养。这说明,一个国家的现代化建设与拥有世界一流大学存在必然联系。因此,为了实现现代化,我国提出建设一批重点大学和重点学科,后来演化为建设一批世界一流大学和一流学科的重要工程,包括"211 工程""985 工程"以及"双一流"建设。换言之,我国在建设社会主义现代化国家的进程中,必须建设一批世界一流大学,这是现代化国家建设的应有之义和必经之路。这个理论始终指导着中国世界一流大学的建设和发展工作。

　　二是关于立足中国国情的高等院校重点建设。作为世界上最大的发展中国家,又是社会主义国家,我国认识到要充分发挥社会主义集中力量办大事的制度优势,在人口规模庞大但经济相对落后、教育资源有限的情况下遴选建设重点高校,培养优秀人才。新中国成立不久,我国即确立重点大学制度,政府指定一批办学基础较好的高校作为重点大学,重点大学在政策支持、资源配置、办学自主权等方面享有一定的特殊性和优先性。1985 年中共中央颁布的《关于教育体制改革的决定》提出,要"有计划地建设一批重点学科,重点学科比较集中的学校,将自然形成既是教育中心,又是科学研究中心"。从重点大学建设制度、重点学科建设制度到"211 工程""985 工程"及"2011 计划",再到 2015 年启动的"双一流"建设,我国高等教育重点建设思路一直延续至今。同时,学位授权审核制度、研究生院审批制度以及大学排行和学科评估制度,也是重点大学建设的关联政策举措。① 经过复杂遴选程序,我国"211 工程"遴选了 112 所高校,后来从中遴选 39 所大学进行"重中之重"建设,即"985 工程"。20 世纪 90 年代以来,我国高等院校重点建设理论受到了世界高等教育界的普遍关注、重点研究和积极借鉴。

---

　　① 张应强、周钦:《"双一流"建设背景下高校分类分层建设和特色发展》,《大学教育科学》2020 年第 1 期。

　　三是关于学习借鉴国外一流大学建设模式。他山之石,可以攻玉。中华民族向来有善于学习借鉴人类优秀文明成果的博大胸怀和精神品质,既不封闭自己,做到外为中用,也不忘记传统,做到古为今用,因此,我们在建设重点大学的过程中,始终注重向国外高等教育特别是一流大学学习办学模式,不断丰富和提升一流大学建设的内涵质量,在学习过程中不是照搬照抄别人的做法和模式,而是力求把一流大学建设的基本原理同我国大学建设实际和发展阶段结合起来。改革开放以来,我国不断派遣大批学者和学生赴国外一流大学学习交流,就是为了学习国外一流大学的办学模式。比如我们发现国外研究型大学是高等教育分类型分层次发展的结果,不少高水平研究型大学创办医学院,于是通过并校或新建等多种方式建设了一批包含医学院的研究型大学如北京大学、浙江大学、复旦大学等。这是我国大学积极借鉴国际办学模式发展自我的生动实践,也是一条非常成功并始终坚持的建设经验。

　　四是关于推动大学第四功能的创新发展。世界大学发展史表明,从中世纪大学如意大利博洛尼亚大学,法国巴黎大学,英国牛津大学、剑桥大学,到德国柏林大学,再到美国约翰·霍普金斯大学,大学功能始终是发展的,从教学功能到科研功能,再到社会服务功能,新的大学功能的发展,不仅不影响传统功能,而且为传统功能增加了新的强大动力。改革开放以来,我国大学积极借鉴世界大学三大传统功能,并结合中华五千年文明史和实际需要发展出了大学的第四大功能即文化传承创新功能,这是一个新的大学功能,也是我国大学应当发扬光大的大学功能。[1] 同时还有学者提出大学有国际学术交流功能或称大学的第五大功能。[2] 这些理论观点在当代中国大学中正在不断实践,并展现出光明的前景。《总体方案》已将"传承创新优秀文化"作为一项建设任务,就是重要例证。

---

　　[1]　赵沁平:《发挥大学第四大功能,引领社会创新文化发展》,《中国高等教育》2006年第Z3期。

　　[2]　铁铮:《大学的第五功能——国际交流与合作》,《北京教育(高教)》2018年第1期。

五是关于建设中国特色世界一流大学。当今时代,全球所有世界一流大学在本质上既有共性特征,也有个性特色,这是由事物发展的普遍性和特殊性的规律决定的。我国一流大学处于中国独特的文化、独特的历史、独特的传统和独特的国情之中,必然具有独特而鲜明的中国特色。正如英国、德国、法国、美国、俄罗斯等国的世界一流大学有自身的特色或特性一样,中国的一流大学也有自己的特色或特性,且这个特色或特性就其内涵而言与西方世界一流大学有着重大差别,比如中国一流大学扎根中国大地,深植中华五千年文明土壤中,属于最大的社会主义国家,服务世界最大规模的人民教育。因此,建设中国特色世界一流大学,不仅是历史逻辑、理论逻辑的必然,也是实践逻辑的必然。

六是关于中国世界一流大学的世界认可。凡是世界一流大学,都是世界认可的一流大学,也是在世界范围内进行比较的结果。"创建一流大学主要是学校通过自我建设和不懈的奋斗,达到一个社会公认的客观标准。没有任何人可以利用'任命''验收'等方式承认或授予谁是一流大学。"[①]世界认可的基础是大学获得诺贝尔奖规模、是否拥有一批世界级大师、培养了多少世界级人才、是否拥有开辟新学科的领风骚者,其科研成果有没有改变世界、对世界优秀人才是否有巨大的吸引力等。[②] 从这个角度看,这是学界需要探讨的世界一流大学认同理论。中国特色世界一流大学是发展中的"新事物",特别是中国特色正处于快速发展中,其是否达到了世界一流,仍然需要强化内涵建设,以获得世界认可。如果将来某个时间或阶段内,"中国认可"就意味着"世界认可",这不就是中国世界一流大学努力发展的认同理论目标?

七是关于中国的世界一流大学建设阶段。作为世界最大的发展中国家,我国建设世界一流大学是一项前无古人的伟大事业,自然是一个需要不断探

① 李岚清:《李岚清教育访谈录》,人民教育出版社 2003 年版,第 149 页。
② 石毓智:《斯坦福的创新力:来自世界一流大学的启示》,科学出版社 2018 年版,第250—255 页。

索和实践的过程,我们不可能"毕其功于一役",而要久久为功,持续发力,逐步靠近、达到甚至超过现在的世界一流大学。在建设过程中,我国需要分阶段或分步推进世界一流大学建设。以 2015 年为起步节点,中国"双一流"建设的历史前期成果包括"211 工程"和"985 工程"建设的阶段性成果,2016 年开始第一轮建设,到 2020 年结束第一轮建设周期,现在处于第二轮建设周期,将来不断向前发展,直至 21 世纪中叶实现总体战略目标。总之,未来中国"双一流"建设一定是阶段性发展的累积过程和提升过程。

八是关于建设世界重要人才中心和创新高地。以美国、英国、德国、法国为代表的发达国家之所以发达,一个重要原因是这些国家都是世界重要科学中心,拥有大批世界重要人才中心和创新高地,而这些人才中心和创新高地的核心部门就是世界一流大学或研究型大学,这些大学为所在国家发展提供源源不断的人才支撑和创新支持。如英国伦敦、法国巴黎、美国纽约、日本东京、德国柏林、俄罗斯莫斯科等地区均有若干所世界一流大学,它们均是世界重要人才中心和创新高地。[①] 因此,在全面建设社会主义现代化强国、实现中华民族伟大复兴的新征程中,我国提出加快建设世界重要人才中心和创新高地的战略计划,就是要建成世界重要学术中心,既培养一流人才,也培育一流科研成果,更好造福人类和平发展事业。这个建设性理论将不断指引中国人开辟世界一流大学发展的新境界。

九是关于建设发展中国的世界一流大学体系。发达国家拥有世界一流大学,这是他们拥有世界一流大学体系或世界一流高等教育体系的结果,进一步说,世界一流大学需要一个国家在政治、经济、文化、教育、科技等各方面的重要支持,世界一流大学与这些支持要素形成一个完整的生态体系。因此,中国建设世界一流大学,必然要求建设中国的世界一流大学体系或世界一流教育体系,包括从幼儿园到中小学、中等教育、高等教育乃至研究生教育,也就是要

---

① 王战军:《世界一流大学高地研究》,高等教育出版社 2021 年版,第 37—242 页。

在全中国范围内统筹建设以形成一个完善的世界一流大学建设系统,这个系统同时对世界其他国家的优秀学子具有吸引力。目前,这个建设性理论本身正在不断完善,同时也在指导着我国高等教育特别是世界一流大学建设发展事业。

十是关于中国世界一流大学与人类命运共同体建设的关系。推进人类命运共同体以及人与自然生命共同体建设,是中国倡导和发展的重要理念。21世纪中国建设世界一流大学,不仅服务中华民族的发展,而且要为构建人类命运共同体以及人与自然生命共同体作出重要贡献。中国是当今世界上少数几个社会主义国家之一,并且是人口规模最大、建设成就最大的社会主义国家,中国的世界一流大学是中国特色社会主义的标志性成果,也是人类命运共同体以及人与自然生命共同体建设具有榜样意义的优秀成果。这个建设性理论应该得到进一步发展,这不仅是中国世界一流大学理论的重要组成部分,也是中国特色社会主义理论的重要组成部分。

三、实践逻辑:走出中国特色世界一流大学新路

实践经验表明,在中国这样一个世界人口规模最大的发展中大国建设世界一流大学,既有其他国家和地区建设世界一流大学的共性,也有中国自身的独特个性。任何其他国家和地区建设世界一流大学所采用的原理、方法,我们可以深入研究和学习,但绝不能照搬照抄,因此,中国世界一流大学建设要走的实践道路,必然有中国特色内涵,我们要"走好建设中国特色世界一流大学新路"。① 这条新路被实践证明是非常成功的,是适合中国国情和中国大学发展需要的。

其一,这条实践新路始终坚持党的全面领导。坚持和加强党的全面领导,是办好中国高等教育的根本保证,也是中国高校区别于其他国家高校的本质特征。习近平总书记指出:"我们的高校是党领导下的高校,是中国特色社会

---

① 洪大用:《走好建设中国特色世界一流大学新路》,《神州学人》2022 年第 8 期。

主义高校。办好我们的高校,必须坚持以马克思主义为指导,全面贯彻党的教育方针。"①"办好我国高等教育,必须坚持党的领导,牢牢掌握党对高校工作的领导权,使高校成为党的领导的坚强阵地。党委要保证高校正确办学方向,掌握高校思想政治工作主导权,保证高校始终成为培养社会主义事业建设者和接班人的坚强阵地。"②"高校党委对学校工作实行全面领导,承担管党治党、办学治校主体责任,把方向、管大局、作决策、保落实。"③事实证明,中国"双一流"大学在党的全面领导下取得了辉煌成就。

其二,这条实践新路通向中国特色世界一流大学理想目标。毫无疑问,中国大学首先以服务中国人民的需要为中心任务,中国人民追求进步,中国人民希望过上更加美好的生活,这不仅指丰裕充实的物质生活,更重要的是高尚进步的精神生活。中国建设世界一流大学,要服务于中国人民对美好生活的教育需求和精神生活需要,因此,"双一流"大学必然要坚定"四个自信",坚持"四为服务"方针,坚持"四个面向",在此过程中实现大学的战略目标,即建成中国特色世界一流大学。习近平总书记指出:"要把中国特色社会主义道路自信、理论自信、制度自信、文化自信转化为办好中国特色世界一流大学的自信。只要我们在培养社会主义建设者和接班人上有作为、有成效,我们的大学就能在世界上有地位、有话语权。"④

其三,这条实践新路充分发挥了中国特色社会主义制度优势。在教育资源还不丰富的情况下,如何在一个发展中的大国中建设一批世界一流大学,这是一个重大课题。新中国成立后特别是改革开放以来,我国坚持走"集中资源、率先突破、带动整体"的重点建设道路,充分发挥中国特色社会主义制度优势,推出一系列高等教育重点建设项目,迅速缩小了我国与世界高等教育强

① 《习近平谈治国理政》第二卷,外文出版社 2017 年版,第 377 页。
② 《习近平谈治国理政》第二卷,外文出版社 2017 年版,第 379 页。
③ 《习近平谈治国理政》第二卷,外文出版社 2017 年版,第 379 页。
④ 习近平:《在北京大学师生座谈会上的讲话》,《人民日报》2018 年 5 月 3 日。

国之间的差距。数据显示,"双一流"大学建设引领带动各地建设了410所地方高水平大学和1387个地方优势特色学科,高质量的一流大学和一流学科建设体系正在形成。经过不懈努力,首轮建设总体实现了阶段性目标,若干所高校逐步跻身世界一流大学行列,材料科学与工程等若干学科进入世界一流学科前列,为建设高等教育强国奠定了坚实基础。①

其四,这条实践新路始终立足中国大地并面向世界发展。我们建设重点大学或一流大学,目的是建设社会主义现代化国家、实现中华民族伟大复兴。因此,中国一流大学自然立足中国大地办出中国特色,同时又面向世界发展,努力办出世界一流水平。这样的大学借鉴了西方一流大学的一些共性因素,比如发挥大学的三大功能,同时立足中国独特的历史传统、文化环境和现实需要发展出自己的个性要素,比如我国大学开拓了文化传承创新的教育功能,进一步丰富了国际学术交流的教育功能,使得中国一流大学建设和发展特色更加鲜明。

其五,这条实践新路面向人类命运共同体建设事业。中国的发展离不开世界,世界的发展也离不开中国。中国要发展必然需要一个和平的世界,在世界秩序还不合理的形势下,如何构建人类命运共同体,也是中国"双一流"大学需要考虑的战略性问题。在这个历史进程中,中国"双一流"大学正在发挥重要作用,比如"双一流"大学积极参与人类命运共同体建设,包括参加共建"一带一路"国家建设,参与培养这些国家的留学生,为这些国家解决科学发展问题。这些都是中国"双一流"大学需要承担的重要任务。

实践证明,我们走这条实践新路已经取得重大成果。"双一流"大学建设取得的成就举世瞩目,不仅在中国特色建设上更加自信、更加鲜明,而且在世界一流内涵建设上更加坚定有力、更加显著。透过当代国际公认度较高的四份权威世界大学排行榜,即上海软科世界大学学术排名(ARWU)、英国《泰晤

---

① 杨飒:《研究生教育这十年:规模突破性增长　培养机制不断深化》,《光明日报》2022年6月15日。

土报高等教育增刊》世界大学排名(THE)、英国国际高等教育研究机构的世界大学排名(QS)和《美国新闻与世界报道》的"全球最好大学排名"(U.S. News)的数据分析,人们发现中国大学在排行榜崭露头角的数量逐年攀升,[①]尤其是中国"双一流"大学呈现快速进步的趋势(表2),其中在榜单中,北京大学、清华大学进入世界前50名(见附表7),尤其引人注目。当然,我们要始终保持正确的态度,理性看待这些排行榜传递的信息,做到"不唯排行榜评价""不跟随排行榜办学",仅仅将排行榜作为一种参考资源。

表2 "双一流"建设高校 2015—2021 年四大世界大学排行榜进榜数进展情况比较

软科 2015—2021 年第一轮"双一流"建设高校进榜数量表							
年份 高校类型	2015	2016	2017	2018	2019	2020	2021
全球高校	500	500	800	1000	1000	1000	1000
"双一流"建设高校	30	39	73	91	93	97	99
原世界一流大学建设高校	27	30	40	40	40	40	40
原世界一流学科建设高校	3	9	33	51	53	57	59
THE"双一流"建设高校 2015—2021 年进榜数量表							
年份 高校类型	2015	2016	2017	2018	2019	2020	2021
"双一流"建设高校	34	47	54	57	62	65	63
原世界一流大学建设高校	27	31	33	34	36	35	35
原世界一流学科建设高校	7	16	21	23	27	31	28
QS"双一流"建设高校 2015—2021 年进榜数量表							
年份 高校类型	2015	2016	2017	2018	2019	2020	2021
"双一流"建设高校	26	31	34	39	38	45	54
原世界一流大学建设高校	23	26	27	32	31	33	33
原世界一流学科建设高校	3	5	7	7	7	12	21

① Huang, F.T., "Building the World-Class Research Universities: A Case Study of China", *Higher Education*, No.70(2015), pp.203-215.

续表

U.S.News"双一流"建设高校 2015—2021 年进榜数量表							
年份 高校类型	2015	2016	2017	2018	2019	2020	2021
全球高校	750	1000	1250	1250	1500	1500	1750
"双一流"建设高校	55	69	91	91	81	106	112
原世界一流大学建设高校	35	39	41	40	41	41	41
原世界一流学科建设高校	20	30	50	51	40	65	71

注:"双一流"建设高校不包括第二轮建设名单的新增高校。

数据来源:整理自四大世界大学排行榜官网。

　　2015 年至 2021 年七年变化情况统计数据显示,中国"双一流"大学在软科世界大学学术排行榜入榜数量由 2015 年的 30 所(世界排名前 500 强)增加到 2021 年的 99 所(世界排名前 1000 所);在 THE 世界大学排行榜中进榜高校数从 2015 年的 34 所增长到 2021 年的 63 所;在 QS 世界大学排行榜中进榜高校数从 2015 年的 26 所增长到 2021 年的 54 所;在 U.S.News 世界大学排行榜中,"双一流"大学从 2015 年的 55 所(世界排名前 750 名)增长到 2021 年的 112 所(世界排名前 1750 所)。关于世界一流学科建设进展情况,根据学者研究,中国大学尤其是"双一流"大学的一流学科建设同样取得重大进展。数据统计发现:2016—2017 年进入 ESI 排名的中国大陆大学有 118 所,到 2021—2022 年增加到 244 所,其中进入世界前 100 名的由 4 所增加到 11 所,进入世界前 200 名的由 8 所增加到 21 所,进入世界前 300 名的由 18 所增加到 28 所,进入世界前 400 名的由 28 所增加到 35 所,进入世界前 500 名的由 34 所增加到 45 所,进入世界前 600 名的由 40 所增加到 57 所。[1] 总体看,越来越多的中国高校特别是"双一流"大学进入世界大学排行榜包括进入 ESI 学科排

---

　　① 邱均平等:《世界一流大学和一流学科评价研究报告　2021—2022》,科学出版社 2022 年版,第 241 页;邱均平等:《世界一流大学和一流学科评价研究报告　2016—2017》,科学出版社 2017 年版,第 215 页。

名而被世界认识,这是令人欣喜的重大变化,也是未来发展的重要基础。不过,我们清醒地看到,包括"双一流"大学在内的中国大学在世界大学和学科排行榜中进入世界前200名、前100名的数量并不多,以2021—2022年ESI统计数据为例,中国大陆大学科研竞争力排名前100名的占11%(11所),前200名的占10.5%(21所)。① 显然,中国大学特别是"双一流"大学仍然需要不断加强质量内涵建设。

第四节　中国"双一流"建设的理论建构

中国"双一流"建设实践,需要中国"双一流"建设理论的指导。这个建设理论归根结底来自中国"双一流"建设实践经验的总结提炼,来自把世界有益做法与中国发展实际、中华优秀传统文化相结合的创新创造。习近平总书记指出:"要坚持古为今用、洋为中用,融通各种资源,不断推进知识创新、理论创新、方法创新。"②这个重要思想,对我们建构中国"双一流"建设理论具有重要指导意义。

一、本书的理论建构方法论及其来源

任何理论体系都是在实践基础上的人为建构,建构的方法多种多样,不同的人可以有不同的选择,关键是建构的方法须有科学性、合理性、可行性。就方法论而言,本书借鉴古希腊哲学家亚里士多德《形而上学》之"四因逻辑方法"来创造属于我们的"东西",具体说就是运用形而上哲学思想统领下的以教育学理论为基础的研究方法进行基本理论建构。关于亚里士多德"四因学说"原理方法,早有学者评论指出:"亚里士多德的形而上学曾经影响了两千

---

① 邱均平等:《世界一流大学和一流学科评价研究报告　2021—2022》,科学出版社2022年版,第241—242页。
② 《习近平著作选读》第一卷,人民出版社2023年版,第479页。

年的人类思想,至今还为许多哲学家所赞赏"。① 亚里士多德"四因学说"原理方法是从自然哲学研究中得来的,既有对前人理论的借鉴,也有亚式思想的独特贡献,比如善因思想。那么,人文社会科学能不能用? 美国学者亚历山大·莫斯利指出:"亚里士多德的四因学说奠定了两千多年来科学和逻辑分析的基础,它们依然对批评家具有思想吸引力。"②确实,人类认识世界的很多方法是从自然界学来的。例如,恩格斯就说:"辩证法的规律是从自然界的历史和人类的历史中抽象出来的。"③比如"黑格尔在几百处地方都善于从自然界和历史中举出最令人信服的例证来证明辩证法规律"④。在这个意义上说,亚里士多德这种逻辑方法可以用来认识人文社会科学包括人类教育事务。

　　亚里士多德的教育理论有前提基础。亚里士多德认为"求知是人类的本性"⑤,其实这说的是一切教育的重要前提。试想,人若没有求知欲,人类的教育何以发生? 又如何进行? 那么,人类应该求什么"知"? 亚里士多德做了深入阐述:"显然,我们应该求取原因的知识,因为我们只能在认明事物的基本原因后才能说知道这事物。原因则可分为四项而予以列举,其一为本体亦即怎是,也就是事物之所以成是者(本因);另一是物质或底层(物因);其三为动变的来源(动因);其四相反于动变者,为目的与本善,因为这是一切创生与动变的终极(极因)。"⑥无独有偶,这个理论观点在亚里士多德《物理学》著作中再次出现:"只有在我们认识了根本原因、最初本原而且直到构成元素时,我们才认为是认识了每一事物。"⑦换言之,在亚里士多德看来,一切事物的原

---

①　[德]H.赖欣巴哈:《科学哲学的兴起》,伯尼译,商务印书馆1983年版,第15页。

②　[美]亚历山大·莫斯利:《亚里士多德》,王爱松译,黑龙江教育出版社2017年版,第69页。

③　[德]恩格斯:《自然辩证法》,人民出版社2015年版,第75页。

④　[德]恩格斯:《自然辩证法》,人民出版社2015年版,第76页。

⑤　[古希腊]亚里士多德:《形而上学》,吴寿彭译,商务印书馆1959年版,第1页。

⑥　[古希腊]亚里士多德:《形而上学》,吴寿彭译,商务印书馆1959年版,第7页。

⑦　[古希腊]亚里士多德:《物理学》,徐开来译,中国人民大学出版社2003年版,第1页。

因有四种:"事物的形式;形式所基于的质料,它在变化中保持不变;引起变化的动因;变化所要达到的目的。它们分别被称为形式因、质料因、动力因和目的因"。① 有评论指出:"有时很难确定这些原因中的某一种,有时则有不止一个原因出现,但亚里士多德确信他的四因说提供了一个普遍适用的分析框架。"②亚里士多德又说:"研究原因的学术较之不问原因的学术更为有益;只有那些能识万物原因的人能教诲我们。"③此话意指,人类认识任何事物都应该从认识它的"原因"开始,只有认识了事物的原因才是从根本上认识了该事物。

这就是本书在方法论上采用的基本观点。具体来说,亚里士多德的"四因"即所谓"本因""物因""动因""善因",这"四因"各有所指,内涵意义丰富。所谓"本因"亦叫"形式因",就是为什么是这个事物即事物的"怎是";所谓"物因"亦叫"质料因",指的是"什么物质保证产生这种事物的原因";所谓"动因"即"动力因",指这个事物是"怎么运动变化的";所谓"极因"即"目的因",就是事物的目的、方向往哪去? 在亚里士多德看来,"四因"各有意义,但浑然一体,不仅每个"因"都可成为一种学术,而且合起来也是一种学术,即形而上学的认识论和方法论。譬如制造一尊雕像,其形式因是赋予大理石的形状,质料因是获得这种形状的大理石,动力因是雕刻家,目的因是制造这尊雕像的目的(比如美化雅典人,或者纪念一位雅典英雄)。④ 又如,"一幢房屋,其动因为建筑术或建筑师,其极因是房屋所实现的作用,其物因是土和石,其本因是房屋的定义。"⑤以此类推,我们可以运用这种理论分析框架来认识很多人类事务及其变化规律,包括中国"双一流"建设规律。

---

① [美]戴维·林德伯格:《西方科学的起源》,张卜天译,商务印书馆 2019 年版,第 73 页。
② [美]戴维·林德伯格:《西方科学的起源》,张卜天译,商务印书馆 2019 年版,第 73 页。
③ [古希腊]亚里士多德:《形而上学》,吴寿彭译,商务印书馆 1959 年版,第 5 页。
④ [美]戴维·林德伯格:《西方科学的起源》,张卜天译,商务印书馆 2019 年版,第 73 页。
⑤ [古希腊]亚里士多德:《形而上学》,吴寿彭译,商务印书馆 1959 年版,第 45 页。

二、中国"双一流"建设理论建构思路

依据上述逻辑方法,中国"双一流"建设的主体理论由四个部分有机构成,这四个部分循序展开,环环相扣,本质意义是逻辑起点,基本要素和运行原理是逻辑中介,功用目的是逻辑终点,形成一个系统完整的基本理论框架体系。

首先,讨论中国"双一流"建设的本质意义。即从世界一流大学建设的一般规律和特殊规律的角度探讨什么是中国"双一流"建设的问题,分析其本质意义。这是中国"双一流"建设的根本性问题,也是首要问题。具体从基本概念入手,分析阐述中国"双一流"建设的战略意义、实践主体,以及"双一流"大学建设的目标定位、主要特征,并研讨走好中国"双一流"建设道路的理念、方向、动力和途径。

其次,讨论中国"双一流"建设的基本要素。即从世界一流大学建设的内部关系规律和外部关系规律的角度,探讨中国"双一流"建设如何构成的问题,分析其实践主体——中国"双一流"大学建设的构成要素是什么,具体从分析"双一流"大学建设的全球生态以及关键力量入手,深入探讨"双一流"大学建设的关键要素,包括一流大学的管理者要素、创新文化、社会因素和国际因素,揭示中国"双一流"建设的要素构成规律。

再次,讨论中国"双一流"建设的运行原理。即从世界一流大学建设的发展规律、办学规律和育人规律的角度,探讨中国"双一流"建设如何运行的问题,分析揭示中国"双一流"大学推动各种办学要素和谐有序、高效运行的基本原理,具体包括:中国特色世界一流的鲜明导向、扎根中国大地立德树人的示范引领、世界一流学科的内涵式发展、科学合理规范的绩效管理、改革推进科教产教融合发展、高质量国际学术交流与合作、中国特色一流大学治理体系和治理能力现代化。

最后,讨论中国"双一流"建设的功用目的。即从世界一流大学功能发展

的角度,深入探讨中国"双一流"建设追求什么功用目的的问题,分析揭示中国"双一流"大学建设的功能作用和目的指向,具体探讨五个方面的内容:一是引领社会服务,促进社会至善;二是引领人才培养,促进教育至善;三是引领科学研究,促进科技至善;四是引领文化传承创新,促进文化至善;五是引领国际交流,促进人类至善。

三、中国"双一流"建设理论建构原则

考虑到中国"双一流"建设的战略性、复杂性、本土性和开创性以及我们所采用的"四因逻辑方法",建构中国"双一流"建设理论体系,理应遵循相应的建构原则,即抽象性原则、整体性原则、创新性原则和适应性原则。

抽象性原则。中国"双一流"建设的目标十分高远、任务极其丰富,包括为中国的政治、经济、社会、文化、科技、生态等发展提供重要支持,同时这些因素对"双一流"建设和发展有重要影响,表现出来的建设现象纷繁复杂。那么,如何透过现象看本质,从许多现象中舍弃个别的、非本质的属性,抽出共同的、本质的属性加以研究,并形成科学的概念,这就需要采取抽象的原则方法。

整体性原则。中国"双一流"建设的内容复杂,包括人才培养、科学研究、社会服务、文化传承创新和国际学术交流等,这些内容既相互独立又相互联系,构成了中国"双一流"建设的整体,无论从广义还是狭义上来看,需要关注和研究的学术问题繁多。因此,在构建中国"双一流"建设理论体系中,我们需要遵循整体性原则开展系统性研究,在探讨任何部分的问题时不忽视其与其他部分及其问题的联系,以形成比较科学的理论体系,进而为中国"双一流"建设实践提供系统科学的指导。

创新性原则。中国"双一流"建设理论是一种创新的理论,所谓创新,主要体现在它是对中国建设世界一流大学和世界一流学科的经验总结和理论探讨,是指导中国"双一流"建设实践的理论。构建这种理论,需要新的思维方法。本书运用亚里士多德"四因原理"构建中国"双一流"建设理论体系,就是

一种方法论创新,即探究"事物之原因",从原因出发探讨事物的本质、要素、原理和目的,通过形而上的总体分析和阐释,构建一个新的理论体系。

适应性原则。中国"双一流"建设理论一定是适应中国"双一流"建设需要的理论,这种理论要回答的问题,应该有利于解释和指导中国"双一流"建设实践,包括回答基本问题,比如什么是中国"双一流"建设? 中国"双一流"建设如何构成? 中国"双一流"建设如何运行? 中国"双一流"建设追求什么? 而对这些问题的阐释或回答,必须能够适应中国"双一流"建设的实践需要。对应起来看,运用亚里士多德"四因理论"的思维逻辑,可以实现这个目标,就是可以适应理论建构的需要。

第一章 中国"双一流"建设的本质意义

事物皆有其名,事物的名,既有其自然的出处,也是人类认识的结果。就自然的出处来说,事物始生时并不称现在的"名",而是使用其他的"名",因为事物在变化发展,还没有达到应该称呼现在的"名"的"火候",所以,当下的"名"非一日之功,而是长期发展而来,也与人的实践和认识能力有关。这就是亚里士多德的"本因"即"事物之所以成是者"。在这个意义上,我们认识"何谓中国'双一流'建设"的问题,就容易了。中国"双一流"建设是长期发展而来,伴随着诸多变化,演变到现在,即如今称谓的"名",其内涵和外延,有对教育优良传统的积极继承,但更多是新时代的主动探索和创新创造,这是历史发展的必然,也是人类努力的结果。胸怀世界大势,站在中国视角下审视中国"双一流"建设,这是中国一流大学必须面对的一个重要课题。质言之,就是从世界一流大学建设的一般规律和特殊规律的角度,探讨"什么是中国'双一流'建设?""如何认识和把握中国'双一流'建设?"为此,本章从基本概念入手,探讨中国"双一流"建设的意义,认识中国"双一流"建设的实践主体、目标定位、主要特征,讨论和明确"双一流"建设的中国之路,即秉持和而不同的建设理念、坚持高质量发展建设指针、始终以人民满意为建设动力、发扬特色发展的建设优势、强化内涵发展的建设重点、善于借鉴发展的建设路径。

第一节　中国"双一流"建设的基本概念

所谓概念,是人类在认识过程中把所感觉到的事物的共性特点抽出来,加以概括而得到的。中国"双一流"建设,是本书研究的统领性概念,如什么是中国"双一流"建设? 什么是中国"双一流"大学? 什么是中国特色世界一流大学? 什么是中国特色世界一流学科? 这些概念间存在逻辑关系,需要深入探讨,才能理解其要义。

一、何谓中国"双一流"建设

中国"双一流"建设,是中国共产党领导中国人民在探索中国式现代化强国道路的过程中逐步形成的。新中国成立后特别是改革开放以来,我国实施系列高等教育重点工程,包括"重点大学计划""211 工程""985 工程"和"2011 计划",可以说,建设目的都是为了实现中国教育现代化乃至国家现代化目标。这在国家领导人的重要讲话和题词文件中有充分的论述。1977 年 5 月 24 日,邓小平指出:"我们要实现现代化,关键是科学技术要能上去。发展科学技术,不抓教育不行。靠空讲不能实现现代化,必须有知识,有人才。"[1]"抓科技必须同时抓教育。从小学抓起,一直到中学、大学……办教育要两条腿走路,既注意普及,又注意提高。要办重点小学、重点中学、重点大学。"[2]1983 年 6 月 18 日,邓小平在会见外籍专家时说:"我们搞的现代化,是中国式的现代化。"[3]1983 年 10 月,邓小平为北京景山学校成立 20 年题词:"教育要面向现代化,面向世界,面向未来。"[4]1985 年 5 月,全国教育工作会议在北京

---

① 中共中央文献研究室:《邓小平论教育》(第二版),人民教育出版社 1995 年版,第 26 页。
② 中共中央文献研究室:《邓小平论教育》(第二版),人民教育出版社 1995 年版,第 26—27 页。
③ 《邓小平文选》第三卷,人民出版社 1993 年版,第 29 页。
④ 中共中央文献研究室:《邓小平论教育》(第二版),人民教育出版社 1995 年版,第 149 页。

召开,邓小平在会议上深刻阐述道:"我们国家,国力的强弱,经济发展后劲的大小,越来越取决于劳动者的素质,取决于知识分子的数量和质量。一个10亿人口的大国,教育搞上去了,人才资源的巨大优势是任何国家比不了的。有了人才优势,再加上先进的社会主义制度,我们的目标就有把握达到。"①"忽视教育的领导者,是缺乏远见的、不成熟的领导者,就领导不了现代化建设。"②在邓小平教育思想指导下,我国教育取得了重要进步,建设了一批全国重点大学。

20世纪90年代,江泽民高度重视教育发展对现代化建设的重要支撑作用:"在我们这样一个有近十二亿人口、资源相对不足、经济文化比较落后的国家,依靠什么来实现社会主义现代化建设的宏伟目标呢? 具有决定性意义的一条,就是把经济建设转到依靠科技进步和提高劳动者素质的轨道上来,真正把教育摆在优先发展的战略地位,努力提高全民族的思想道德素质和科学文化素质,这是实现我国现代化建设的根本大计。"③1993年,党中央和国务院发布《中国教育改革和发展规划纲要》(以下简称《纲要》),确定了到20世纪末中国教育改革与发展的基本目标和任务。1994年,全国教育工作会议召开,国务院发布了关于《纲要》的实施意见。1995年,国家正式提出科教兴国发展战略,并正式实施"211工程"。1998年5月,江泽民在北京大学百年校庆讲话中郑重宣布:"为了实现现代化,我国要有若干所具有世界先进水平的一流大学。"1998年12月,教育部发布《面向21世纪教育振兴行动计划》,强调建设世界一流大学的意义,由此开启"985工程"。2011年4月,胡锦涛在清华大学百年校庆讲话中强调,要坚持"中国特色、世界一流大学"的发展道路,之后国家出台了旨在推动以人才、学科、科研三位一体的高等学校能力提

---

① 中共中央文献研究室:《邓小平论教育》(第二版),人民教育出版社1995年版,第170—171页。

② 中共中央文献研究室:《邓小平论教育》(第二版),人民教育出版社1995年版,第171页。

③ 《江泽民文选》第一卷,人民出版社2006年版,第369页。

升计划的"2011 计划"。高等教育工程项目一个接一个,不断向前推进,主题就是围绕国家实现现代化的任务进行战略布局和推动快速发展。党的十八大以来,以习近平同志为核心的党中央高度重视高等教育事业发展,作出了一系列教育改革发展的重要论述,并在一流大学建设发展的战略问题上进行了新的部署。① 仅仅 10 年时间,我国教育事业发生了翻天覆地的巨大变化。以高等教育来说,我国快速实现了从大众化到普及化的提升阶段,并于 2015 年在总结"211 工程""985 工程"和"2011 计划"建设经验的基础上创造性地推出了"双一流"建设重大战略,首轮建设(2016—2020 年)已取得重大成就,彰显了中国"双一流"建设的发展优势和鲜明特点,展现了光明的发展前景。

中国"双一流"建设,是对国家长期坚持的建设方略及其经验规律的高度概括,简言之,就是我们以中国特色建设世界一流大学和世界一流学科,最终建成国际公认的中国特色世界一流大学。中国特色,就是坚持中国共产党的全面领导,坚持以人民为中心发展教育,充分发挥社会主义集中力量办大事的制度优势,采取重点建设带动整体发展,持续稳定推进一流大学发展,并根据国家发展阶段要求,不断提升建设的质量标准和水平要求,使一批重点大学逐步接近或达到世界一流水平。中国特色是以马克思主义意识形态为指导,坚持"四为服务"方针,为人民服务、为中国共产党治国理政服务、为巩固和发展中国特色社会主义制度服务、为改革开放和社会主义现代化建设服务,致力于培养富有家国情怀和全球视野的社会主义建设者和接班人;在培养内容和培养方法上,中国特色,坚持扎根中国大地立德树人,坚持把思想政治教育置于统领性地位,致力于培养适应国家发展需要的德智体美劳全面发展的人。中国"双一流"建设的实践主体是中国"双一流"大学。所谓中国"双一流"大学,是指经过国家遴选认定公布的承担中国"双一流"建设使命任务的建设高校。实际上,中国"双一流"大学是一个简称,更准确的称谓应该是"中国'双

---

① 《习近平总书记教育重要论述讲义》,高等教育出版社 2020 年版,第 3—16 页。

一流'建设高校"或"中国'双一流'建设大学",需要强调的是,"建设"是这个概念的核心要义。所以,中国"双一流"建设,具有显著的中国特色,有自己独特的建设理念、建设方向、建设战略、建设阶段、建设标准、建设模式。中国特色是人类文明新形态建设的重要内容,目前还处于探索发展和持续完善之中,实践已经证明,"双一流"建设契合中国式现代化和中国特色社会主义建设需要,契合中华民族伟大复兴战略全局需要,有利于建成中国特色世界一流大学。

二、何谓中国特色世界一流大学

中国"双一流"建设,以中国特色世界一流大学为建设目标。国务院发布的《总体方案》强调坚持"中国特色、世界一流","积极探索中国特色的世界一流大学和一流学科之路","构建完善中国特色的世界一流大学和一流学科评价体系";《实施办法》(暂行)指出,"以中国特色、世界一流为核心";《指导意见》指出,"以中国特色世界一流为核心",并把"坚持特色一流"作为第一条基本原则,且强调"建设中国特色世界一流大学必须坚持办学正确政治方向";《若干意见》再次强调"坚持特色一流"的基本原则。可见,建设中国特色世界一流大学,是中国"双一流"大学建设的战略目标。

那么,我们究竟如何认识中国特色世界一流大学?中肯地说,这是一个十分复杂的理论问题,也是一个需要不断探索的实践课题。我们必须先了解世界一流大学是什么样的大学?关于这个问题,中外学界至今没有定论。20世纪末以来,国内外出现了各种各样的定义或解释,包括功能境界说、人才培养核心说、评鉴标准说、国际排名说、操作性定义说、"化"一流国家说等。[①] 例如,世界银行高等教育专家 Jamil Salmi(2009)通过对世界一流大学比较研究给出操作性定义:"这些大学的出色表现包括供不应求的毕业生、最前沿的研究,以及技术转移,可以从根本上归因于在顶尖大学起作用的三组互为补充、

---

① 耿有权:《研究生教育学导论》,中国科学技术出版社 2021 年版,第 129—132 页。

缺一不可的因素群:人才汇聚(包括教师和学生);教学资源丰富,科研经费充裕;管理规范,不仅能激发出战略愿景、创新和活力,而且能够在进行决策和管理资源时不受官僚作风的影响。"①这三大因素群有机结合是关键所在。它们之间的相互作用才是世界一流大学最显著的特征。② 学者丁学良认为,世界一流大学皆是研究型大学,这种大学集三种职能于一身,是"把知识的创新、观念的创新当作自己最根本的任务和目标来追求的大学"③,并结合发达国家优秀大学的做法提出九条评鉴标准:教员整体的素质;学生的素质;常规课程的丰富程度;通过公开竞争获得的研究基金;师生比例;大学各项硬件设备的量与质;大学的财源;历届毕业生的成就和声誉;学校的综合声誉。④ 适应教育信息化时代发展,从量化指标排名角度识别世界一流大学也是一种办法,且十分流行。例如,程莹等认为世界一流大学有许多共性特征:世界一流的学科、教师队伍、科研成果、生源和人才培养以及世界一流的校长和管理水平、独特的办学特色和发展战略、强大的财政实力和优良的基础设施等。这些方面有些是可量化比较的,如诺贝尔奖和菲尔兹奖获奖教师数、校友数、高被引科学家数、《自然》和《科学》杂志论文数等。另外一些指标只能进行定性比较分析,如办学理念、校园文化、发展模式、管理制度等。ARWU 以国际可比的科研成果和学术表现为主要指标进行排名,以此定位世界一流大学。⑤ 此外,还有英国《泰晤士报高等教育增刊》(THE)和 QS 公司排名等均使用自研指标进行量化排名,试图以这种方式排出世界一流大学名单。这种方法虽有各种各样的问题,但社会影响力巨大。现在可以这么说,任何一所大学在建设世界一

---

　　① 　[摩洛哥]Jamil Salmi:《世界一流大学:挑战与途径》,孙薇、王琪译校,上海交通大学出版社 2009 年版,第 16 页。

　　② 　[摩洛哥]Jamil Salmi:《世界一流大学:挑战与途径》,孙薇、王琪译校,上海交通大学出版社 2009 年版,第 27 页。

　　③ 　丁学良:《什么是世界一流大学?》,北京大学出版社 2004 年版,第 15 页。

　　④ 　丁学良:《什么是世界一流大学?》,北京大学出版社 2004 年版,第 16—24 页。

　　⑤ 　程莹等:《世界大学学术排名解析(2011—2012)》,上海交通大学出版社 2012 年版,第 3—4 页。

流大学过程中都不可能完全忽视世界大学排名,更不可能消除世界大学排名带来的社会影响,因为它是客观存在的全球性教育现象。在一定意义上说,21世纪以来,基于世界大学排名信息以及排名靠前的一流大学的内在特征的研究发现,正在塑造人们理想中的世界一流大学概念内涵和意义。事实上,全球排名在巩固一流大学的良好形象方面发挥着至关重要的作用。①

中国特色世界一流大学是什么样的大学?与前述概念相比,这里增加了前置词"中国特色"。究竟如何理解这个前置概念?哈佛大学前校长埃利奥特认为,任何国家的高等教育机构都是一面忠实反映其民族历史和特征的镜子。② 世界银行高等教育专家 Jamil Salmi 认为,创建世界一流大学既没有通用窍门也没有万能公式可循;不同的国家有不同的国情,不同的学校也有不同的发展模式。③ 习近平总书记指出,我国有独特的历史、独特的文化、独特的国情,建设中国特色、世界一流大学不能跟在别人后面依样画葫芦,简单以国外大学作为标准和模式,而是要扎根中国大地,走出一条建设中国特色、世界一流大学的新路。④ "什么是一流?要在中国特色下去评价。"⑤ "高校立身之本在于立德树人。只有培养出一流人才的高校,才能够成为世界一流大学。"⑥ 由此推论,中国特色世界一流大学,应该是扎根中国大地立德树人,并把人才培养质量提升到世界一流水平的大学,而扎根中国大地立德树人,不仅应该植根中华优秀传统文化沃土,体现中华民族精神境界追求,适应中华民族伟大复兴的战略需要,而且应契合中国发展的理想和现实要求,不断解决中国

---

① Marginson S., Kaur S., Sawir E., *Global, Local, And National in the Asia-Pacific*, Dordrecht: Springer, 2011, pp.3-34.

② [美]查尔斯·威廉·埃利奥特:《教育改革:埃利奥特论文与演讲集》,刘春华译,李家永校,浙江教育出版社 2019 年版,第 23 页。

③ [摩洛哥]Jamil Salmi:《世界一流大学:挑战与途径》,孙薇、王琪译校,上海交通大学出版社 2009 年版,第 10 页。

④ 《习近平在中国人民大学考察时强调 坚持党的领导传承红色基因扎根中国大地 走出一条建设中国特色世界一流大学新路》,《人民日报》2022 年 4 月 26 日。

⑤ 《习近平总书记教育重要论述讲义》,高等教育出版社 2020 年版,第 124 页。

⑥ 《习近平谈治国理政》第二卷,外文出版社 2017 年版,第 377 页。

发展问题,面向世界发出中国声音、提出中国方案、展现中国智慧、传播中国理念,构建中国学术体系、学科体系和话语体系,为推动人类文明进步贡献中国力量。要实现这样的理念,中国特色世界一流大学必须坚持党的全面领导,全面贯彻党的教育方针,坚持社会主义办学方向,把发展科技第一生产力、培养人才第一资源、增强创新第一动力更好结合起来,加快实现高质量内涵式发展。一旦中国特色达到世界一流水平,那么,中国特色世界一流大学就成为现实,中国"双一流"建设的战略目标就达成了。这就是中国特色世界一流大学的内在逻辑意义。

三、何谓中国特色世界一流学科

中国"双一流"建设,以中国特色世界一流大学为建设目标,基础前提是建设中国特色世界一流学科或中国特色、世界一流的优势学科。国务院发布的《总体方案》提出,"积极探索中国特色的世界一流大学和一流学科之路","构建完善中国特色的世界一流大学和一流学科评价体系"。党的二十大报告指出,"加快建设中国特色、世界一流的大学和优势学科。"这里包含了"中国特色世界一流大学"的内涵意义,也包含了"中国特色世界一流学科"的内涵意义。在讨论"什么是中国特色世界一流大学"问题的基础上,我们进一步讨论"什么是中国特色世界一流学科"的概念问题。

首先,什么是学科?"学科"与现代意义上的"大学"概念一样,是历史发展而来的概念,起源于欧洲大学。按照沙姆韦(David R.Shumway)等学者的考察和解释,"学科"源自一印欧词根……希腊文的教学词 didasko(教)和拉丁文(di)disco(学)均同。古拉丁文 disciplina 本身已兼有知识(知识体系)及权力(孩童纪律、军纪)之义。乔塞(Chaucer)时代的英文(discipline)指各门知识,尤其是医学、法律和神学这些新兴大学里的"高等部门"。[①] 据克里斯南

---

① [美]华勒斯坦等:《学科·知识·权力》,刘健芝等编译,生活·读书·新知三联书店1999年版,第13页。

(Armin Krishnan)的词源学考察,学科(academic discipline)中的"discipline"最早起源于拉丁语"discipulus"和"disciplina",前者意指学生,后者为名词的教学(teaching)。① 这个意义与今天称之为"学科"的概念与知识分门别类及规训教学有密切关系。实际上,在人类意识中,大自然、人类社会和人类的心灵太复杂,要科学认识它们,须对其进行知识分类,从专业化角度把握它并使它为人类服务,这便涉及使用专门知识来培养人塑造人的问题,就需要进入教育系统。

西方人将知识分类,形成学科认识,并进入教育系统,走过了一段探索历程。在古希腊时代,哲学家亚里士多德把人类知识分为探究原因的知识及其他知识,认为探究原因的知识或哲学是最高级的智慧学问。哲学在西方世界是一个包容性很大的学术范围,或者说在古希腊人眼中一切知识都可归入哲学知识和非哲学知识中。中世纪时代,西方出现了四大学院,分别是神学院、法学院、医学院和文学院(艺学院或哲学院),前三个学院被视为高级学院,分别培养牧师、律师、医师,哲学院被视为低级学院,哲学系又分出两个部门:数学和自然科学、文科。② 直到17、18世纪实验科学的发展促成了科学与哲学的分离,自然科学、人文科学、社会科学三者之间出现分野。"19世纪思想史的首要标志就在于知识的学科化和专业化,即创立了以生产新知识、培养知识创造者为宗旨的永久性制度结构。"③19世纪,社会科学内部出现了学科的专业化,经济学、社会学、政治学、历史学、人类学和东方学等六大经典社会科学学科开始确立,表现为"首先在主要大学里设立了一些首席讲座职位,然后再建立一些系来开设有关的课程,学生在完成课业后可以取得该学科的学位"④。由此

---

① 阎光才:《学科的内涵、分类机制及其依据》,《大学与学科》2020年第1期。
② [德]卡尔·雅斯贝尔斯:《大学之理念》,邱立波译,上海世纪出版集团2007年版,第127页。
③ [美]华勒斯坦等:《开放社会科学:重建社会科学报告书》,刘锋译,生活·读书·新知三联书店1997年版,第9页。
④ [美]华勒斯坦等:《开放社会科学:重建社会科学报告书》,刘锋译,生活·读书·新知三联书店1997年版,第31页。

学科逐步分化又综合再分化,如此不断发展,形成了今天复杂的有国别民族特色的学科分类体系。如美国、欧洲、俄罗斯等都有自己的学科分类体系。新中国成立后特别是改革开放以来,中国学习借鉴西方学科分类做法,逐步建立起有中国特色的学科分类体系。由于学科分类不同,世界各国学校里的专业及其课程设置也存在差异,这使得世界上的学科专业人才培养出现诸多差异或特色,可以说,我们处于一种"和而不同"的全球学科生态环境中。

显然,这里所说的学科是一个总称,具体的学科的概念有历史性、国别性、阶段性、发展性。从中西方对学科的认识而言,两者的结论并不完全一致,在众多的学科分类中,西方的学科分类较早,比较成熟,但是中西方对学科的认识却存在一致性,即学科有国际的共性和一定的可比性。正如美国高等教育专家马丁·特罗所言:在世界范围内学院和大学中教与学的基本构成要素是学科,而学科的存在具有国际性。美国的社会学家很容易与在巴黎、斯德哥尔摩或东京的社会学家交流,因为他们阅读相同的书籍,解决相同的问题。物理学家、哲学家和经济学家也是如此。[①] 在这个意义上,我们认识学科,既要考察一国学科的个性特色,也要考察国际学科的共性特点,把两者综合起来考虑,这样才能看到一个学科的建设全貌和发展规律。

新中国成立以来,我国根据经济社会发展需要提出了自己的学科建设方略,对学科专业目录进行了多次调整,具体是借鉴国外模式发展学科制度,逐步走出一条自我发展模式。根据学者研究,我国至今有 6 次调整,1954 年发布《高等学校专业分类设置》,把早前效仿美英模式的民国高校学科体系转变为效仿苏联模式的旨在培养各类专业人才的学科专业化制度,这个目录的最大特点是突出了国家建设的人才需求,强化了行业部门的生产需求,缺点则是忽视了专业目录分类的学科性基础;1963 年根据《高教六十条》精神,采用学

---

① 马万华:《多样性与领导力:马丁·特罗论美国高等教育和研究型大学》,教育科学出版社 2011 年版,第 127 页。

科和行业部门相结合的专业门类划分方法,颁布《高等学校通用专业目录》《高等学校绝密和机密专业目录》;20 世纪 80 年代发布《高等学校本科专业目录》;1993 年、1998 年、2012 年进行了修订工作。① 同时,我国制定并不断修订完善研究生教育学科专业目录,如 1983 年制定和实施《高等学校和科研机构授予博士、硕士学位的学科、专业目录(试行草案)》,1990 年、1997 年、2011年、2018 年相继进行修订工作,实现学科专业人才培养有效对接国家发展需要。② 2022 年 9 月,国务院学位委员会、教育部印发了《研究生教育学科专业目录(2022 年)》和《研究生教育学科专业目录管理办法》,进一步适应新时代国家发展对学科人才的培养要求。"双一流"建设是服务我国发展的重大战略。"双一流"大学建设世界一流学科,无疑需要对接国家战略需要,按照我国制定实施的学科专业目录进行人才培养工作,同时要通过自身的探索和实践,不断丰富和拓展学科专业目录人才培养功能的发展空间,不仅助力国家战略发展目标的实现,也能够为世界学科发展和人才培养提供中国智慧方案,助力国际高等教育学科的创新发展。

什么是世界一流学科?顾名思义,世界一流学科是经过实践检验对人类社会发展进步作出重大贡献且处于世界一流或最高水平的学科。有的学者依据美国《基本科学指标》(ESI)数据库对大学学科建设质量及其科研竞争力进行排名,以此明确哪些学科处于世界一流地位,属于世界一流学科范畴。ESI根据学科发展的特点等因素设置了 22 个学科,其中包括一个交叉学科。22个学科按名称的英文字母排列依次为:农业科学、生物学与生物化学、化学、临床医学、计算机科学、经济学与商学、工程学、环境科学与生态学、地球科学、免疫学、材料科学、数学、微生物学、分子生物学和遗传学、综合交叉学科、神经科学和行为科学、药理学和毒物学、物理学、植物学与动物学、精神病学与心理

---

① 胡建华等:《"双一流"建设与高校学科发展》,南京师范大学出版社 2021 年版,第 27—36 页。

② 王战军:《中国学位制度实施 40 年》,中国科学技术出版社 2021 年版,第 199—206 页。

学、社会科学总论、空间科学。① 由此数据库记录的论文发表数、高被引论文等指标,是学界进行一流学科排名的重要依据,也是当今时代各个学校参考自身学科建设取得成就及其世界地位的一个指标参照系。鉴于此种学科排名的依据具有西方人的独特视角和思维特色,中国大学则需要辩证看待它的参考作用。尤其是人文社会学科发展更应该注意这个问题。例如有学者采取映射等多种方法,将 22 个大类学科的数据细分和对应到中国 108 个学科中,从而使国外的学科数据能够在国内一流学科建设评价中应用,从根本上解决国内外学科比较和评价中的难题,结果发现,有 12 个中国学科没有 ESI 收录数据,包括系统科学、公安学、中药学、兵器科学与技术、中医学、中国语言文学、风景园林学、设计学、马克思主义理论、中西医结合、草学、中国史。② 进一步说,如果把人类的学科简单区分为自然科学和人文社会科学,那么,相对来说,自然科学中绝大多数学科具有较多的全球统一性,可比性指标多一些,如诺贝尔自然科学奖涉及的学科包括物理学、化学、生理学或医学等,而人文社会科学受历史、政治、文化、传统、宗教等因素影响存在国别、地区和民族的差异性及特色性,难以进行统一比较,更难以得到科学的比较性结论。在这个意义上,中国人需要确定适合中国自己的学科评估依据和学科评估标准。一段时间以来,我国已经探索了一套具有自身特色的学科评估体系并进行了五轮学科评估,在一定程度上促进了世界一流学科建设。可以说,我们已经取得了一定的学科建设经验,但仍然需要进一步改进和完善。

什么是中国特色世界一流学科? 建设世界一流学科的实践行动,还受到一个国家政治建设目标指向的规范和约束。从政治论角度看,高等教育始终

---

① 邱均平、孙凯:《基于 ESI 数据库的中国高校科研竞争力的计量分析》,《图书情报工作》2007 年第 5 期。

② 邱均平等:《世界一流大学和一流学科评价研究报告　2021—2022》,科学出版社 2022 年版,第 19—108 页。

存在一个"为谁"的问题。① 作为高等教育活动的一部分,世界一流学科建设自然存在一个"为谁"的重要问题。② 如此看来,中国特色世界一流学科在内涵外延上应该包含两个方面:一个方面指有世界性也有国别性的学科,比如自然科学等绝大多数学科。就中国而言,国别性是指中国按照自己对学科的理解并参考国际同行标准,研究制定富有中国特色的学科专业体系,这个学科专业体系既有世界共性也有中国个性,既可以与国际开展正常的学术交流,也注重切合中国需要,解决中国的发展问题。另一个方面指有中国性也有国际性的学科,比如人文社会科学。就中国而言,中国根据国家发展需要设置了中国需要的人文社会科学学科,比如马克思主义理论、思想政治教育等具有鲜明特色的中国人文社会科学学科,这些学科是中国发展需要的关键学科,虽然它们暂时没有或难以被其他国家认可,但它们确是中国特色社会主义发展要求的学科,我们应该根据自身需要推进发展并使之达到世界一流水平。这两方面学科的发展应该都属于中国特色世界一流学科发展的范畴。归根结底,在学科建设中,我们要善于从特殊中发现一般,在个性中发现共性,追求真理,探索真理,就能对人类社会发展作出贡献,就能达到世界一流水平。

第二节　中国"双一流"建设的意义

从《总体方案》确定的发展目标看,中国"双一流"建设不是简单的工程建设问题,而是具有重大深远意义的战略布局。这个战略布局及其深入推进,将显著提升我国教育的整体发展水平,显著增强国家的核心竞争力,奠定国家长

---

① ［美］约翰・S.布鲁贝克:《高等教育哲学》,王承绪等译,浙江教育出版社 1998 年版,第 65—79 页。

② 耿有权:《建设世界一流学科的三个问题》,《东南大学学报(哲学社会科学版)》2021 年第 5 期。

远发展基础,为社会主义现代化强国建设和中华民族伟大复兴,提供更加坚实有力的人才保障和创新支持。

一、提升我国教育发展水平的需要

教育发展水平在一定意义上决定了国家的发展水平。教育发展水平不高,会严重制约国家的发展水平。西方国家之所以发达,一个关键原因是其国家教育体系发达,国民受教育程度普遍较高,对发展中国家而言处于优势地位。改革开放以来,我国在总结西方发达国家教育发展模式的基础上根据国家发展需要提出并实施了一系列教育工程,其宗旨都是提升国家教育发展水平,尤其是高等教育普及化水平。如前所述,从重点大学建设,到"211 工程""985 工程"建设,到 2015 年实施的"双一流"建设战略,都是推动我国教育发展的重要组成部分。数据显示,1978 年全国本专科在校生只有 85.63 万人,研究生 1.09 万人,[①]高等教育毛入学率仅有 2.7%,[②]到 2018 年毛入学率达到48.1%,到 2019 年毛入学率达到 51.6%,[③]达到了美国学者马丁·特罗所称的"普及化高等教育阶段"。[④] 2022 年,全国共有各级各类学校近 52 万所,其中高等学校 3013 所,全国学历教育在校生接近 3 亿人,其中各种形式的高等教育在学总规模 4655 万人。我国高等教育毛入学率达到 59.6%。[⑤] 可见,我

---

① 王英杰、刘宝存:《中国教育改革开放 40 年:高等教育卷》,北京师范大学出版社 2019 年版,第 2 页。

② 陈晓宇:《中国教育学四十年》,商务印书馆 2019 年版,第 54 页。

③ 林焕新:《教育部发布 2019 年全国教育事业发展统计公报,全国各级各类教育事业取得新进展》,《中国教育报》2020 年 5 月 21 日。

④ 1973 年 6 月,美国教育社会学家马丁·特罗在世界经合组织(OECD)的一次国际会议上发表了《从精英向大众化高等教育转变中的问题》一文中首次提出高等教育三阶段理论,即根据一个国家适龄人口进入高等教育的毛入学率区分为精英高等教育、大众高等教育和普及高等教育三个阶段。其中精英阶段和大众化阶段的界限在毛入学率 15%,普及高等教育界限在毛入学率为 50%,当超过 50%时,高等教育将快速迈向普及化阶段。See Martin Trow, "Problems in the Transition from Elite to Mass Higher Education", *Policy for Higher Education*,1973。

⑤ 《教育部召开新闻发布会介绍 2022 年全国教育事业发展基本情况》,2023 年 3 月 23 日,见 http://www.moe.gov.cn/fbh/live/2023/55167/。

国高等教育普及化程度不断提高,同时也促进了研究生教育规模不断提升,使我国成为研究生教育大国,这对提升我国高端人才自主培养水平起到了战略支撑作用。

如果从全球视角来看,我国是教育大国,但还不是教育强国。2020年9月24日,教育部新闻发言人在谈及"双一流"建设时表示,经过这五年建设,相关学校不断汇聚优质资源,不断加强内涵建设,取得了一定的阶段性成果。但是也要清醒地看到,我国高等教育的整体实力和世界一流大学相比还有不小的差距,尤其是要实现到本世纪中叶一流的大学、一流的学科的建设目标,不论是从数量上还是质量上都要进入世界前列,我们还有很长的路要走,还有相当多的工作要做,还有很艰巨的任务要完成,所以对此要有清醒地认识。[1]确实,通过对世界大学排行榜分析发现,中国"双一流"大学在四大排名中出现的大学越来越多,整体进展不错,但进入世界前100名、前200名的高校数量很少,这与我国的国际地位和高等教育应有地位不相匹配。例如,在《泰晤士报高等教育增刊》世界大学排名中,中国"双一流"大学2015年入榜高校为34所,到2021年入榜数为63所,有显著进展。不过,在这份排行榜中,2021年中国"双一流"大学位居世界排名前50名的只有2所,即北京大学和清华大学,位居世界排名前100名的只有6所,位居世界排名前200名的仅有9所。在QS世界大学排行榜中,中国"双一流"大学2015年入榜高校为26所,到2021年入榜数为54所,也有很大进展。在这份排行榜中,2021年中国"双一流"大学位居世界排名前50名的仅有4所,位居世界排名前100名的只有6所,位居世界排名前200名的仅有7所。这说明,在全球高等教育中,我国高等教育高质量发展还存在不小差距。

党的二十大强调,加快建设教育强国、科技强国和人才强国。无疑,在推进这个"三位一体"战略的过程中,中国"双一流"大学处于前沿位置。未来时

---

[1] 《我国高等教育整体实力与世界一流大学还有不小差距》,2020年9月24日,见 http://www.moe.gov.cn/fbh/live/2020/52485/mtbd/202009/t20200924_490486.html。

期,对照"双一流"建设目标要求,谁的大学能在这个方向上走得更远更有影响力,那么,谁的大学就能赢得国家更大更有力的支持,其发展能力和建设水平也将获得更大提升,并为国家发展乃至人类和平发展作出更大贡献。

二、增强国家核心竞争力的需要

20世纪90年代以来,学术界持续讨论核心竞争力问题。所谓核心竞争力,最初出现在企业管理领域。普遍认为,"核心竞争力"概念是由美国密执根大学教授普拉哈拉德(C.K.Prahalad)和伦敦商学院哈默尔(Gary Hamel)于1990年在《哈佛商业评论》上发表的"公司核心竞争力"一文正式提出的,主要观点是:核心竞争力是组织内的集体学习,尤其是如何协调多种生产技能及技术一体化的能力;指沟通能力、参与能力及跨越组织边界合作的一个深层契约关系;核心竞争力不会随着被使用而减弱,随着它的每一次被应用,它都会得到提升。后来哈默尔进一步提出,核心竞争力是这样一种思想,就是即使一个企业没有整体竞争优势,它也可以通过少数几项关键技术或少数几个知识领域成为最好而获得成功。[1] 有学者对核心竞争力进行分类研究,归纳出几种流派,包括基于知识观、资源观、组织与系统观、文化观等的核心竞争力。[2]这说明,核心竞争力的内涵意义具有多维性特点,人们可以从不同角度应用这种观点认识核心竞争力的作用。

毋庸讳言,国家核心竞争力应该是多维性的,可以体现在多个方面、多个领域、多个层次上。例如,有学者分析美国强盛的原因,这自然涉及美国的核心竞争力问题,在过去的100年间,特别是第二次世界大战后50多年来,仅诺贝尔物理、化学和生物/医学奖得主美国就占半数以上,可谓雄踞全球之首。[3]英国学者马丁·雅克(Martin Jacques)直接指出:"美国成为世界大国的一个

① 赵建民:《大学核心竞争力的理论溯源与本质解读》,《中国成人教育》2008年第6期。
② 张丰超、王丹:《核心竞争力理论发展流派分析》,《未来与发展》2003年第2期。
③ 王栋:《美国强大的原因及发展趋势》,《国际安全研究》2013年第6期。

关键工具是它的大学。美国拥有公认的世界上最好的大学,这些学校吸引了一部分全球最优秀的学者和学生。在美国顶尖大学,研究者可以使用最好的设备和资源,哈佛大学、加州大学伯克利分校和麻省理工学院这些高校颁发的文凭所代表的荣誉高于其他任何学校(牛津和剑桥也许是例外)。"①数据显示,全美高等院校4000多所,AAU(美国大学联合会)大学所占比例不足2%,但是这些大学却承担了大量的高级人才培养任务,尤其是博士生的培养。全美68%的博士研究生就读于AAU大学,54%的博士学位都是AAU大学授予的。AAU是美国高层次精英人才培养重地,也是科学研究的密集地和学术大师的聚集所。② 有学者依据进入ESI学科数大于等于2个学科的所有大学为样本(2021—2022)进行统计,结果发现,在进入世界科研竞争力排行榜前600名大学中,就全球范围内国家科研竞争力分布而言,前10名的国家是美国(170所)、中国(57所)、英国(46所)、德国(44所)、法国(38所)、意大利(30所)、澳大利亚(22所)、加拿大(21所)、西班牙(15所)、日本(11所),美国位列第一。③ 可见,教育强大与国家强大紧密相关。

2021年4月19日,习近平总书记在清华大学考察时指出,一个国家的高等教育体系需要有一流大学群体的有力支撑,一流大学群体的水平和质量决定了高等教育体系的水平和质量。④ 新时代推进中国"双一流"建设,建成一批世界一流大学和拥有世界一流学科的高校,培养大批德智体美劳全面发展的社会主义建设者和接班人,对提升国家综合实力特别是核心竞争力,加快建设教育强国、科技强国和人才强国,具有重大战略意义。尤其是在高科技领域

① [英]马丁·雅克:《当中国统治世界:中国的崛起和西方世界的衰落》,张莉等译,中信出版社2010年版,第318页。

② 饶燕婷、王琪:《走进世界名校:美国》,上海交通大学出版社2012年版,第136—137页。

③ 邱均平等:《世界一流大学和一流学科评价研究报告 2021—2022》,科学出版社2022年版,第134页。

④ 《习近平在清华大学考察时强调 坚持中国特色世界一流大学建设目标方向 为服务国家富强民族复兴人民幸福贡献力量》,《人民日报》2021年4月20日。

遇到一系列"卡脖子"之后,中国"双一流"大学更应该承担起历史的责任。在一定意义上,中国"双一流"大学解决系列"卡脖子"问题,既是帮助国家解决重大挑战性问题,也是提升高校办学水平和创新人才培养水平的重大机遇。

三、奠定国家长远发展基础的需要

人类自有了国家形态,就有了谋求国家长远发展的问题。每个国家都希望长久存在,因此,人类围绕国家长治久安、长远发展问题开展很多理论研究。比如古希腊柏拉图的代表作就是《理想国》,这本著作是哲学家的宣言书,也是哲人政治家所写的治国计划纲要。① 古代中国人关注"国"与"家"问题,不过此国家非西方之国家概念,在中国人的观念中,"家国同构","国"之原理与"家"之原理相同,《大学》曰:"欲治其国者,先齐其家。"②"家齐而后国治,国治而后天下平。"③"所谓治国必先齐其家,其家不可教而能教人者,无之。"④古往今来,中国人倡导"修身齐家治国平天下"。现代国家的要素内涵已经不同于以往。一个现代国家须拥有"三大要素",即"一定的土地""一定的人民""一定的主权","以上三样,缺少一样,都不算是一个国"。⑤ 这说明,现代国家长治久安和长远发展离不开这"三大要素"。那么,如何才能保障国家长远发展? 或者说,当今时代,究竟哪些方面要素是最关键的?

显然,人是国家长治久安和长远发展最关键的要素。在当今时代,对于大国而言,更要注重提升人民的素质,特别是普及高等教育,扩大研究生教育规模,提升研究生教育质量和水平,以使国家获得一批又一批高素质优秀人才。

新中国成立后特别是改革开放以来,经过艰苦努力,我国建成了高等教育大国,但还不是高等教育强国,我国高等教育质量须进一步提高,包括研究生

---

① [古希腊]柏拉图:《理想国》,郭斌和、张竹明译,商务印书馆 1986 年版,第 4 页。
② (宋)朱熹:《四书章句集注》,中华书局 2011 年版,第 4—11 页。
③ (宋)朱熹:《四书章句集注》,中华书局 2011 年版,第 4—11 页。
④ (宋)朱熹:《四书章句集注》,中华书局 2011 年版,第 4—11 页。
⑤ 《陈独秀文集》第一卷,人民出版社 2013 年版,第 39 页。

教育规模和质量都需要进一步发展。从千人研究生注册人数来看,如到"十三五"末期,中国千人研究生注册数 2 人①。例如,2020—2021 年,我国硕士学位授予总规模是 700742 人,博士学位授予总数为 72019 人。我国研究生教育特别是博士生教育发展还有很大提升空间。在此方面,中国"双一流"大学大有可为,必须有所作为,这也是新时代赋予一流大学的使命任务。

第三节　中国"双一流"建设的实践主体

国家建设方略确定之后,首要的任务就是明确建设责任的主体单位。中国"双一流"建设实践的主体责任在大学。中国"双一流"建设战略能否实现既定的建设目标,关键看中国"双一流"大学的行动表现。按照《总体方案》设计,同时参考国际一流大学建设模式,中国"双一流"大学需要深刻领会国家推进世界一流大学建设的战略要求,高质量地履行建设使命。

一、"双一流"大学承担建设的主体责任

国际经验表明,高等教育领域的发展战略必须有明确承担责任的实践主体。没有这一条做保证,任何教育战略都难以达到预定目标。比如日本、韩国、印度、法国、德国、俄罗斯等相继推出创建世界一流大学计划,都是以学科、项目负责机构或大学为责任主体,而且国家与责任单位达成书面契约关系。②无疑,中国"双一流"建设的实践主体同时也是受益主体,是"双一流"大学。

不难理解,中国"双一流"建设的实践主体是不变的,就是中国"双一流"大学承担主体责任,但具体的建设单位名单是不断变化的,一轮一轮的建设名

---

①　《教育部:在学研究生总规模今天将达到 300 万人》,2020 年 12 月 3 日,见 http://www.moe.gov.cn/fbh/live/2020/52717/mtbd/202012/t20201204_503476.html。

②　刘宝存、张梦琦:《创建世界一流大学政策的国际比较研究》,北京师范大学出版社 2021 年版,第 1—219 页。

单或减少或增多。根据《总体方案》战略部署及其实施方案,在"双一流"建设第一轮责任单位文件中,中国"双一流"大学名单包括"一流大学建设高校"42所和"一流学科建设高校"95所,合计137所,如果把中国地质大学、中国矿业大学、中国石油大学分校合并统计,实际共有140所"双一流"建设高校。这些高校在地区分布、学科分布、层次分布等方面均有"统筹考虑"因素。根据《总体方案》确定的遴选规则,"双一流"第二轮建设名单增加了7所高校,合计有147所高校。[1] 显然,在后续建设中,"双一流"大学建设名单在数量、规模、结构上还会出现新的变化,且会不断完善。

中国"双一流"大学均是国内建设实力较强的重点高校,不过,这些高校与西方国家世界一流大学相比,都需要进一步加强建设,提升建设的内涵质量水平。从这个角度看,对于中国"双一流"大学的称谓,更准确的表述是"双一流"建设大学或"双一流"建设高校,"建设"一词是相关高校必须高度重视的关键词。具体地说,目前还没有进入世界一流大学行列的中国大学,要通过建设,力争早日进入世界一流大学行列;已经进入世界一流行列的中国大学,要通过建设,争取早日进入世界一流大学前列,即成为世界顶尖大学团队成员;即使进入世界顶尖大学行列,我们还是要通过建设来保持世界一流顶尖地位和影响力。从这个意义上说,任何中国大学建设者都需要谦虚谨慎,戒骄戒躁,时刻不要忘记建设的主体责任和重要任务。唯有这样,我们才能为国家发展、民族进步乃至世界和平作出更大的贡献。

二、"双一流"大学主体建设的实践理念

中国"双一流"建设是有规律可循的,其中有必须遵循的世界一流大学共性规律,也有必须遵循的中国大学建设的个性规律。就实践规律而言,从长期建设探索到的基本经验出发,中国"双一流"大学作为国家战略的实践主体,

---

[1] 王战军:《中国研究生教育质量报告·2022》,中国科学技术出版社2022年版,第151—158页。

需要尊崇和践行下面的实践规律,其实也是"双一流"大学的实践理念。

一是"双一流"大学服务世界一流强国建设需要。习近平总书记在北京大学考察时指出:"教育兴则国家兴,教育强则国家强。高等教育是一个国家发展水平和发展潜力的重要标志。今天,党和国家事业发展对高等教育的需要,对科学知识和优秀人才的需要,比以往任何时候都更为迫切。"①中国"双一流"建设的目标就是要服务党和国家的事业发展,努力把中国推向世界一流强国,实现中华民族伟大复兴,因此,每一所"双一流"大学都要围绕这个重大任务筹划战略方向、发展重点和政策举措,在立足自身特色的基础上解决国家发展问题。从"双一流"建设名单的产生规律可以发现,入围建设高校和建设学科均为国家发展作出了重大或重要贡献。

二是"双一流"大学以人才培养为主功能定位。中国"双一流"建设,首先要解决国家发展问题,这就要依靠各方面的拔尖创新人才。中国"双一流"大学与世界各国大学一样具备大学三大功能,但主要功能是人才培养,也就是"双一流"大学要致力于培养拔尖创新人才,这种人才有社会属性,就是社会主义属性,具体指拥有社会主义核心价值观的社会主义建设者和接班人。这是与西方大学培养人才的本质区别。习近平总书记在北京大学考察时强调:"培养社会主义建设者和接班人,是我们党的教育方针,是我国各级各类学校的共同使命。大学对青年成长成才发挥着重要作用。高校只有抓住培养社会主义建设者和接班人这个根本任务才能办好,才能办出中国特色世界一流大学。"②为此,"双一流"大学必须围绕人才培养主功能发展一流科研,以一流科研培养拔尖创新人才,高质量服务国家战略发展。

三是"双一流"大学坚持改革开放发展。中国特色社会主义取得成功的一条基本经验是推动改革发展,即采用改革开放的办法来解决各种发展问题。这条宝贵经验完全适用于中国"双一流"建设事业。必须看到,未来相当长时

---

① 习近平:《在北京大学师生座谈会上的讲话》,《人民日报》2018 年 5 月 3 日。
② 习近平:《在北京大学师生座谈会上的讲话》,《人民日报》2018 年 5 月 3 日。

间内绝大多数世界一流大学位于西方资本主义社会体系中,中国特色社会主义大学仍然要与它们打交道,开展国际交流与合作研究,既要保持我们社会主义高校的本色不变,又要办出世界一流水平,与西方一流大学开展合作和竞争,这需要全球视野、世界眼光和高超技术,因此,"双一流"大学必须善于把握实践规律,开拓大学发展新境界,为中国"双一流"建设做出原创性贡献。

四是"双一流"大学自主构建世界学术中心。长期以来,包括中国在内的发展中国家一直处于世界学术中心的边缘地带和边缘地位,即学术依附于西方世界,这是西方发达国家学者的普遍共识,也是发展中国家学者不得不面对的客观现实。虽然改革开放以来中国大学已经取得了辉煌成就,但与西方国家一流大学相比仍然存在一定差距,如何从世界学术边缘走向世界学术中心,承担起人类学术发展的重大责任,中国"双一流"大学需要自主建设世界重要科学中心和世界重要人才中心,这两者相辅相成、相互促进。这就需要坚持学科建设的龙头地位,以一流学科建设为基础推动世界一流大学建设。

三、"双一流"大学主体建设的使命任务

诚然,"双一流"大学承担着建设的重要任务,从"应然状态"走向"实然状态",从"跟跑""并跑"到"领跑",从"世界一流行列之外"到"进入世界一流行列",再到"走到世界一流前列",主要体现在从战略高度和长远角度建设世界一流师资队伍、培养拔尖创新人才、提升科学研究水平、传承创新优秀文化、着力推进成果转化方面。

其一,着力建设世界一流师资队伍。世界一流师资队伍是中国"双一流"建设的支撑力量。习近平总书记在中国人民大学考察时强调,建设世界一流的中国特色社会主义大学,培养社会主义建设者和接班人,必须有世界一流的大师。培养社会主义建设者和接班人,迫切需要我们的教师既精通专业知识、做好"经师",又涵养德行、成为"人师",努力做精于"传道授业解惑"的"经

师"和"人师"的统一者。①"双一流"大学应该紧紧抓住世界一流师资队伍建设这个重大主题,按照《总体方案》提出的建设方法,深入实施人才强校战略,强化高层次人才的支撑引领作用,加快培养和引进一批活跃在国际学术前沿、满足国家重大战略需求的一流科学家、学科领军人物和创新团队,聚集世界优秀人才。遵循教师成长发展规律,以中青年教师和创新团队为重点,优化中青年教师成长发展、脱颖而出的制度环境,培育跨学科、跨领域的创新团队,增强人才队伍可持续发展能力。加强师德师风建设,培养和造就一支有理想信念、有道德情操、有扎实学识、有仁爱之心的优秀教师队伍。

其二,努力培养世界一流创新人才。培养一流创新人才是中国"双一流"建设的核心使命。习近平总书记指出:"教育是国之大计、党之大计。培养什么人、怎样培养人、为谁培养人是教育的根本问题。"②"双一流"大学应该对培养拔尖创新人才这个中心任务有高度清醒的认识,按照《总体方案》提出的建设方略,坚持立德树人,突出人才培养的核心地位,着力培养具有历史使命感和社会责任心,富有创新精神和实践能力的创新型、应用型、复合型优秀人才。加强创新创业教育,大力推进个性化培养,全面提升学生的综合素质、国际视野、科学精神和创业意识、创造能力。完善质量保障体系,将学生成长成才作为出发点和落脚点,建立导向正确、科学有效、简明清晰的评价体系,激励学生刻苦学习、健康成长。数据显示,最近十年,"双一流"大学承担了全国超过80%的博士生和近60%的硕士生培养任务,是培养基础研究人才的主力军和科技创新人才的生力军。近年来新增院士和国家科技三大奖第一完成人中,我国自主培养的博士均占三分之二左右;国家自然科学基金重点项目成员中,超过50%为在读研究生,超过30%为在读博士生;嫦娥飞天、蛟龙入海、高铁飞驰、航母入列,一系列国家重大工程的背后,我国自主培养的研究生已经

---

① 《习近平在中国人民大学考察时强调 坚持党的领导传承红色基因扎根中国大地 走出一条建设中国特色世界一流大学新路》,《思想政治工作研究》2022年第5期。
② 《习近平著作选读》第一卷,人民出版社2023年版,第28页。

成为科技创新的主力军。①

其三,开展世界一流水平的科学研究。提升科学研究水平是中国"双一流"建设的重中之重。习近平总书记指出:"必须认识到,同建设世界科技强国的目标相比,我国发展还面临重大科技瓶颈,关键领域核心技术受制于人的格局没有从根本上改变,科技基础仍然薄弱,科技创新能力特别是原创能力还有很大差距。"②在此形势下,"双一流"大学应该深刻领会国家战略布局的重大意义,按照《总体方案》提出的建设路径,以国家重大需求为导向,提升高水平科学研究能力,为国家战略实施作出重要贡献。加强学科布局的顶层设计和战略规划,重点建设一批优势学科,争做国际学术前沿并行者乃至领跑者。加强战略性、全局性、前瞻性问题研究,着力提升解决重大问题能力和原始创新能力。围绕重大科研项目健全科研机制,开展协同创新,提高科技创新能力。打造具有中国特色和世界影响的新型高校智库,提高服务国家决策的能力。建立健全具有中国特色、中国风格的哲学社会科学学术评价和学术标准体系。营造浓厚的学术氛围和宽松的创新环境,保护创新、宽容失败,大力激发创新活力。

其四,积极传承创新中华文化。传承和创新文化是中国"双一流"建设的重要任务。习近平总书记指出:"中国优秀传统文化的丰富哲学思想、人文精神、教化思想、道德理念等,可以为人们认识和改造世界提供有益启迪,可以为治国理政提供有益启示,也可以为道德建设提供有益启发。"③"双一流"大学应该坚定文化自信和教育自信,把传承和创新中华优秀传统文化作为一项重要使命任务,按照《总体方案》提出的方法路径,加强大学文化建设,增强文化自觉和制度自信,形成推动社会进步、引领文明进程、具有自身特色的一流大

---

① 杨飒:《研究生教育这十年:规模突破性增长 培养机制不断深化》,《光明日报》2022 年 6 月 15 日。

② 《习近平著作选读》第一卷,人民出版社 2023 年版,第 491 页。

③ 《习近平著作选读》第一卷,人民出版社 2023 年版,第 278 页。

学精神和大学文化。坚持用价值观引领知识教育,把社会主义核心价值观融入教育教学全过程,引导教师潜心教书育人、静心治学,引导青年学生勤学、修德、明辨、笃实,使社会主义核心价值观成为基本遵循,形成优良的校风、教风、学风。加强对中华优秀传统文化和社会主义核心价值观的研究、宣传,认真汲取中华优秀传统文化的思想精华,做到扬弃继承、转化创新,并充分发挥其教化育人作用,为推动社会主义先进文化建设作出贡献。

其五,大力推进科研成果转化。推进科研成果转化,是中国"双一流"建设的服务之道。习近平总书记指出,推进科技创新,必须破除体制机制障碍。现在,科技成果转化不顺畅问题突出,一个重要症结是科研成果封闭自我循环比较严重,必须面向经济社会发展主战场,围绕产业链部署创新链,消除科技创新中的"孤岛现象"。①"双一流"大学应该充分认识到科研成果转化的重大意义,按照《总体方案》提出的路径方法,深化产教融合,将大学和学科建设与推动经济社会发展紧密结合,着力提高自身对产业转型升级的贡献率,努力成为催化产业技术变革、加速创新驱动的策源地。要大力促进学科、人才、科研与产业互动,推动重大科学创新、关键技术突破转变为先进生产力,增强大学和学科的创新资源对经济社会发展的驱动力。

第四节　"双一流"大学建设的目标定位

从世界一流大学建设发展的规律看,每所一流大学都有自己的目标定位,这个目标定位是基于全球视野、国家需求、自身论证确定的。中国"双一流"大学应该放眼全球,放开思路,开拓创新,努力发展成为全球一流大学的杰出引领者、推动世界一流强国发展的领航者、培养全球一流人才的"才智之都"、

---

① 中共中央党史和文献研究院、中央学习贯彻习近平新时代中国特色社会主义思想主题教育领导小组办公室:《习近平新时代中国特色社会主义思想专题摘编》,中央文献出版社、党建读物出版社2023年版,第183页。

国际公认的世界重要科学中心、中华文化与世界文化交流的桥梁纽带。

一、全球一流大学发展的杰出引领者

世界一流大学都是在全球有杰出地位和巨大影响力的大学,在当今世界大学排行榜中处于前列位置的著名大学。中国"双一流"建设,旨在推动一批基础较好、实力雄厚的中国高水平大学进入世界一流行列或前列。这是中国高等教育改革发展的重大战略,也是中国一流大学应该承担的使命任务。要实现这样的战略任务,不仅需要国家加强对一流大学的战略指导和政策支持,加快高等教育治理体系和治理能力现代化,更需要高校深刻认识国家战略布局的重大意义,并将国家战略落实到学校发展各方面,提高人才培养、科学研究、社会服务和文化传承创新水平,努力成为知识发现和科技创新的重要力量、先进思想和优秀文化的重要源泉、培养各类高素质优秀人才的重要基地。

发达国家一流大学成长史告诉我们,国家在一流大学发展中具有战略推动作用,但关键是大学自身的发展要有先进的教育理念、高远的目标定位、清晰的战略规划和坚定的行动能力。哈佛大学荣誉校长陆登庭说:"如果最优秀的大学都不能以一种开放和分析的方式提出与人类文化、宗教、哲学和艺术、经济学、政治学、法律、历史学有关的问题,那么与这些生活重要方面有关的思想的发展与传播的使命,将会落到那些对于严谨的、不带偏见的和探索性研究没有什么兴趣的人身上,结果会产生对事物认识上的严重分歧和需要对错误认识进一步澄清的必要,这是不能让人接受的。因为我们不能把在人文、艺术和社会科学领域开展教育的重要责任,推给那些并非倾心于最严肃学术事业的人或只关心信仰而不关心分析的人。"①这段话透露了世界一流大学的社会责任。无独有偶,芝加哥大学前校长比德尔表达了类似观点:"如果一所著名大学不能够运用知识、智慧和力量来帮助解决严峻的问题,那么还能指望

---

① [美]陆登庭:《一流大学的特征及成功的领导与管理要素:哈佛的经验》,《国家高级教育行政学院学报》2002 年第 5 期。

谁来做这些呢？……我们必须将这份努力持续下去,如若成功,那么我们将会为整个国家树立一个模式。这是一个杰出大学的崇高目标。"①2000 年,牛津大学在使命陈述中再次确认:"牛津大学的目标是,在教学和科研的每一个领域都达到和保持卓越,保持和发展作为一所世界一流水平大学的历史地位。通过科研和毕业生的技能而造福于国际社会、国家和地方。"②可以说,正是凭借这种办学理念和坚定行动,牛津大学培养了许多诺贝尔奖获得者等杰出人才,创造了一流大学的奇迹。

中国"双一流"大学需要这种战略远见,需要积极主动地为国家乃至全人类作出重大贡献,从而成为全球一流大学的杰出引领者,成为世界高等教育发展的领头羊。这是中国大学进入世界一流行列或前列的必然要求。经过长期建设,我国少数著名大学已经走进了世界一流大学行列。例如北京大学多年来在多个世界大学排名中稳居全球前 50 名左右,主要办学指标与世界一流大学具有可比性。北京大学提出到 2030 年,学校整体水平处于世界一流大学前列;主要办学指标位于世界一流大学前列,部分办学指标领先发展,一批学科处于世界一流大学前列。到 2048 年前后,学校成为顶尖的世界一流大学;办学指标全面达到世界一流大学前列,主流学科全面位于世界一流大学前列。③可以看到,北京大学正在国家战略指导下向着世界一流顶尖大学目标前进。对其他高校而言,这是一种极好的示范引领,将推动中国高等教育发展进步。

二、推动世界一流强国发展的领航者

世界一流大学不是无缘无故地出现在哪个国家,而是有规律可循的。历

---

① [美]威廉·墨菲等:《芝加哥大学的理念》,彭阳辉译,上海人民出版社 2007 年版,第 245—246 页。

② 刘宝存:《牛津大学办学理念探析》,《比较教育研究》2004 年第 2 期。

③ 《北京大学一流大学建设高校建设方案》(精编版),北京理工大学研究生教育研究中心等:《"双一流"建设高校一流大学建设方案汇编》(内部资料),中国科学技术出版社 2018 年,第 1—2 页。

史表明,世界一流大学从来都是与世界一流国家密切联系的,世界一流国家支撑世界一流大学发展,没有世界一流强国的支持,哪会有世界一流大学!那么,世界一流国家究竟能够支持世界一流大学什么?一个基本共识是,世界一流国家能够给予一流大学诸多支持包括战略支持、政策支持、资金支持和环境条件支持。在这个方面,西方发达国家的做法基本一致。与此同时,世界一流大学维持着、推动着、引领着世界一流国家的发展,因为世界一流大学能够为国家提供源源不断的各类优秀人才、先进的科学技术和高端的社会服务。

第二次世界大战以来,美国依靠什么维持世界一流强国地位呢?它依靠的是先进的科学技术、强大的政治经济能力、领先的军事优势、发达的教育文化体系等,其中发达的教育体系发挥着极其重要的作用。美国拥有全球最具竞争力的高等教育体系,特别是拥有全球最多的世界一流大学,吸引着全球英才加盟其中,既塑造美国的未来,也塑造世界的未来。据上海交通大学世界大学学术排名(2005年),在全球前500名大学中,美国大学占据明显的主导地位,占据前20名中的85%(17所),前100名中的53%(53所)。[1] 至今,在这份榜单中,美国一流大学在世界前100名大学中的优势地位未有特别大的改变。

建设世界一流大学代价昂贵,一些发展中国家是难以承担其建设成本的,但是,任何国家建设都需要一流人才支撑,因此,不少发展中国家和地区在自身无力培养的情况下不得不选择美英名校为其培养精英人才。这样,发展中国家的包括高中名校在内的重点大学群体都在为美国一流大学输送潜力型人才,而美国以强大的经济实力把培养出来的优秀人才"挽留下来",为美国利益服务,个别归国者则是美国价值观的认同者和传播者,对美国有百利而无一害。实际上,当今世界已经形成了以美国一流大学为学术中心的精英人才教育体系。那么美国一流大学的奥秘是什么?哈佛校长曾告诉杨福家教授:

---

[1]　刘念才、程莹、刘莉:《"世界大学学术排名"的现状与未来》,刘念才主编:《世界一流大学:特征·排名·建设》,上海交通大学出版社2007年版,第6—7页。

"我的职责之一是从世界各地找到有才能的人。如果我想要在某一领域招募一名教授,我会找到这一领域里最好的一位教授并努力邀请他。如果不行,就去找仅次于他的。通常情况下,如果请不到最好的,我能请到排名第二的。"①不仅如此,美国一流大学对优秀学生也是这样。如普林斯顿大学招生口号是:"只要你优秀,学费不用顾虑。"斯坦福大学承诺:"不会因为学生经济问题将已考取的学生拒之门外,斯坦福大学有90%的学生可以得到不同形式的资助,以支付高额的学费。"②可见,西方国家一流大学为了保持卓越水平,在促进国家发展上保持引领地位,想方设法在全球范围内争夺资源。

在一定的意义上,世界一流大学和世界一流国家几乎是孪生关系,两者融为一体。北京大学前副校长王义遒说:"什么是世界一流大学?我想它总与世界一流强国有点关系,甚至是'鸡生蛋'和'蛋生鸡'的关系。从根本上说,要是没有一流强国,就难以产生一流大学,因为一流大学需要有一流的经济力量和人力资源来支撑,拥有一流的政治、经济、国防与文化的强国也需要一流的人才来建设与治理,而一流人才就来自一流大学。"③"要想成为世界一流大学,就要致力于把国家'化'成世界一流。"④"北京大学今天之所以成为国内一流,就是因为她在历史上为中国的现代化起到了别的大学难以企及的'化'的作用,'五四运动'即其一例。"⑤"以先进的文化把中国这样的大国推向了世界一流,岂不就是世界一流大学!"⑥

无疑,中国"双一流"大学应该充分认识到世界一流大学在推动国家实现

---

① 杨福家:《中国当代教育家文存——杨福家卷》,华东师范大学出版社2006年版,第105页。

② [美]马丁·卡诺依:《知识经济中的大学:潜力与隐患》,教育部中外大学校长论坛领导小组:《中外大学校长论坛文集》(第二辑),中国人民大学出版社2004年版,第156页。

③ 王义遒:《一流大学要为国家进步和人类文明发力》,储朝晖:《文明的历程:怀念叶企孙》,科学出版社2019年版,第23页。

④ 王义遒:《湖边琐语》,北京大学出版社2008年版,第93—94页。

⑤ 王义遒:《湖边琐语》,北京大学出版社2008年版,第94页。

⑥ 王义遒:《湖边琐语》,北京大学出版社2008年版,第94页。

强国目标过程中的重大作用。长期以来,清华大学始终坚持正确方向、坚持立德树人、坚持服务国家和改革创新,广育祖国和人民需要的各类人才,深度参与创新驱动发展战略实施,努力在创建世界一流大学方面走在前列,不断为国家发展、人民幸福、人类文明进步作出新的贡献。清华大学提出到 2030 年迈入世界一流大学前列、2050 年前后成为世界顶尖大学。① 清华大学的战略显而易见,那就是把世界一流大学建设融入社会主义现代化强国建设和中华民族伟大复兴的历史进程中。实际上,中国"双一流"大学正在发挥着同样的作用和影响力,而且越来越表现出更加优秀的特色内涵和精神境界。

三、培养全球一流人才的"才智之都"

如果有人提问,当今世界的顶尖优秀人才聚集在哪里?估计没有人会怀疑,就大学而言,答案是唯一的,那就是当今的世界一流大学;就国家和地区而言,答案也是唯一的,那就是世界一流大学聚集的西方发达国家,包括美国、英国、法国、德国、日本、意大利等。当然,还有科学院或科研机构系统。但是在世界各国中,其主体应该是发达国家的世界一流大学。也就是说,世界一流大学或世界一流研究型大学,汇聚了全球最杰出的人才,包括最优秀的教师、最优秀的学生、最优秀的科研人员、最优秀的管理者,这么多"最优秀的人"从何而来? 显然是从全球选拔或招聘而来,是国家或大学联合起来,利用雄厚的综合实力吸引而来。在这个方面,虽然不同的国家和地区有不同的做法,但殊途同归,都是为了招收最优秀的人才。

正是在这个意义上,早在 1963 年,时任美国加州大学校长克拉克·克尔在哈佛大学戈德金演讲中把美国的研究型大学称为"才智之都"。② 芝加哥大

① 《清华大学一流大学建设高校建设方案》,北京理工大学研究生教育研究中心等:《"双一流"建设高校一流大学建设方案汇编》(内部资料),中国科学技术出版社 2018 年,第 52—53 页。

② [美]克拉克·克尔:《大学之用》(第五版),北京大学出版社 2008 年版,第 49 页。

学校长罗伯特·J.齐默说得更直白:"在任何领域保持学术卓越的关键是吸引最优秀的学者,并赋予他们学术自由,让他们在这一领域作最具原创性、想象力和影响力的工作,为他们提供所需的资源和基础设施,以推进他们的研究。"①威斯康星大学麦迪逊分校校长丽贝卡·布兰克说:"建设世界一流学科最重要的基石是优秀的师资力量。优秀的教学和科研人员吸引一流的青年人员和学生,他们追求发现和创新,改变我们对世界的认识。"②为此,他们致力于做好两件事:提供开展工作的资源和协作文化,以确保教师能轻松地开展跨学科工作。在他们看来,这是继续稳居世界一流大学行列的两件事。现在,在威斯康星大学麦迪逊校区,每 10 名本科生中就有 1 名国际学生,每 3 名研究生中就有 1 名国际学生。③ 这为该校学生提供了重要的多样性和国际化的体验。

另外,世界各国各地区各民族各阶层均有这样的潜力型优秀人才,世界一流大学如何获得这些优秀人才? 这确实是一个重大课题。从美国科学管理者范内瓦·布什 1945 年 7 月递交美国总统研究报告《科学:无尽的前沿》中,我们看到美国政治家和科学家的思想观念、战略眼光和深远谋略。该报告指出:"要造就顶级的科学研究者,我们就必须先选择一个相对较宽泛的范围来对高级人才进行选拔,然后在后续时间和更高的层次上不断地进行筛选。没有人能直接从最底层选出顶级的人才,因为一个人是否会成为顶级的研究者,会受到很多无法衡量的和未知因素的影响。这些因素包括智力和性格、精力和健康、幸福感和精神活力、兴趣和动力,而且谁也不知道还有什么因素必须包含在这个超级数学演算之中……我们认为最好的计划是为各种各样的人和拥

---

① 陈盈晖、周一:《坚守与革新:美国一流大学校长访谈录》,商务印书馆 2020 年版,第40 页。

② 陈盈晖、周一:《坚守与革新:美国一流大学校长访谈录》,商务印书馆 2020 年版,第81 页。

③ 陈盈晖、周一:《坚守与革新:美国一流大学校长访谈录》,商务印书馆 2020 年版,第81—85 页。

有各种条件的人提供机会,以使他们能够自我提升。这是美国的方式,这就是美国何以为美国的原因。"①第二次世界大战后,美国研究型大学就是在这样的战略指导下发展壮大起来的,并发挥着引领全球大学发展的重要作用。美国一流大学的基本做法是:把全球名校融合到自身的大学生态体系中,美国一流大学高居全球大学体系的"顶层",其他国家的名校位居"基层",由于"尖顶只有一个",于是美国只需建好"顶层结构",就可使其世界一流大学发挥人才的"虹吸效应"。从某种角度说,这不仅是美国一流大学成功的关键,也是美国维护世界一流强国地位的关键。

新时代,中国"双一流"大学走到了一个新的历史阶段。在这个阶段,我国已经建成全球最大的高等教育国家,拥有大批优秀的青年学子。经过系列高等教育重大工程的推动发展,中国"双一流"大学接近或已经进入到世界一流大学的行列,具备从全球吸引优秀青年人才的综合实力,因此,借助国家发展的综合实力和政策优势,中国"双一流"大学应该充分发挥自身的办学区域优势、学科特色,努力汇聚全球各类英才,为国家培养世界一流人才,也为世界输送高层次人才,进而为构建人类命运共同体、创造人类文明新形态作出贡献。

四、国际公认的世界重要科学中心

世界一流大学与世界重要科学中心、世界重要人才中心、世界重要学术中心和创新高地的建设密切相关,或者说,这几个方面是相互依存的关系。那么什么是世界科学中心? 这个概念最早是由英国学者贝尔纳创造的。他借此描述世界科学中心的转移现象。后来日本学者汤浅光朝受到启发,用定量的方法界定了概念,即科学成果数量超过同时期内全球科学成果25%的国家,就被确定为世界科学中心。这位学者认为,近400年来,世界科学中心发生过五

---

① [美]范内瓦·布什、拉什·D.霍尔特:《科学:无尽的前沿》,崔传刚译,中信出版社2021年版,第84—85页。

次大的转移,17 世纪的文艺复兴促使意大利成为第一个世界科学中心,伴随工业革命,世界科学中心转移到英国;18 世纪,资产阶级大革命促使法国成为第三个世界科学中心;19 世纪,德国成功将科学与经济结合,从此德国占据世界科学中心长达一个世纪时间;20 世纪初,德国科学家涌入美国,使美国成为世界第五个科学中心。① 至今,作为世界头号科技强国,美国占据世界科学中心的地位时间最久,影响范围最广,至今仍然对全球科学发展产生重要影响力。这并非偶然,一个重要原因是,第二次世界大战后,美国研究型大学快速发展壮大起来,21 世纪来临前后美国拥有全球最多的世界一流大学和世界顶尖大学,这些世界一流大学拥有大量全球杰出人才,他们从事一流科学研究,产出一流科学成果,不仅使美国研究型大学成为世界科学中心的重镇,也使得美国成为世界重要科学中心。

美国研究型大学特别是世界一流研究型大学在建设世界重要科学中心的过程中发挥了举足轻重的作用。菲利普·阿特巴赫教授指出:"研究型大学从全国乃至全世界录取最优秀的学生。研究型大学还雇佣最有才华的教授,这些科学家和学者被学校的研究导向、设施及更有利的条件所吸引。"②在美国,每所著名大学都有各种各样的科研项目,它们或是各级政府投资的,或是慈善基金会支持的,或是各种财团支持的,或是个人投资的,而且都给予相对宽松、自由、开放的鼓励政策,允许人们自由地研究问题或课题。对此,美国学者自豪地指出:"美国大学的学术项目质量在世界上遥遥领先,赢得了绝大多数的国际大奖,如诺贝尔奖等,并吸引了世界各地的学生。"③据统计,20 世纪80 年代,美国基础科研经费的 60%用于大学基础研究,100 所研究型大学获

① 王树恩、燕斌、杨燕:《世界科学中心形成的一般模式与我国的对策》,《科学管理研究》2004 年第 3 期。

② Philip G.Altbach, "Peripheries and Centers: Research Universities in Developing Countries", *Asia Pacific Education Review*, No.10(2009), pp.19-20.

③ [美]詹姆斯·杜德斯达、弗瑞斯·沃马克:《美国公立大学的未来》,刘济良译,北京大学出版社 2006 年版,第 2 页。

得的联邦科研经费占联邦科研总经费的84%,20所主要研究型大学所获得的联邦科研经费占联邦高校科研总经费的55%。2000—2004年的5年间,美国政府向高校"科学"与"工程"两个领域投入的研发资金为1044亿美元,年均209亿美元,其中纯研究资金占到经费总额的86%。① 这表明,美国的世界一流大学充分发挥了全球学术中心和全球学术项目的引导功能作用。

表3 全球诺贝尔奖获得者数量最多的前20名大学(截至2023年5月31日)

诺奖排名	软科排名	大学名称	国家	诺贝尔奖总人数	物理学奖	化学奖	生理学或医学奖	经济学奖	文学奖	和平奖
1	1	哈佛大学	美国	163	32	39	43	34	7	8
2	4	剑桥大学	英国	121	37	30	31	15	5	3
3	5	加州大学伯克利分校	美国	115	35	32	18	26	3	1
4	10	芝加哥大学	美国	101	32	19	11	34	3	2
5	3	麻省理工学院	美国	100	34	17	12	36	0	1
6	8	哥伦比亚大学	美国	96	32	15	22	15	6	6
7	2	斯坦福大学	美国	88	25	15	16	28	3	1
8	9	加州理工学院	美国	78	31	17	23	6	0	1
9	6	普林斯顿大学	美国	73	29	10	4	24	5	1
10	7	牛津大学	英国	73	15	19	19	9	5	6
11	11	耶鲁大学	美国	67	8	12	14	25	5	3
12	12	康奈尔大学	美国	61	23	12	15	5	4	2
13	/	柏林洪堡大学	德国	57	14	23	12	1	4	3
14	16	巴黎大学	法国	52	15	10	10	4	6	7
15	151—200	哥廷根大学	德国	45	19	16	8	0	1	1
16	57	慕尼黑大学	德国	44	14	19	9	0	1	1

① 汪霞、李联明:《美国大学与企业研发合作的方法、拨款与运作机制》,《全球教育展望》2008年第5期。

诺奖排名	软科排名	大学名称	国家	诺贝尔奖总人数	物理学奖	化学奖	生理学或医学奖	经济学奖	文学奖	和平奖
17	39	哥本哈根大学	丹麦	41	19	8	8	3	2	1
18	14	约翰斯·霍普金斯大学	美国	39	4	8	18	5	1	3
19	25	纽约大学	美国	38	3	5	12	14	2	2
20	44	洛克菲勒大学	美国	38	1	11	26	0	0	0

注:获奖者为各高校校友及教职工,多重身份则累计。
数据来源:Wikipedia及各校官网,统计日期:2023年5月31日。

"双一流"大学是中国高等教育体系中具有最强科研实力的院校,无疑应该承担着国家重要科学中心的建设任务。世界重要人才中心和世界重要科学中心,是相辅相成、互促互进的关系。以国际留学生而言,如果我们的大学不是世界重要科学中心,那么凭什么吸引世界各国的优秀学子前来留学深造?如果有大批优秀的国际学生前来留学,这说明,我们的世界重要科学中心建设取得了国际公认的重要成就。为此,中国"双一流"大学需要作出巨大努力,建成世界重要科学中心,并利用优势吸引更多国际优秀人才加入,从而形成科学发展和一流人才培养的良性循环。

五、中华文化与世界文化交流的桥梁纽带

大学从诞生起就是一个不同国家人员交流的桥梁纽带,这从意大利博洛尼亚大学出现之时,就成为一个事实。当时,来自意大利周边国家的人聚集到商业文明相对发达的博洛尼亚城镇,相互往来,形成了不同群体,历史学家称之为同乡会,也是一种行业组织。这成为大学的文化交流基因,也是世界一流大学的源头文化。如果说大学是遗传和环境的产物,那么不同国家不同群体的文化交流,就是一种遗传基因的外在呈现。发展到今天,各国世界一流大学继承了这种文化传统,并且越来越表现出促进世界不同文明交流互动的重要作用。

事实上,这种场景在发达国家世界一流大学到处可见。在一定意义上,在人类社会创造的各种机构中,包括宗教机构、政府机构、企业机构等,没有一种机构像大学这样能够从一开始就容纳各种不同个性的人员及其群体,就像历史上的博洛尼亚大学、巴黎大学一样。知名学者丁学良指出:"世界一流大学,它虽然坐落于某一城镇,在地理上限于一个国家,但在精神上从来不局限于一个国家,它是属于世界的。它的教师和学生来自世界各地,走向世界各地,影响世界各地,这就是它的普遍主义活的载体。"①我们还可以说,世界一流大学在这个充满差距、分歧、敌视、战争的全球环境中为世界的和谐进步作出了巨大贡献。事实上,世界一流大学各有各的和谐之道,各有各的建设之道。它们的一个共同点就是拥有求同存异、宽容大度、包容四方、海纳百川的人类精神。因此,人类应当坚决守护这个和谐的精神家园。

事实胜于雄辩。德国海德堡大学是举世闻名的世界一流大学。这所大学位于德国的一个小镇,小镇人口不到 10 万人,就是因为有这个名牌大学的存在,海德堡被称为有名的大学城。数据显示,无论是历史上,还是现实中,海德堡大学的外国留学生占其学生总数的比例都令人羡慕。如 1868 年和 1869 年是 27%;1870 年是 22%;1880 年是 15%;1890 年是 12.5%;1900 年是 11.2%;1910 年是 10%;1920 年是 3.7%;1930 年是 4.7%;1939 年是 5.2%;1950 年是 6%;1960 年是 14%;1970 年是 13.1%;1979 年和 1980 年是 10.1%。② 1998 年,海德堡大学 2.5 万名学生中,外国留学生占 16.6%。他们来自 128 个国家,其中来自欧洲的学生超过 2400 人,来自亚洲的学生 890 人。除此之外,每年还有 650 多名来自世界各地的人参加培训班;有近 500 名专家、学者、研究生和进修生来海德堡大学进行数周或数月的学术交流与合作研究。再如,剑桥大学 12% 的本科生和 50% 的研究生来自海外和世界各大洲。牛津大学 2003—2004 年度注册学生数为 17664 人,其中外国留学生 5039 人,占学生总

---

① 丁学良:《什么是世界一流大学?》,北京大学出版社 2004 年版,第 27 页。
② 王英杰、刘宝存:《世界一流大学的形成与发展》,山西教育出版社 2008 年版,第 142 页。

数的 25.3%。哈佛大学 2004 年注册攻读学位的留学生数达到 3619 人,占攻读学位学生总数的 18.3%。① 普林斯顿大学研究生中 35% 出生在美国以外的地区,这足以证明普林斯顿大学是一所国际化大学。1992—2004 年间,美国平均每年培养 25000 名科学、工程博士,其中海外学生占 40%,本国学生占60%。他们大多数毕业于研究型大学。②

21 世纪,我国提出建设人类命运共同体的理念和构想,自然要大力推动中国研究型大学国际化的进程,更好地发展中国研究型大学以搭建中国文化与世界文化交流的桥梁纽带,这是中国一流大学实现理想目标的战略任务和必经途径。从这个角度看,中国"双一流"大学肩负的使命任务,不仅是要服务好国内的发展,也要服务好全人类的发展事业,要以胸怀世界的战略眼光参与建设人类命运共同体、参与创造人类文明新形态。如此,中国一流大学才能真正获得世界人民的认可,才能成为世界高等教育发展的引领者。

第五节 "双一流"大学建设的主要特征

中国"双一流"大学建设处于历史进程中,是"进行时"而非"完成时"。对标对表世界一流大学战略目标,中国"双一流"大学的重点任务是"建设、建设、再建设"。所谓建设,即瞄准目标定位推进高质量内涵式发展,大力提升办学质量,努力达到世界一流大学水平。由此,中国"双一流"大学建设的鲜明特征体现在服务国家重大战略需求上展现出高水平追求,在提升创新人才培养能力、科技创新能力上体现出世界一流水平,在传承创新中华文化上表现更加突出,在建设人类命运共同体上作出更大贡献。

---

① 王英杰、刘宝存:《世界一流大学的形成与发展》,山西教育出版社 2008 年版,第 367 页。
② 杨祖佑:《全球竞争与合作下的大学创新》,《国家教育行政学院学报》(第三届中外校长论坛专集)2006 年第 9 期。

一、以服务国家重大战略需求为使命

服务国家需求,是全世界所有大学的共同特征,服务国家重大战略需求,是世界各国一流大学的共同特征。从根本上说,大学总是办在某个国家或地区,大学除了受到大学共同的遗传基因的影响,还受到国家和社会环境的影响。就影响来源而言,遗传的影响是内在的,环境的影响是外在的,两者相互影响,相互促进,共同影响大学的发展方向。当国家提出战略需求时,恰好大学需要发展,而且可以满足国家需求,两者一拍即合,这就是需求结合,大学在满足国家重大战略需求过程中得到了发展资源,进而成长为一流大学。

历史事实也是这样。斯坦福大学首任校长戴维·斯塔尔·乔丹说:"每个国家的政治家都把高等教育的发展看作其本身的一个明确的职责。世界上最伟大的大学的产生不是起因于财富的过剩,而是起因于国家对人才的需求。莱顿大学(University of Leyden)是在荷兰历史上最黑暗的时期建立的,该校当时成为荷兰对抗西班牙压迫的最强有力的屏障——成为威廉一世(William the Silent)手中的一件最有效的武器。"[1]19世纪初,洪堡创办柏林大学,正是因为与普鲁士政府关于国家建设的目标一致而发展起来,最终塑造了德国大学的新面貌以及德意志民族在世界上的影响和地位。19世纪下半叶,约翰·霍普金斯大学融合英国大学模式和德国大学模式,培养了大批研究型人才,进而成长为研究型大学。

习近平总书记指出:"世界一流大学都是在服务自己国家发展中成长起来的。"[2]在中国,北京大学和清华大学就是典型案例。"北京大学是新文化运动的中心和五四运动的策源地,是这段光荣历史的见证者。长期以来,北京大学广大师生始终与祖国和人民共命运、与时代和社会同前进,在各条战线上为

---

① [美]戴维·斯塔尔·乔丹:《人的养育与教育——乔丹高等教育演讲集》,於荣译,祝贺校,浙江教育出版社2019年版,第79页。
② 习近平:《在北京大学师生座谈会上的讲话》,《人民日报》2018年5月3日。

我国革命、建设、改革事业作出了重要贡献。"①同样,清华大学建校以来,广大师生始终与民族共命运,与时代同步伐,形成了优良的文化传统和光荣的革命传统,在中国人民为实现中华民族伟大复兴而奋斗的史册上写了自己的隽永篇章。② 以北京大学、清华大学为代表的中国"双一流"大学均有优良传统,可以说,这是中国大学建设"双一流"的精神基础和发展条件。

新时代,中国"双一流"大学建设各项内容自然融入国家发展战略中,并以服务成效作为检验标准。习近平总书记指出,我国高等教育发展方向要同我国发展的现实目标和未来方向紧密联系在一起,为人民服务,为中国共产党治国理政服务,为巩固和发展中国特色社会主义制度服务,为改革开放和社会主义现代化建设服务。③ 脱离这个最大实际,高等教育就丢失了办学的根本,就很难办好。在首次全国研究生教育会议召开之际,习近平总书记强调坚持"四为"方针,培养造就大批德才兼备的高层次人才。④ 中国"双一流"大学应当在"四为服务"上作出表率。有学者评论指出,如果说"985 工程""211 工程"为我国大学的基本条件改善做了基础性的工作,那么,"双一流"建设的目的就不仅在于创建具有国际竞争力的一流大学和一流学科,更在于通过一流大学和一流学科的创建引领国家的创新发展,尤其是为我国科技发展的核心领域作出突破性的贡献。⑤

二、以提升创新人才培养能力为核心

一所大学之所以能够成为名牌大学乃至世界一流大学,一个学科之所以

---

① 《习近平谈治国理政》,外文出版社 2014 年版,第 167 页。
② 胡锦涛:《在庆祝清华大学建校 100 周年大会上的讲话》,《清华大学教育研究》2011 年第 3 期。
③ 吴晶、胡浩:《习近平在全国高校思想政治工作会议上强调 把思想政治工作贯穿教育教学全过程 开创我国高等教育事业发展新局面》,《中国高等教育》2016 年第 24 期。
④ 胡浩:《习近平对研究生教育工作作出重要指示》,《中国教育报》2020 年 7 月 30 日。
⑤ 眭依凡:《关于"双一流建设"的理性思考》,《高等教育研究》2017 年第 9 期。

成为知名学科乃至世界一流学科,关键还是这所大学、这个学科培养了一大批拔尖创新人才乃至世界一流人才。站在中华民族伟大复兴的战略高度看待中国一流大学的发展趋势和建设要求,习近平总书记指出:"高校立身之本在于立德树人。只有培养出一流人才的高校,才能够成为世界一流大学。办好我国高校,办出世界一流大学,必须牢牢抓住全面提高人才培养能力这个核心点,并以此来带动高校其他工作。"①"建设一流大学,关键是要不断提高人才培养质量。要想国家之所想、急国家之所急、应国家之所需,抓住全面提高人才培养能力这个重点,坚持把立德树人作为根本任务,着力培养担当民族复兴大任的时代新人。"②意思是,中国"双一流"大学必须坚持以人才培养为中心任务,不断提升人才培养能力,其他方面包括科学研究、社会服务、文化传承创新和国际学术交流等均应围绕这个中心任务开展。用马克思主义观点来说,就是我们要善于抓住世界一流大学建设的主要矛盾和矛盾的主要方面来推动高校工作,以解决主要矛盾推动解决其他矛盾问题,从而获得高质量内涵式发展。因此,围绕提升人才培养质量中心任务努力,是建设中国世界一流大学的根本之道。

提升人才培养能力,首要的问题是要确立一个正确的政治方向。方向问题至关重要。方向错了,培养人才的能力再强,也是失败。习近平总书记指出:"我们的高校是党领导下的高校,是中国特色社会主义高校。办好我们的高校,必须坚持以马克思主义为指导,全面贯彻党的教育方针。要坚持不懈传播马克思主义科学理论,抓好马克思主义理论教育,为学生一生成长奠定科学的思想基础。要坚持不懈地培育和弘扬社会主义核心价值观,引导广大师生做社会主义核心价值观的坚定信仰者、积极传播者、模范践行者。"③这就要

① 《习近平谈治国理政》第二卷,外文出版社 2017 年版,第 377 页。
② 《习近平在清华大学考察时强调　坚持中国特色世界一流大学建设目标方向　为服务国家富强民族复兴人民幸福贡献力量》,《思想政治工作研究》2021 年第 5 期。
③ 《习近平谈治国理政》第二卷,外文出版社 2017 年版,第 377 页。

求,高校必须把思想政治工作作为生命线抓紧抓好,而其宗旨是立德树人,把思想政治工作贯穿学校教育教学全过程,实现全员育人、全程育人、全方位育人,培养学生成为德智体美劳全面发展的社会主义建设者和接班人。

提升人才培养能力,关键的问题是要构建好人才培养体系,使得创新人才能够源源不断地被培养出来,把我们国家的人口优势转化为创新人才优势。实际上,经过长期重点建设,"我国大学硬件条件都有很大改善,有的学校的硬件同世界一流大学比没有太大差别了,关键是要形成更高水平的人才培养体系。人才培养体系必须立足于培养什么人、怎样培养人这个根本问题来建设,可以借鉴国外有益做法,但必须扎根中国大地办大学"①。扎根中国大地立德树人,构建人才培养体系,要遵循思想政治工作规律,遵循教书育人规律,遵循学生成长规律,从培养目标、学科设置、教师队伍、教学条件、教育环境等方面进行系统性构建,充分体现中国特色世界一流大学办学育人的本质要求。

"双一流"大学是中国特色社会主义标杆高校,在提升人才培养能力方面应该发挥示范引领作用。其一,要建设好世界一流师资队伍。没有世界一流师资队伍作为支撑,高校很难培养世界一流人才。其二,要搭建好学科体系。高校要根据发展目标、建设任务和人才培养目标完善学科体系,以一流水平学科体系支撑世界一流人才培养。其三,要完善好考核评价体系。正确的考核评价体系,能够有效破除"五唯",把人才培养引导到健康发展轨道上来。其四,要优化一流育人环境。"要深化教育改革,推进素质教育,创新教育方法,提高人才培养质量,努力形成有利于创新人才成长的育人环境。"②

三、以提高科技创新水平为关键

当今时代,科学技术发展水平,决定一个国家的发展水平。这是因为科学技术是第一生产力,是促进知识创新和社会进步的重要力量。因此,是否从事

---

① 习近平:《在北京大学师生座谈会上的讲话》,《人民日报》2018年5月3日。
② 《习近平关于科技创新论述摘编》,中央文献出版社2016年版,第111页。

高质量的科技研究,是衡量一所大学特别是研究型大学发展质量的重要指标。习近平总书记强调:"中国要强盛、要复兴,就一定要大力发展科学技术,努力成为世界主要科学中心和创新高地。我们比历史上任何时期都更接近中华民族伟大复兴的目标,我们比历史上任何时期都更需要建设世界科技强国!"①与当今时代发达国家世界一流大学相比,中国"双一流"大学在科学技术研究方面还存在一定差距,这是"双一流"大学必须面对的艰巨任务。

一般而言,科学技术研究分为基础研究和应用研究,其中基础研究是一流大学发展的关键指标。基本道理在于:"基础研究会带来新知识。它提供所有实际知识应用的源头活水。一切新产品和新工艺都不是突如其来、自我发育和自我生长起来的。它们都建立于新的科学原理和科学概念之上,而这些新的科学原理和科学概念则源自最纯粹的科学领域的研究。"②"只有优秀的大学才具备基础研究的雄厚能力。最优秀的规模较大的大学也有能力在医学、工程、公共健康、技术和其他领域发展高质量的应用学科。但是,如果没有在基础研究方面持续的努力,应用科学很快就会衰落和枯萎,因为致力于应用研究的人必须不断地与在最基础领域工作的人保持联系,前者工作的成效最终取决于后者的研究成果。而最基础的研究工作,只有优秀的大学才有能力承担得起。"③所以,"在学术领域里,基础研究决定大学的名声和威望"④。

美国卡内基教学促进基金会发布的高等教育分类信息显示,大学的类型层次定位主要取决于大学基础研究水平和培养研究生的能力。与此相关的

---

① 习近平:《努力成为世界主要科学中心和创新高地》,《共产党员》2021 年第 4 期。

② [美]范内瓦·布什、拉什·D.霍尔特:《科学:无尽的前沿》,崔传刚译,中信出版社 2021 年版,第 70—71 页。

③ [美]陆登庭:《一流大学的特征及成功的领导与管理要素:哈佛的经验》,《国家高级教育行政学院学报》2002 年第 5 期。

④ [美]弗雷德里克·E.博德斯顿:《管理今日大学——为了活力、变革与卓越之战略》,王春春、赵炬明译,广西师范大学出版社 2006 年版,第 14 页。

是,大学在教师聘任、学生选拔、资源配置、制度建设、文化建设等方面均按照这个标准进行设计。① 第二次世界大战后,美国研究型大学就是在基础研究方面作出了卓越的成绩,以此为基础发展成为世界一流大学。"直到第二次世界大战结束后,当美国联邦决策者们转向顶尖大学寻求科学专门知识的时候,美国研究型大学才蓬勃兴起,并开始处于世界领先地位。"②现在,美国研究型大学特别是世界一流大学承担着国家重大科研项目不计其数,这些重大科研项目绝大多数都是基础科研项目,是推进知识创新、开拓知识疆域的重要项目,对大学发展有重大影响。事实上,这不仅是美国世界一流大学全球竞争的重要砝码,也是美国增强国家核心竞争力的关键要素。这些都需要中国学界跟进研究,发现其新的发展趋势。

21 世纪以来,面对国内外形势的剧烈变化,我国发展面临前所未有的问题与挑战,也面临着难得的发展机遇。例如,随着中美竞争加剧,美西方持续围堵打压中国高科技,对中国发展造成很大压力,这就要求中国一流大学善于变挑战为动力和机遇,把推进国家科技创新发展作为战略重点和科研方向,把世界一流大学和一流学科建设变为解决国家重大问题的任务课题,使两者一致起来。检视中国"双一流"大学的发展情况,可以说,中国一流大学离国家这个要求和战略目标还存在一定差距,而差距就是任务,差距就是使命。

所以,提升我国科技创新能力特别是基础科学研究能力,已经成为中国"双一流"大学高质量内涵式发展的关键内容。党的二十大指出,以国家战略需求为导向,集聚力量进行原创性、引领性科技攻关,坚决打赢关键核心技术攻坚战;加快实施一批具有战略性、全局性、前瞻性的国家重大科技项目,增强自主创新能力;加强基础研究,突出原创,鼓励自由探索。③ 毫无疑问,未来哪

---

① [美]休·戴维斯·格拉汉姆、南希·戴蒙德:《美国研究型大学的兴起:战后年代的精英大学及其挑战者》,张斌贤等译,河北大学出版社 2008 年版,第 42—111 页。

② [美]休·戴维斯·格拉汉姆、南希·戴蒙德:《美国研究型大学的兴起:战后年代的精英大学及其挑战者》,张斌贤等译,河北大学出版社 2008 年版,第 9 页。

③ 《习近平著作选读》第一卷,人民出版社 2023 年版,第 29 页。

一所高校在满足国家战略要求、实现战略发展上走得更高更远更强,那么,它对社会主义现代化国家建设、实现中华民族伟大复兴的贡献就越大,它越有可能成为真正的世界一流大学。显然,中国"双一流"大学应当利用好国家战略资源和办学优势特色,着力打好最具前沿性的高科技攻坚战,特别是打好具有世界领先的基础科学研究攻坚战,努力建成中国特色世界一流科学研究中心和创新高地。

四、以传承创新中华文化为根基

凡是需要人们进行理智分析、鉴别、阐述或关注的地方,那里就会有大学。并非每个人都适合于这种训练,而那些胜任这种训练的人必然能够发现这种训练,否则,社会所赖以取得的新的发现和明智判断的"涓涓细流"将会干涸。① 换言之,大学是传承文明的重要机构,也是传承文明的重要途径。事实也表明,一个国家和民族要传承文明,就必须建设和发展大学,一旦有强大的大学系统支持,这个国家和民族的传统文明就能够更高质量地传承下去,而且会传承得越来越好,甚至产生全球影响力。中华优秀传统文化经过一代代中国人的传承、创新和发展,已经成为世界文化中的一颗耀眼明星。中国大学特别是"双一流"大学发挥了重要而独特的作用。

中国人建设世界一流大学,无疑需要立足中华优秀传统文化根基。实际上,在中华文明的土地上,已有事实在鼓舞着中国人民,不说抗战时期的西南联大在培养优秀人才、传承中华文化方面的杰出贡献,就说改革开放以来,一批重点大学发展成为今天的"双一流"大学,包括北大、清华,这些大学始终以中华文化为文化根基,人们从其校训就可看出来,如清华以"自强不息,厚德载物"为校训,倡导"行胜于言",培养了大批传承中华文化的优秀人才。中国香港科技大学创建不到 10 年就发展成为世界一流大学,中华

---

① [美]约翰·S.布鲁贝克:《高等教育哲学》,王承绪等译,浙江教育出版社 1998 年版,第 13 页。

文化在其中发挥了重要的凝聚力作用。据曾任该大学副校长的孔宪铎教授介绍,中国香港科技大学是中国内地(大陆)、香港、台湾科教人员大汇合的地方,1/3 以上生长在香港,1/4 以上生长在内地(大陆),1/6 以上生长在台湾。孔宪铎认为,世界上没有其他任何一所高等学府,能够吸引和聚集这么多在中国内地(大陆)、香港、台湾生长而从海外学成归来的专业人才,共同致力于高等教育和研究工作。① 应该说,这是中华文明智慧力量的成果。它向世人昭示,中华文明是中国人创建世界一流大学的精神源泉和根源动力。

中国"双一流"大学处于中国众多高校的前列,是建设世界一流大学和一流学科的前沿阵地,在实现中华民族伟大复兴的历史进程中,扮演着极其重要的示范引领角色,这就需要大力弘扬和传承创新中华优秀传统文化,在世界上弘扬中华文明的优秀品质,特别是中华文明特有的和而不同、兼容并包、海纳百川、美美与共的精神品质,这可以成为 21 世纪建设文明和谐世界、塑造人类文明新形态的重要精神资源。国家通过"双一流"大学的高质量建设,既可以向世界证明中华民族的优秀素质和优秀品质,也向世界推广弘扬中华文明的思想智慧,从而为塑造人类文明新形态作出重要贡献。

五、以建设人类命运共同体为大道

人类从来没有像今天这样结成一个命运共同体。一个国家的发展,对其他国家发展会产生各种影响。一个国家的命运会影响到其他国家的命运。如果说在过去,除了世界大战以外,在和平年代,人们对此感受不太强烈,那么,2020 年初暴发的新冠疫情,可以说让各国人民都深刻感受到人类是一个大家庭,都生活在这个星球上,这个星球是人类唯一的生活家园,各国人民都应该爱护好、保护好、建设好这个家园,绝不能破坏它,因为破坏

---

① 孔宪铎:《我的科大十年》(增订版),北京大学出版社 2004 年版,第 9 页。

它,就是破坏人类自身的生存环境,人类唯一的选择就是保护好这个共同家园。正是在这个历史背景下,我国提出构建人类命运共同体的倡议,主旨是不同社会制度、不同意识形态、不同历史文明、不同发展水平的国家,在国际活动中目标一致、利益共生、权利共享、责任共担,从而促进人类社会整体发展。①

世界一流大学与人类命运共同体的精神理念高度一致。这是因为,世界一流大学不仅有非常高贵的精神气质,而且有非常独特的功能,最显著的表现就是它的开放性、多元性、包容性、融通性。世界一流大学向世界开放,接受世界各国、各地区、各民族、各种肤色、各种信仰的学者尤其是青年学子,形成多元多样自觉融合的文化,说它能够塑造未来世界一点不为过,且是很恰当的表述。事实也表明,世界一流大学在国际交流和合作方面发挥了表率作用,它们在全球寻找自己的合作伙伴,并与合作伙伴开展广泛深入的学术合作,不仅培养优秀人才,而且开展科研合作,致力于解决人类面临的各种问题,为世界和平发展作出自己的独特贡献。换言之,在人类所创造的各种社会组织中,包括政府组织、企业组织、宗教组织等,没有一种组织可以与世界一流大学这种组织相比,后者拥有如此丰富的知识、精神、资源、人文优势吸引全球优秀青年加盟其中,从而建设一个和谐多元美丽的世界。

世界一流大学虽然坐落在某个国家或地区的某个场所,但基本上是借用这个场所开办的一个世界性的办学育人基地。通过这个基地,一个国家或民族所拥有的世界精神被重新塑造并被传播,而从世界各地前来求学的学生则是践行这种世界精神的承担者和塑造者。美国麻省理工学院校长查尔斯·维斯特说:"我们要加倍努力从所有种族的男女中吸纳最聪明、优秀的人成为我们的本科生、研究生、教职工。在这一努力过程中,有很多社会与历史因素妨碍成功,为了辨别并吸纳最优秀的学生,我们每个人都需要承担新的职责。一

---

① 中华人民共和国国务院新闻办公室:《新时代的中国与世界》,人民出版社2019年版,第43—44页。

旦他们来到这里,我们一定要充分发挥他们的潜能。"①

当今时代,人类发展处于一个交叉路口,世界上每个民族、每个国家的前途命运都紧紧联系在一起,应该风雨同舟,荣辱与共,努力把我们生于斯、长于斯的这个星球建成一个和睦的大家庭,把世界人民对美好生活的向往变成现实。② 追求这样一种精神境界,人是最关键的,而社会的精英人才则起着关键的示范引领作用,这种精英人才就是世界一流大学培养和塑造的。从这个角度看,21世纪建设人类命运共同体,中国"双一流"大学责无旁贷。

第六节 "双一流"大学建设的中国要略

上述分析表明,无论是从满足国家和社会发展需求的角度看,还是从一流大学本身发展的角度看,当代中国"双一流"大学的建设阶段、发展模式均有别于西方国家一流大学的建设阶段、发展模式,中国"双一流"大学必须从战略高度和长远角度谋划自己的发展要略,即具有中国独特的建设理念、建设指针、建设动力、建设优势、建设重点和建设路径。

一、秉持和而不同的建设理念

教育世界多姿多彩,不可能是一个发展模式,也无须采取一个发展模式。西方世界有其一流大学的标准和模式,即使在西方模式下,他们还有欧洲大陆模式、英国模式、美国模式的区别。③ 因此,中国应有中国一流大学的标准和道路。这正是中华文明的基本精神。《中庸》曰:"万物并育而不相害,道并行

---

① [美]查尔斯·维斯特:《一流大学 卓越校长——麻省理工学院与研究型大学的作用》,蓝劲松主译,北京大学出版社2008年版,第8页。
② 《习近平谈治国理政》第三卷,外文出版社2020年版,第433页。
③ [美]伯顿·R.克拉克:《高等教育系统——学术组织的跨国研究》,王承绪、徐辉、殷企平、蒋恒译,王承绪校,杭州大学出版社1994年版,第137—146页。

而不相悖。"孔子曰:"君子和而不同。"(《论语·子路》)"和而不同"的意义在于:"和"即"共存","不同"即"差异";"和"是"不同"前提下的"和";"不同"是"和"的基础;"和"与"不同"相互依存,辩证互动,有机统一。坚持此精神原理,意味着一方面我们要学习国外一流大学建设的基本原理,借鉴其"同",使自己获得"和"的条件和资本;另一方面在强化"和"基础的过程中讲究"不同"的策略技术,使"不同"充满"中国特色",显示中华文明的精神魅力。当今时代,我们既要建设"和"的基础,也要探索"不同"的途径方法,使"和"与"不同"相得益彰、互有促进,使中国特色世界一流大学获得学理基础。事实上,世界一流大学孕育于多种文明,从多种文明中获得营养并成长壮大,形成符合人类特性和人类需求的模式,包括牛津剑桥模式、巴黎大学模式、柏林大学模式、约翰·霍普金斯大学模式、东京大学模式。现在有一批中国大学进入世界大学排行榜。应该说,这是亚洲文明特别是儒家文明的成就和贡献。因此,在世界一流大学建设上,我们不必追求发展模式的统一性,应以和而不同的精神理念参与到全球一流大学发展模式多元化建设的历史进程中去。

二、坚持高质量发展建设指针

高质量发展,是全面建设社会主义现代化国家的首要任务。[①] 高质量发展,就是能够很好满足人民日益增长的美好生活需要的发展,是体现新发展理念的发展,是创新成为第一动力、协调成为内生特点、绿色成为普遍形态、开放成为必由之路、共享成为根本目的的发展。[②] 与国家进入高质量发展阶段相呼应,中国"双一流"大学也进入了高质量发展阶段。按照高质量发展要求,中国"双一流"大学需要立足新发展阶段,贯彻新发展理念,为构建新发展格局作出贡献。具体而言,其一,要把创新作为第一动力。"双一流"大学是中

---

① 《习近平著作选读》第一卷,人民出版社 2023 年版,第 23 页。
② 《习近平谈治国理政》第三卷,外文出版社 2020 年版,第 238 页。

国高等教育的"排头兵"和"领头羊",应该走在创新发展的前列,各方面工作应贯彻创新发展理念,走出一条创新发展道路。其二,要看到大学协调发展的内生特点要求。"双一流"大学有人才培养、科学研究、社会服务、文化传承创新等诸多功能,但核心是创新人才培养,其他一些工作都应该围绕这个中心任务来开展,并保持协调前进。其三,要坚持绿色发展。这不仅是指大学环境要走绿色发展之路,而且指大学内涵发展要有健康生态保护和长远建设的意识和能力。"双一流"大学的发展是长远性、战略性的而非机会性或投机性的,这是坚持绿色发展的本质要义。其四,要坚定开放发展。"双一流"大学是高水平大学,不仅在国内开放发展,吸纳和共享国内经验和资源,比如在高校联盟内分享经验,而且在国际化建设上要处于领先地位,只有走开放发展的道路,才能实现与国际一流大学的竞争发展和并行发展。其五,要坚持共享发展。就是"双一流"大学的发展成果,不仅让校内师生和相关利益者获得利益,而且要让国家社会获得利益,一起走好共享发展的道路。

三、始终以人民满意为建设动力

中国的大学是社会主义大学,走的是社会主义教育发展道路。所谓"四为服务"的核心意义,主旨就是为人民服务。因此,"办好人民满意的教育"应成为我国推动世界一流大学建设的根源动力与源头活水。在我国,儒家文化以民为本,源远流长。孟子说:"民为贵,社稷次之,君为轻。"①意思是,人民居首位,国家位居其次,君王在最后。轻重主次关系很清楚,国家一切以民为本。这是儒家的重要思想,也是中华文明的核心理念。哲学家冯友兰说:"中国的儒家,并不注重为知识而求知识,主要的在求理想的生活。"②在中华文明中,做到让人民满意,首要是让人民获得"理想的生活",而"理想的生活"无非就

---

① (战国)孟子:《孟子》,天瑜译释,北京联合出版社 2015 年版,第 232 页。
② 冯友兰:《哲学的精神》,陕西师范大学出版社 2008 年版,第 95 页。

是物质生活、精神生活两方面。习近平总书记强调以人民为中心的发展思想,把人民对美好生活的需要作为党的奋斗目标,指出我们建设的现代化是中国式现代化,中国式现代化"是人口规模巨大的现代化,是全体人民共同富裕的现代化,是物质文明和精神文明相协调的现代化,是人与自然和谐共生的现代化,是走和平发展道路的现代化"①。显然,中国的世界一流大学建设,不仅应弘扬明德亲民、奋发向上、止于至善的民族精神,也应使人民得到满意的物质财富实惠。具体而言,一是表现在一流大学培养使国家长治久安的社会主义栋梁人才,全体人民能得到德才兼备的"一流引路人";二是表现在一流大学引导和帮助各级各类教育追求卓越,惠及全体人民。就是说,中国一流大学建设须是全面和谐的、能改善人民生活的,令人民满意的大学建设。管见以为,"人民满意的教育"在当代应是贯彻新发展理念,不断加强基础教育、中等教育,普及化高等教育,并在此基础上建成一批世界一流大学,让中国人民享受到世界一流的教育机会和教育成果。

四、发扬特色发展的建设优势

世界一流大学的特色发展有两方面,一是基于国家或地方的特色发展,这是大特色,如中国所有大学都是中国特色社会主义大学,这是区别于西方大学的最大特色;二是基于学校的特色,这是由各大学所在区域、经济发展水平、文化教育水平等带来的差别或特色。从这个角度看,世界各国每所大学发展的境遇都是不同的,因而表现出来的特色也不完全相同。众所周知,2004年北京大学推行的人事改革曾引来激烈辩论。学者丁学良在肯定北大改革方向的同时指出:"北大的管理领导体制拿到国际上相比的话,很难入流,因为世界主流大学里面根本没有这样的架构……那不是量的差别,是质的差别。"②菲

---

① 《习近平谈治国理政》第四卷,外文出版社2022年版,第164页。
② 丁学良:《什么是世界一流大学?》,北京大学出版社2004年版,第194页。

尔茨奖得主丘成桐教授指出:"现在的中国大学是由官员和院士管理,整个大学受到他们的管制",在他看来这种管理体制不利于创建一流大学。① 中肯地说,这两位学者的评论各有道理,但可以有两种理解,一是中国大学(譬如北大)是有特色的或者说与国外不同;二是中国大学需要向国际"看齐",特别是在大学管理制度上需要改革。那么,我们是继续强化这种制度还是大胆改革这种制度?这就是一个"特色建设"问题。管见以为,"特色建设"的检验标准应是能否促进中国大学的发展特别是人才培养质量的提升和科研实力的增强。实际上,当代中国大学的特色发展之所以艰难,不仅有体制内的原因,也有体制外的原因。体制外,是指国家政治、经济、科技、文化等宏观因素的影响,包括赋予大学行政级别等都在强化大学的统一性;体制内,是指大学内各种非学术因素加强了行政化倾向,越来越习惯于统一的行政模式。于是,中国大学包括"双一流"大学难以"松开手脚""放手发展","特色化"容易停留在口头上或文本理想中。如何开辟新局?第一,鉴于大学深厚的历史传统及国情特色,国家可以在保持适度的"负责任的权威控制"的前提下坚持以法治校,即依据《高等教育法》等让大学依法办学治校,国家只管发展方向和大政方针,只做宏观决策和政策监督,而不做微观细节管理;第二,可以"抓小放大",即对"双一流"大学推行以自律为主的"可控式自治管理制度",支持其谋划世界一流特色性发展,如允许其自主构建人事制度、自主革新人才培养模式等,而对非"双一流"大学实行"规范式管理制度"和相应的评估制度;第三,就像允许深圳、珠海等实行特区政策一样,国家对部分发展较好的一流大学和新办研究型大学实行特殊政策,比如允许其大胆试验"中国自治管理制度",待成功后再作推广,从而辐射和影响更多高校,以共同探讨和走出富有中国特色的一流大学之路。

---

① 张胜波:《丘成桐炮轰中国高等教育七大弊端称人文教育匮乏》,《成才之路》2009年第11期。

五、强化内涵发展的建设重点

　　海纳百川,兼容并蓄,内涵丰富,是中华文明的精神内涵。但是,我们可以说,"内涵单一"或"内涵不足",是当前中国大学乃至一流大学建设的主要弊端或突出问题,其中包括制度建设、学科建设、人才培养等。这对我国建设"双一流"大学构成了一定的障碍,因为在这样的情势下,"建设一流大学"就容易成为一种口号,而无实质的内容,长此以往,不仅会造成世界一流大学建设的失败,而且会造成世界高等教育界对中国大学政策的"失信"。那么,如何做好中国一流大学的内涵建设? 管见以为,原则上要把握好以下几点。第一,确立目标,创新前进,把一切不利于内涵发展的障碍加以扫除。要在宏观上采取更加自信、自由、开放的大学管理方略;微观上以宽松自由的政策吸引具有国际水平的优秀人才到大学任职。有些政策虽不能一步到位,但可"慢步到位"或"分步到位",就是说,要通过"政策推进"不断累积自信心、自豪感、荣誉感。第二,要重视哲学人文社会科学领域的研究,倡导、鼓励和支持一流大学站稳中国立场、拿起理性工具来评判一切、建构一切、建设一切,只有这样,来自中国学者的"基础理论"才可能具有人类价值或全球性价值,才有可能凸显"中国极贡献"。因为,作为具备知识探索本性的一流文化机构,一流大学是国家的"知识储备库""人才储备场""学术创新高地",一个国家人民的精神境界有多高,在很大程度上取决于一流大学的学术水平有多高。第三,要坚持"实践是检验真理的唯一标准",在学术上要克服"以眼前实践来检验学术"的标准,特别是在自然科学领域要鼓励支持一流大学建设高校的学者"仰望星空,思考未来",聚焦于、专注于那些对人类和平发展可能有巨大贡献的重大问题或重要课题。实际上,不少诺贝尔奖获得者研究的问题或课题中有很多对当时的人类来说都是"不管用的",但恰恰是当时的"不管用"给后来的人类发展带来了巨大变化。这种案例不胜枚举。21世纪是高新尖科技激烈竞争的世纪,要使中国研究走在世界前列,我们要放眼长远,扩大视野,更多开展原创性研究或具有重大意义的基础理论研究,不能局限于研究"当前管用的"课题。如此,我们才能在各方面走进全球最尖端研究领域,从而产出造福全人类的重大科研成果。

六、善于借鉴发展的建设路径

他山之石,可以攻玉,是中华文明的一种理念。毛泽东说:"外国有用的东西,都要学到,用来改进和发扬中国的东西,创造中国独特的新东西。"[①]周恩来说:"毛泽东思想的特点,就是把普遍真理具体化,运用到中国的土壤上。"[②]邓小平也说:"外国的经验可以借鉴,但是绝对不能照搬。"[③]现代大学起源于西方文明,当今世界一流大学也是西方居多。在此形势下,中国特色世界一流大学建设,需要借鉴西方一流大学建设的基本经验,同时探索符合自身发展需要的特色模式。为此,第一,必须进一步解放思想,开拓进取,准确把握西方一流大学的历史特点与发展趋势,努力推进"中国特色"建设。第二,跟踪研究发达国家一流大学的战略态势和策略选择,取长补短,补学补差,夯实中国一流大学特色建设的基础条件。第三,坚决破除阻碍知识进步、学术研究、英才教育、社会服务、文化传承创新和国际学术交流的各种体制性机制性因素,包括在高校管理体制改革方面"去行政化""去官僚化",破除"官员文化"在大学中的不良影响。21世纪以来,以北大、清华为代表的"双一流"大学施行的改革方案就是借鉴欧美一流大学的有益经验和成功做法,取得了显著成果。与此同时,其他大学也有长足进步,至少形成了一种创新理念和创新氛围,这种理念和氛围,不仅吸引了一批海外学者加盟北大、清华,而且带来了全国大学的思想解放和"政策跟进"。第四,要坚持从更广阔的视野,以更深

---

① 《毛泽东同志论教育工作》,人民教育出版社1992年版,第241页。

② 周恩来:《学习毛泽东》,参见王蒙:《中国精神读本》,浙江文艺出版社2019年版,第387页。

③ 《邓小平文选》第三卷,人民出版社1993年版,第140页。

刻的哲理、更高的境界来看待中国特色各项建设,也就是从弘扬伟大的中华文明包括儒家大学之道的角度看待和对待中国特色的理念、形式、内涵等方面的建设。如果说国学大师季羡林的预言,即"21 世纪河西的西方文化就将逐步让位于三十年河东的东方文化,人类文化的发展将进入一个新时期"①有根有据,那么这句话也包含一个"有待检验的真理",就是,中国世界一流大学群休的诞生和发展,将是 21 世纪全球"教育文明之林"激烈竞争中内含的最重要的"中国世界一流大学现象"。这种教育现象必须引起中国各个方面的高度关注。

----

① 季羡林研究所:《三十年河西三十年河东》,当代中国出版社 2006 年版,第 6 页。

第二章 中国"双一流"建设的基本要素

    清楚了"什么是中国'双一流'建设"的问题,我们就需要了解中国"双一流"建设包含哪些要素。也就是,中国大学建设"双一流"需要考虑哪些基本要素? 按照亚里士多德的观点,就是要明确"事物之物因",即构成事物的关键要素是什么? 这些构成要素是该事物固有的并体现事物的重要特征。具体而言,中国"双一流"建设战略落实到每所建设高校的肩上,建设高校必须积极响应和主动对接国家重大战略需求,并据此筹划组织一切重要教育资源,为实现发展目标作出艰苦卓绝的努力。关于中国"双一流"建设要素,人们可以从多个角度认识,包括从建设理念、战略规划等角度来认识,而从不同角度认识会得到不同的结果。本章从世界一流大学建设的内部关系规律和外部关系规律的角度,审视中国"双一流"大学建设的全球生态,考察主要影响力量,发现中国"双一流"大学建设的关键要素,包括理念、平台、人才、资源、治理文化等,以及大学管理者要素、创新文化、社会支持和国际交流要素等。这些要素对中国"双一流"大学建设会产生各种不同的影响,同时它们之间密切联系,并产生互动互促的影响力。

第一节　"双一流"大学建设的全球生态

中华民族伟大复兴战略全局深受世界百年未有之大变局的重大影响,中国"双一流"大学处于独特的全球生态体系中。从理论角度看,"生态学要求观察事物之间的关联"①。因此,透过"'双一流'大学—国家生态、'双一流'大学—经济生态、'双一流'大学—社会生态、'双一流'大学—教育生态、'双一流'大学—精神生态"等多维生态构成,我们可以看到推进中国"双一流"建设面临的诸多挑战及未来发展方向。

一、"双一流"大学—国家生态

大学是隶属于某个国家的,一流大学更是国家的名片。随着经济社会发展越来越依靠教育、科技、人才,世界各国都希望拥有一流大学,而且希望拥有更多更高水平的大学乃至世界一流大学。为此,不少国家投入巨资建设一流研究型大学,目标就是建成世界一流大学。中国"双一流"建设的战略目标,就是要把一批中国特色社会主义标杆大学建成为国际公认的中国特色世界一流大学。由于建设世界一流大学,需要在全球进行竞争和发展,所以,任何国家建设世界一流大学,就要面向世界,向世界开放,向世界学习,吸引世界各地的优秀人才加盟建设。中国"双一流"大学扮演着这样的角色,承担着这样的建设任务。从大学与国家关系的角度看,实际存在着"'双一流'大学—国家生态"。就是说,中国"双一流"大学虽然位居中国,但必须适应或改变这个生态系统,然后才能发展起来。

全球视野,是中国建设世界一流大学的必需。从全球的国家系统看,联合国会员国从 1945 年的 51 个创始会员国,发展到 2011 年合计有 193 个会

---

① [德]汉斯·萨克塞:《生态哲学》,文韬、佩云译,东方出版社 1991 年版,第 70 页。

员国,至今数量规模未有变化:在 193 个会员国中,亚洲 39 个,非洲 54 个,东欧及独联体国家 28 个,西欧 23 个,拉丁美洲 33 个,北美洲和大洋洲 16 个,包括了所有得到国际承认的主权国家。① 联合国最新公布的发达国家合计 31 个,其余是发展中国家和欠发达国家。根据 2022 年软科世界大学学术排行榜,世界 200 强大学绝大多数处于西方发达国家,包括美国、英国、德国、荷兰、加拿大、法国、澳大利亚、瑞士、日本、意大利、瑞典、以色列等,发展中国家占很小比例,仅占世界前 200 强大学比例的 15%。据学者研究,世界一流学科在国家分布上类同大学情况。这表明,世界一流的大学和学科与国家发达程度关系密切:国家越发达,建成世界一流大学和一流学科的可能性越大,越有可能产生更多的世界一流大学和一流学科。可以说,这就是创建中国的世界一流大学和一流学科过程中赖以生存的"'双一流'大学——国家生态体系"。

21 世纪以来,我国高等教育在重大工程建设中不断出现有望冲刺世界一流大学的高校,就是中国国家系统支持的有力证明。上海软科世界大学学术排名信息显示,2022 年,清华大学、北京大学、浙江大学分别位于世界前 24 名、34 名、36 名,有望进入世界前 20 名。不过,进入世界前 20 名,是否就意味着中国一流大学真正步入世界前列,这里始终存在一个问题,那就是中国大学获得诺贝尔奖数、菲尔兹奖数应该进一步增加,不然说服力总有些不够。有学者在开展"中国教育与世界的距离"项目研究后给出了一个简单指标也是首要指标,足以让我们头脑清晰,原话是这样表述的:"衡量中国任何一所大学是否进入'世界一流',就看它是否获得过 10 项以上诺贝尔科学奖。"②这位学者解释说:"为什么以这个数字为标准?因为迄今世界上已经有 30 所大学至少有 10 个教授或科研人员获得了诺贝尔奖。一所大学在科研实力上如果进

---

① 《联合国概览:会员国》,见 https://www.un.org/zh/about-us/member-states。
② 石毓智:《斯坦福的创新力:来自世界一流大学的启示》,科学出版社 2018 年版,第 250—251 页。

入不了前 30 名,就很难说它已经成为世界一流了。"①且不论这个标准是否科学,但数据可以说明一个残酷事实,成为世界一流必须达到世界认可的"硬核指标",中国一流大学必须认识到发展的差距,积极应对挑战。

有识之士皆能认识到,成为国际公认的世界一流大学需要具备很多因素,除了经济实力、科技实力等因素,还有语言文化、历史传统等因素都影响着世界一流大学建设。举例来说,世界大学排名中的许多指标要素与"西方元素"存在密切关系,比如世界一流大学的重要标志之一——诺贝尔奖被瑞典掌控;诺贝尔奖评委以西方语言为母语和评语;国际权威学术论文发表以西方学科体系和英语为标准,像印度这样的发展中国家获得诺贝尔奖也有个关键因素,就是他们以英语为母语,其学术交流与西方世界存在较少障碍。可以说,支撑世界一流大学的某些关键因素具体地存在于西方世界或者说西方国家占据天时、地利、人和的优势。从这个角度看,世界一流大学群体在一定时期内仍将处于西方国家,这是人类社会生态发展的结果,也是客观存在的生态现实。中国"双一流"大学要创建世界一流大学,就是要在当前不合理的全球教育生态体系中寻求自己的地位,自然存在一系列挑战,进一步说,中国"双一流"大学需要立足中国又面向全球,用切实有力的行动改变或重塑这个生态体系。就发展趋势看,中国"双一流"大学正迎头赶上并开始有能力塑造世界一流大学在全球范围内的新版图。

二、"双一流"大学—经济生态

马克思主义认为,经济基础决定上层建筑。作为上层建筑的一个有机组成部分,大学特别是一流大学与国家和地区的综合实力尤其是经济实力高度

---

① 石毓智:《斯坦福的创新力:来自世界一流大学的启示》,科学出版社 2018 年版,第 251 页。

相关。一个国家和地区若没有强大的经济基础支撑和相应条件建设,是不可能出现世界一流大学的,因为世界一流大学建设和维持的成本耗资巨大,这种经济压力非弱小国家或弱小经济体所能承受的。所以,中国"双一流"建设必然涉及"'双一流'大学—经济生态"问题。

事实表明,建设世界一流大学需要关键的人、财、物、管理要素及其有机结合。首先,大学招进来的人才须是聪明的、充满智慧的,由于世界各民族都有这样的潜力型人才,因此,一流大学需要通过吸引全球智慧人士参与竞争才能得到丰富的智力资源;其次,财须是充足的,用起来也是舍得的、方便的、受到人民支持的;最后,物包括科学研究中心、教学发展中心、图书馆、博物馆、实验室、实验器材、实验设备、实验条件等须是得到有力支持的,最好是达到世界一流水平。同时,学校管理还应该是科学化、规范化、现代化、全球化、精细化,且能维持稳定发展的。很显然,这些方面没有哪一项不与国家的经济条件乃至综合实力有关。从这个角度看,世界一流大学必须依靠以世界一流经济条件为核心的综合实力强大的国家力量支持。

中国人早就认识到实现国家富强,首要的目标是发展经济,因此,改革开放以来,我国坚持以经济建设为中心,取得了举世瞩目的经济成就,有力支撑了教育事业的发展,包括世界一流大学建设事业。据经济学家研究,从1978年改革开放到2020年,中国经济年均增速为9.2%,人类历史上从未有任何国家或地区以如此高的增长率持续这么长时间。中国未来15年(2021—2035年)实现年均6%左右的增长应该是完全可能的。根据后来者优势和新经济创新的优势,中国在2036年至2050年间应该还有年均6%的增长潜力,考虑到多种因素,实现4%左右的年均增长率完全有可能,这将是中华民族伟大复兴的一个重要指标。① 根据国家统计局2023年2月公布的报告,2018—2022年我国国内生产总值(GDP)年均增长速度超过5%。初步核算,2022年国内

---

① 林毅夫:《百年未有之大变局下的中国新发展格局与未来经济发展的展望》,《北京大学学报(哲学社会科学版)》2021年第5期。

生产总值超过 121 万亿元,人均国内生产总值 85698 元。① 以此看来,经济持续健康稳定发展,将为教育强国战略提供有力支撑,对建设世界一流大学和一流学科产生深远影响。

据刘念才教授 2005 年研究报告结论,产生世界著名大学(世界前 200名)的基本条件是国家 GDP 总量超过 3000 亿美元,产生世界一流大学(世界前 100 名)的基本条件是人均 GDP 达到 2.5 万美元。上海、北京等部分发达地区在 2020 年前后 GDP 总量将超过 3000 亿美元、人均 GDP 接近或达到 2.5万美元,再加上政府对名牌大学的重点支持,清华、北大、复旦和上交大几所著名大学完全可能在 2020 年前后进入世界大学百强,成为世界一流大学。② 事实表明,这个预测目标已经实现,我国已经有少数大学进入世界前 100 名大学行列,北大和清华甚至入围世界前 50 名大学名单(见附表 7)。当然,在世界一流大学建设中,不能"唯经济论",经济支持具有决定性意义,但是还有其他必备因素,比如创新精神、创新文化、创新环境、创新氛围、创新政策等,这些因素都是影响世界一流大学建设的关键因素。总之,我们在认识中国一流大学建设问题时必须把它放在中国特殊环境中。这个特殊环境,特别是指中国经济生态的发展阶段和社会生态的发展阶段。

三、"双一流"大学—社会生态

任何一流大学都是处于某种社会生态环境中。社会是什么? 社会是指由一定的经济基础和上层建筑构成的整体,也叫社会形态。马克思主义认为,人类社会有五种基本形态,即原始共产主义社会、奴隶社会、封建社会、资本主义

---

① 《中华人民共和国 2022 年国民经济和社会发展统计公报》,2023 年 2 月 28 日,见 ht-tp://www.stats.gov.cn/tjsj/zxfb/202302/t20230227_1918980.html。

② 程莹、刘少雪、刘念才:《我国何时能建成世界一流大学——从 GDP 角度预测》,《高等教育研究》2005 年第 4 期。

社会、共产主义社会。① 社会主义社会是共产主义社会的初级阶段,共产主义社会是社会主义的高级阶段。当代中国处于并将长期处于社会主义初级阶段,我们的最高理想是实现共产主义。当代世界,中国是全球少数几个社会主义国家之一,也是人口规模最大的社会主义国家。新中国成立以来特别是改革开放以来,我们坚持走中国特色社会主义道路,用几十年时间取得了西方国家几百年取得的巨大成就,不仅彰显了中国特色社会主义制度的巨大优势和光明前景,而且吸引了世界各国特别是发展中国家的关注和学习。

以社会生态论而言,中国建设世界一流大学遇到的一个客观事实是,资本主义社会制度和社会主义制度处于长期共存、合作和斗争的状态之中。② 而当今世界一流大学绝大多数处于资本主义社会体系或者说资本主义国家阵营中。应当看到,现代性大学发源于中世纪的欧洲,世界一流大学产生于西方世界,历史性地契合自由资本主义运行体系及其价值观规则,比如信奉自由市场经济及西方式的自由、民主、科学的价值观念,准确地说,西方世界一流大学的内部建设制度建构于、匹配于自由资本主义制度体系。在这样的历史生态和社会生态中,我们要建设中国的世界一流大学,不可避免要充分考虑建设契合社会主义特别是中国特色社会主义制度的世界一流大学。这是一个需要科学认识的极其复杂的重大课题。

面对这样的全球社会生态环境,我们只能是采取改革开放和创新发展的态度来逐步推进属于我们中国特色社会主义制度类型和社会生态环境的世界一流大学建设。根据国家战略发展规划,我国到 2035 年人均国内生产总值达到中等发达国家水平,基本实现社会主义现代化,到本世纪中叶把我国建成社会主义现代化国家,③因此,中国特色社会主义制度仍然是未来中国"双一流"

---

① 《现代汉语词典》,商务印书馆 2005 年版,第 1204 页。
② 中共中央宣传部理论局:《世界社会主义五百年》,学习出版社 2014 年版,第 204—210 页。
③ 《中共中央关于制定国民经济和社会发展第十四个五年规划和二〇三五年远景目标的建议》,人民出版社 2020 年版,第 4—5 页。

大学生存发展的大背景大环境。这个背景环境要求我们必须深刻认识和科学把握世界一流大学与社会主义制度特别是与我们所追求的最高理想——共产主义制度及其意识形态相配合的生态体系。同时,我们要在大学内部制度方面创造出一套适应中国特色社会主义运行制度的生态体系。

譬如,中国"双一流"大学在建设世界一流大学过程中如何认识和处理好"去美国化""去西方化"的问题,包括如何认识和处理好西方一流大学长期奉行的"西方式"的思想自由、学术自由、学术自治、教授治校的理念在中国大学的消极影响,以及一流大学与政治乃至宗教等关系问题。对这些重要问题,我们在中国世界一流大学建设的内部关系处理上不能回避,在中国世界一流大学建设的外部关系处理上也不能回避,进一步说,我们需要增强教育自信、文化自信,积极面对这些问题,创新属于中国人的新理念新概念新思路。这是因为,从社会生态学角度看,中国的世界一流大学建设在更广泛的意义上已经转化为中国社会生态体系建设的重要内容,而整个社会生态体系建设对中国世界一流大学建设正产生着各种各样的复杂影响。

四、"双一流"大学—教育生态

世界一流大学不是孤立的学校教育,而是与国家乃至世界各国的各级各类教育体系紧密相连的,从而构成一个"世界一流大学—教育生态体系"。美国是第一个达到高等教育大众化的国家,到 1960 年,40%的适龄青年接受了高等教育。不久之后,加拿大也实现了高等教育大众化。到 20 世纪 80 年代,欧洲和日本也达到了高等教育大众化,之后东亚一些发达国家如韩国也实现了大众化。[①] 率先实现高等教育大众化,使得发达国家特别是美国大学教育对全球教育和优秀人才产生了巨大的影响力和吸引力。美国一流大学利用这种优势对接全球最优秀的中学和大学,从全球吸引大批优秀青年人加盟美国

---

① [美]菲利普·G.阿特巴赫、利斯·瑞丝伯格、劳拉·拉莫利:《全球高等教育趋势——追踪学术革命轨迹》,姜有国、喻恺、张蕾译校,上海交通大学出版社 2010 年版,第 5 页。

大学,实际上帮助美国不仅在国内而且在全球范围内形成了一个世界一流大学运行体系。依靠这个体系,美国一流大学实现了人才培养、科学研究、社会服务的全球生态自我良性循环。

实际上,西方世界的高等教育专家早就认识到这个问题的重要性。例如,世界银行高等教育专家贾米尔·萨尔米(Jamil Salmi)指出:"最好的高等教育系统并不是那些能吹嘘拥有最多排名靠前的大学的体系。政府应该少操心世界一流大学数量的提升,而是投入更多的精力用于构建世界一流大学体系,这样的体系不仅涵盖不同使命、定位明确的各类高质量的高等教育机构,也能够满足各类个体、社区和国家的整体需求,而这种需求也反映着经济体的活力和社会的健康状况。"①克拉克·克尔就道出了美国高等教育的发展情况:"美国高等教育的状况将继续异彩纷呈,这是它的巨大力量之一。大的与小的,私立的与公立的,普通的与专门的,都对总体优秀作出了贡献。整个体系是特别灵活的、分散的、有竞争力的,也是富有成效的。新的可以尝试,旧的可以考验,既充满技巧又很方便。高等教育的多元化适应了美国的多元社会。"②从这个角度看,当代我们需要建设中国的世界一流大学体系,这种体系须满足国家社会对各类教育特别是高等教育的需求。可以说,这是建设中国世界一流大学的重要条件,也是遵循新发展理念的世界一流大学建设路径。

"双一流"大学作为中国大学中的佼佼者,无疑需要直接依赖中国教育体系这个最直接的生态系统。这可以说是"'双一流'大学—教育生态"。目前中国一流大学建设的"现实生态系统"客观上可以这样归纳:"双一流"大学—其他普通高校—中小学—幼儿园。据教育部 2022 年全国教育事业发展统计

① [摩洛哥]贾米尔·萨尔米:《重点建设计划与世界一流大学建设》,刘念才、程莹、王琪:《从声誉到绩效:世界一流大学的挑战》,江小华译,上海交通大学出版社 2017 年版,第38 页。

② [美]克拉克·克尔:《大学之用》,高铦等译,北京大学出版社 2008 年版,第89 页。

公报,全国各级各类学校51.85万所,各级各类学历教育在校生2.93亿人,其中幼儿园29.92万所,义务教育阶段学校20.16万所,普通高中1.50万所,中等职业学校7201所,高等学校3013所。各种形式的高等教育在学总规模4655万人。高等教育毛入学率59.6%。① 全国普通高等学校中有"双一流"大学147所。这些大学承担着一流水平研究生教育,是我国高校科技创新的主力军。例如,2021年全国在学研究生合计333.2万人,其中,在学博士研究生50.9万人;"双一流"大学在学研究生195.4万人,占全国58.7%。② 在一定意义上,这就是我国从幼儿园到"双一流"建设高校的教育生态体系,这个生态体系无时无刻不在发生变化,但总的趋势是向更好更优的方向发展,不只是在规模上发展,更重要的是在质量上发展。

也许有人关注"世界一流大学与幼儿园到底是什么关系"的问题。道理很容易理解。老子曰:"合抱之木,生于毫末;九层之台,起于累土;千里之行,始于足下。"③建成中国的世界一流大学必定依靠各层次教育的有力支撑和持续保证。从新发展理念的角度看,我们重视世界一流大学建设与重视幼儿园建设本质上是一致的,准确地说,一个国家真正从幼儿园教育抓起才最符合世界一流大学的创建规律。换言之,我们要建设中国的世界一流大学,就需要建设一个健康的完善的"从幼儿园到大学"的教育生态体系,同时积极对接其他国家的优秀中学和优秀大学,构建中国世界一流大学的全球生态体系。这个体系不仅能够留住国内优秀生源,而且能够吸引各国优秀青年加盟建设,这就需要以中国"双一流"大学为基础,建设世界重要科学中心、世界重要人才中心和创新高地。

---

① 《2022年全国教育事业发展统计公报》,2023年7月5日,见 http://www.moe.gov.cn/jyb_sjzl/sjzl_fztjgb/202307/t20230705_1067278.html。

② 《从数据看"教育这十年"　我国教育面貌正在发生格局性变化》,2022年9月27日,见 http://education.news.cn/20220927/e8709f5642dc4f8ba54134f4a2e0fd1d/c.html? page=2。

③ 任继愈:《老子绎读》,国家图书馆出版社2015年版,第142页。

五、"双一流"大学—精神生态

建设中国特色世界一流大学,是中华民族的精神追求。毛泽东说:"人是要有一点精神的。"①大学的追求一定要与全体中国人民的精神、理想、信念、智慧相适应。从某种意义上说,这是最根本的源头动力问题,因为它是考验中国人意志、决心、毅力的最好体现。中肯地说,自从1998年确立建设若干所世界一流大学的战略目标和奋斗理想以来,我们国内大学没有缺少过悲观、哀叹、失望、沮丧,甚至直到现在,仍然存在着这样或那样的复杂情绪或忧患观念,比如中国人对获得诺贝尔自然科学奖的满心期待,因为它相对来说是全球公认的客观的公正的奖项。若干年来,全国大中小学致力于回答"钱学森之问"即"为什么我们的学校总是培养不出杰出人才"②,也是一种期待形式。

站在这个角度看,我们迫切需要树立一种全民建设世界一流大学的伟大精神和伟大追求,迫切需要造成一种全民参与世界一流大学建设的"精神暖流",以使我们的世界一流大学建设成为民族奋发向上、勇于进步的"精神动力"。比方说,如同我国曾经有过的全民积极参与的伟大事业(如争办奥运会、争取飞船上天、打造北斗导航系统、建造航空母舰等)一样,我们同样要在精神心理状态上加以调整,使之符合"双一流"创建工作需要。为此,我们需要建立科学合理的"'双一流'大学—精神生态"。它要求我们必须以世界级大学之理念来建设世界一流大学,以世界一流大学之精神来建构和引领中国社会发展,特别是一流精神境界的提升,并以中国特色世界一流大学的快速发展来展现中国人民受教育程度的提高和民族精神的巨大进步。

在这个意义上,与其说我们是创建中国特色世界一流大学,不如说是积极构建属于中华民族的世界一流心态、世界一流精神和世界一流意志。令人鼓

---

① 《毛泽东文集》第七卷,人民出版社1999年版,第162页。
② 《钱学森之问》,《今日科苑》2015年第5期。

舞的是,近年来随着中国一流大学在世界大学和相关学科排名中位次的不断提升,甚至进入了世界前50名,如北京大学和清华大学的优秀表现在社会上激起热议和反响,就是一种新气象、新风貌,这就是全民认识到建设世界一流大学的重大意义,而且采取了积极配合建设的价值态度。但是中肯地说,与建设教育强国、科技强国和人才强国的目标相比,我们的精神状态仍不够强烈、创建行动仍不够有力,所采取的革新性、创造性改革还有进一步提升空间。这需要我们进一步解放思想、改革开放,以更加自信的心态、大国智慧和大国力量,来推进中国特色世界一流大学体系建设。

第二节　"双一流"大学建设的关键力量

从生态学视角分析可知,中国建设世界一流大学所处的国际环境和国内环境异常复杂,这需要每一所大学从战略高度和长远角度看待建设中的每一个问题,其中要识别一些关键因素及其影响,找到适合自己的发展道路和建设方法。总体而言,21世纪以来,世界上有三种集聚性力量必须引起高度重视,它们是国家政府或政治的强大力量、全球学术组织规制的内在制约以及全球教育市场竞争的巨大影响。这些力量或单独发挥作用,或交叉性发挥综合性作用,对世界一流大学建设构成系统性影响,中国"双一流"大学必须进行精准把握。

一、国家政府或政治的强大力量

何谓政治?这是一个非常宽泛的概念。这里的讨论不可能涵盖政治的所有方面,只探讨政治与大学的关系或者更准确地说国家政府或政治对一流大学建设的影响。按照西方大学一直倡导的潜在规则,大学要与政府或政治保持距离,或者说大学应在不受政府或政治和教会的干预的情况下,其发展才能做得更好。比如19世纪初德国教育家洪堡在阐述其大学之理念时说道:"所谓高等学术机构,无非是具有闲暇或有志于学术和研究之辈的精神生活,与任何政府机构无关。"①"政府的任何介入,只会产生阻碍作用;脱离政府,其发展会更加顺利。"②但事实并非如此。一个国家的大学特别是一流大学,不可能不受所在国家政府或政治的影响,换言之,国家的政府或政治是能够为大学发展塑造战略环境的。例如,第二次世界大战前的美国绝大多数大学规模比较小,注重的是教学而非科研。第二次世界大战中,应国家重大利益之需,包括麻省理工学院、加州大学伯克利分校在内的美国著名大学参与雷达等尖端科学技术研究和开发,进而发展成为研究型大学。③ 又如20世纪80年代金融危机期间,包括哈佛大学、耶鲁大学、牛津大学、剑桥大学等名校在内的一流大学的办学经费等均受到不同程度的影响。④

这说明,所谓国家政府或政治不影响或不干预大学,只是一种美好愿望而已,或者换个说法,国家政治影响或干预大学发展有多种方式,比如国家发布政策指导或颁布法案进行干预,或两者兼有的方式。如果单从国家政策角度理解政治对大学的影响,则相对容易。例如,20世纪末特别是21世纪前后,不少国家出台政策文件"指导"或"干预"大学发展方向,如日本、韩国、印度、法国、德国、俄罗斯等均颁布了类似精英大学计划的政策文件。⑤ 美国政府也有自己的影响方式,如21世纪以来美国出台了系列政策性报告或法案,2000年美国国会主持完成《科学、工程技术和竞争优势:美国人才多样化》;2001年美国国防部主持完成国家安全系列报告之三——《国家安全路线图:必要的

① 〔德〕威廉·冯·洪堡:《论柏林高等学术机构的内部和外部组织》,陈洪捷、施晓光、蒋凯:《国外高等教育学基本文献讲读》,北京大学出版社2014年版,第132页。
② 〔德〕威廉·冯·洪堡:《论柏林高等学术机构的内部和外部组织》,陈洪捷、施晓光、蒋凯:《国外高等教育学基本文献讲读》,北京大学出版社2014年版,第132页。
③ 〔美〕乔纳森·格鲁伯、西蒙·约翰逊:《美国创新简史——科技如何助推经济增长》,穆凤良译,中信出版社2021年版,第25—31页。
④ 喻恺、徐扬、查岚:《转为危机:世界一流大学在国际金融危机中的应对策略》,知识产权出版社2015年版,第30—50页。
⑤ 刘宝存、张梦琦:《创建世界一流大学政策的国际比较研究》,北京师范大学出版社2021年版,第1—219页。

变革》;2003 年美国国家科学委员会完成《科学、工程领域劳动力政策国家报告草案》;2003 年美国国家科学院完成《理解他人,教育自己:从国际比较研究中获益》;等等。① 同时,欧盟各国争相效仿美国行动模式。例如,为使欧洲教育水平不落后,欧盟委员会 2005 年 4 月公布一份报告称:欧盟计划增加对高等教育的投入,使其达到占 GDP2%。法国政府 2000 年开始实施"U3M 计划",即"第三个千禧年的大学计划",主要目的是增加教育资源,提高教育质量,推动科学研究,确保高等教育能够对国家(地区)的经济社会发展作出更多的贡献。② 近年来,如 2021 年美国国会制定的《美国创新与竞争法案》提出要大幅增加美国科技创新投资,以更好地与中国进行竞争。③ 这部法案充分反映了美国的战略企图,就是确保美国在 21 世纪世界一流科技竞争中继续保持领先优势。无疑,这个法案如同历史上其他法案一样,将对美国一流大学竞争发展产生深远影响。

面对 21 世纪的发展新趋势,特别是美国对中国高科技的打压,中国在高科技领域面临一系列"卡脖子"问题,要解决这些难题,中国唯有依靠一流大学和科研机构的建设成果,因此,中国"双一流"大学自然需要面对国家重大战略需求,积极应对各种挑战,肩负起重大科研任务。在这种形势下,为国家战略而谋动,高质量服务国家利益,可以说是"双一流"大学的重要回应,也是"双一流"大学取得成功的基础。当然,国家政府或政策应当给予高校更多的办学支持。事实表明,国家正在采取积极的行动计划。例如,在第二轮"双一流"建设中,国家采取了不少改革举措,如让北京大学和清华大学两校自主公布一流学科建设名单,这可以说是国家"双一流"建设教育改革的一个创新

---

① 方庆朝:《美国酝酿对教育政策进行新的调整》,《教育部国际合作与交流司·国外教育调研材料汇编》2003 年第 7 期。
② 刘承波:《探讨新时代"双一流"建设的中国道路》,中国财政经济出版社 2019 年版,第 5 页。
③ 孙浩林、程如烟:《〈2021 财年美国创新与竞争法案〉将大幅增加美国研发投入》,《科技中国》2021 年第 10 期。

点。两所高校应当充分利用国家给予的自主权政策,加快推进世界一流大学和一流学科建设,争取早日实现战略发展目标。

二、全球学术组织规制的内在制约

大学发展史告诉人们,大学是一种学术组织和文化组织,是经久不衰的人类机构,具有巨大的韧性和抗挫力。大学之所以能够达到这种境界,关键在于大学发源于古老的行会组织,而行会有自发性、内生性、组织性和团体性,只要有行会组织的支持,大学就可以存在下去。中世纪时代,当宗教社会或国家发现大学这种学术组织可以为社会作出贡献时,大学就获得了外在的支持力量,从而迎来了新的历史机遇。从意大利博洛尼亚大学,到法国巴黎大学、英国牛津剑桥、德国柏林大学,再到美国约翰·霍普金斯大学、日本东京大学的发展,无不如此。事实上,大学不管在哪里发展,都能够适应当地经济社会的发展需要,因为大学拥有适应经济社会发展的内在的遗传基因力量。这里的遗传,指大学的内在逻辑;所谓环境,指社会和时代环境包括政治环境、社会环境。阿什比说:"社会环境的力量是变化无常的。所以大学各部门应该怎么办,要由从事高等教育的人来决定,这一点是主要的。就是说,要取决于大学的内在逻辑,同时要抵制社会潮流的干扰。"①据此观点,世界一流大学的发展要以大学的内在逻辑和学术规制为行为依据和行动准则。

实际上,这种内生力量在世界各地的大学里始终存在且发挥着基础性作用。大学如失去这种力量及其基础性作用,则难以生存。大学唯一能做的就是充分发挥自治性和自主性,不断根据所在国家和社会的环境变化调整其内部学术组织和结构体系,以求更好地适应外部环境,并形成自己的高等教育系统。②

---

① [英]阿什比:《科技发达时代的大学教育》,滕大春、滕大生译,人民教育出版社1983年版,第140—141页。
② [美]伯顿·R.克拉克:《高等教育系统——学术组织的跨国研究》,王承绪等译,王承绪校,杭州大学出版社1994年版,第33—143页。

以中世纪大学而言,意大利博洛尼亚大学诞生时是学生型大学,此类型大学由学生主导与地方当局交涉并负责学校教学活动;法国巴黎大学在当地环境中孕育出了教师型或先生型大学,"在这种学校中,从形式看,学员依然是三位一体(即校长、教师和学生)的组合成员,但领导实权握于教师之手,学生从不参与行政管理工作"①。这两种类型大学开展竞争,最后教师型大学获得胜利,如牛津大学和剑桥大学就是效仿中世纪法国式教师型大学的。② 这就是遗传环境对大学的塑造效应或者说是大学适应环境力量的结果。至于大学内部的教育教学原则,也是如此形成的。譬如,牛津、剑桥基于英国历史文化传统发展出了注重培养有修养而非有知识的人才的绅士教学理念;德国大学基于科学文化传统相对重视学科而非注重学生,强调教学与科研结合以及教与学的自由的理念;美国大学则强调社会服务功能,要求"学者与公民之间,或在学术知识与实用知识之间,不要有一堵墙隔开"③。事实表明,各国大学继承了各自国家历史上的优良传统,始终基于大学的内在逻辑,并发展出了属于自己国家和民族的一流大学及其教育模式。

可以看到,当代以美、英发达国家一流大学为代表的研究型大学群体,无不以内在逻辑和学术规制为准则从事一流水平的学术发展和创新人才培养为使命任务,并且以此为资本发展成为世界一流大学,并产生辐射全球大学的影响力。④ 这启示我们,在任何地方,遵循大学的内在逻辑或学术逻辑都是举办和建设大学的最主要因素,因此,我们建设中国的世界一流大学和一流学科必须基于大学的内在逻辑这个根本。用儒家经典《礼记·大学》的话来说,就是

---

① [英]艾伦·B.科班:《中世纪大学:发展与组织》,周常明、王晓宇译,山东教育出版社2017年版,第55—108页。

② [英]阿什比:《科技发达时代的大学教育》,滕大春、滕大生译,人民教育出版社1983年版,第64页。

③ [英]阿什比:《科技发达时代的大学教育》,滕大春、滕大生译,人民教育出版社1983年版,第19—20页。

④ 耿有权:《研究生教育学导论》,中国科学技术出版社2021年版,第129—136页。

"物有本末,事有终始"。《论语·学而》曰:"君子务本,本立而道生。"总之,我们要一以贯之地遵循大学的内在逻辑来推进世界一流大学和一流学科的发展事业。

根据这样的认识,以高端学术育人为己任,培养世界一流人才,实现高端学术发展,就是"双一流"大学升华大学内生动力的重要追求。就是说,与一般大学相比,"双一流"大学的学术发展一定是世界性的、最高端的、前沿性的创新发展。所谓世界性发展,指大学学术育人要放眼世界而不是局限于国内发展,要以国际标准而不是仅以国内标准衡量发展成果。所谓最高端发展,要求"双一流"大学不能满足于或停留在中低端的成就,而应放眼全球瞄准世界范围内最高端的学术领域和科研方向开展研究,实现前沿性创新发展。举例来说,当代中国面临美西方势力打压在高科技发展上遇到的"卡脖子"问题,其背后都是基础科学问题没有得到很好解决。在此背景下,"双一流"大学要认清形势,秉持学术内生逻辑,挖掘学术潜力,发挥学术优势,提升学术内生动力,培养一流创新人才,帮助国家实现高端学术发展目标。

三、全球教育市场竞争的巨大影响

如果说政治的、学术的力量由来已久且作用巨大,因为这是中世纪以来大学生存发展必需的环境条件,大学必然要重视政治的影响并加强学术的基础,不然就会失去发展的机会,那么,随着教育全球化的发展于 21 世纪初逐步建立并不断增强的一种外在影响力量,即大学排名特别是世界大学学术排行榜带来的市场效应,则是后发的且不可小视的力量。这种力量可谓无处不在,影响着全球一流大学的发展趋势,塑造着全球一流大学发展环境。

根据学者研究,大学研究项目排名肇始于 1925 年唐纳德·休斯(Donald Hughes)教授采用同行声望调查法对美国研究项目进行排名。自此之后的 60 年时间里均未出现任何对机构进行排名的系统,直到 1983 年,《美国新闻与世界报道》开始就学院进行排名,并且逐渐将其排名的重心由研究生教育转向本科教育、从研究项目排名转向机构排名。① 21世纪初,许多商业媒体与科研机构开始陆续发布各自的全球或全国性排名系统,比较权威的是最具综合性的两个全球排名即上海交通大学2003年发起的世界大学学术排名(ARWU)、英国《泰晤士报高等教育增刊》2004年发布的世界大学排名(THE)。这两个机构通过从大学本身或者公共领域获得的资料——或者客观的、或者主观的、或者两者都有——对全球的大学进行排名。② 目前为止,全世界影响较大的大学排名不少于45个,其中包括《麦考林》《美国新闻与世界报道》和上述世界大学排名等。③ 这些排名机构均运用自认为科学合理的指标及权重进行世界大学排名,在全球高等教育界乃至政府层面、社会上引起不同程度的反响,进而对一流大学发展形成了前所未有的影响力量。

如今,人们对世界大学排名已经习以为常,早期质疑和批评排名标准及结果等问题一直存在但始终难以得到合理的解决,虽然排名机构仍在不断地改进,但由于大学是一种学术文化机构,要科学地衡量彼此的差别,特别是针对教学质量、科研质量、社会服务质量、文化传承创新质量的测量等,并非像排名者构想的通过量化手段进行比较那么简单。不过,从世界大学排名系统形成的力量中,人们看到了全球化时代发展起来的世界一流大学竞争趋势,就是说在这个时代,任何大学特别是渴望进入世界一流大学行列或前列的大学不关注世界大学排名显然做不到,问题是关注什么或需要做些什么或利用它的哪些方面积极因素。正如阿特巴赫评论指出的:"对排名的批评不会让排名消失。竞争、相互比较的需要、难以规避的全球化使排名成为21世纪教育全景

---

① [韩]郑俊新、[美]罗伯特·K.陶克斯、[德]乌尔里希·泰希勒主编:《大学排名:理论、方法及其对全球高等教育的影响》,涂阳军译,罗仲尤审译,湖南大学出版社2018年版,第1—2页。

② [摩洛哥]Jamil Salmi:《世界一流大学:挑战与途径》,孙薇、王琪译校,上海交通大学出版社2009年版,第3—4页。

③ [摩洛哥]Jamil Salmi、[加拿大]Alenoush Saroyan:《作为政策工具的大学排名》,刘念才、程莹、Jan Sadlak:《大学排名:国际化与多样化》,上海交通大学出版社2009年版,第3—4页。

上一道持久靓丽的风景线。真正的挑战在于我们能否深入地了解排名间的细微差别以及排名的使用与误用。"①这就产生了大学特别是一流大学建设者如何应对国内外一流大学竞争发展的问题。从某种角度看,这已经成为推动世界一流大学全球竞争发展的市场力量。

显而易见,中国"双一流"大学回避不了全球大学排名及其结果的社会影响。一个简单的道理在于,要建设世界一流大学和世界一流学科,这必然是全球性认同的结果,虽然任何一个世界大学排名都不能全面准确地反映一所大学或一个学科的全球地位,但若干个不同世界大学排名汇聚而来的结果在某种程度上可以产生某种认同或宣传效应。这当然不是一国政府衡量大学世界性影响的唯一依据,但可以作为参考依据,"政府参考"也是一种影响力。无形中,这些大学排名已经汇聚成为全球性大学竞争场域,其特点是扩散面广、影响力大,已深入人心,特别是那些利益相关者如需要大学排名信息确定求学地的学生及其家长、大学政策制定者、高等院校和社会用人单位对其更加关注,因此,对世界一流大学建设发展的影响不言而喻。在此背景下,中国"双一流"大学唯有修炼内功,从长计议,抓住根本,才是"决胜王道"。

第三节 "双一流"大学建设的核心要素

中国"双一流"大学处于全球教育生态体系中,受到来自三方力量的重要影响,其构成要素,既有与各国一流大学共性之处,也有中国特色,其建设过程是共性要素和个性要素有机结合和互动变化的运动过程。从全球一流大学角度看,中国"双一流"大学办学要素应包括理念、学科、专业、课程、人才、资源、管理、文化等,而且这些要素及其运行应处于全球最高水平。

---

① [美]菲利普·G.阿特巴赫:《国际高等教育的前沿议题》,陈沛、张蕾译,王琪校译,上海交通大学出版社 2014 年版,第 90—91 页。

一、具有世界一流的大学和学科理念

世界一流大学皆有自己的理念(Idea),包括办学理念、教育理念、学科理念、育人理念。所谓理念,有多种解释,现代又指"观念""思想""理想"。作为译自 Idea 的词语,指思想。它在西方各派哲学中有不同的含义。在客观唯心主义哲学中,常译作"理念""相"或"客观理念",亦有译为"理式"的。古希腊哲学家柏拉图用以指永恒不变而为现实世界之根源的独立存在的、非物质的实体。在康德、黑格尔等人的哲学中,指理性领域内的概念。康德称观念为"纯粹理性的概念",指从知性产生而超越经验可能性的概念,如上帝、自由等。黑格尔认为,观念是"自在而自为的真理——概念和客观性的绝对统一"①。黑格尔说:"一般说来,理念不是别的,就是概念,概念所代表的实在,以及这二者的统一。……因此,概念在它的客观存在里其实就是和它本身处于统一体。概念与实在的这种统一就是理念的抽象的定义。"②例如"美"可称为"美的理念,意思是,美本身应该理解为理念,而且应该理解为一种确定形式的理念,即理想"③。可见,大学的理念问题十分重要,它具有精神灵魂的意义。所以,我们看到学者不断讨论这些问题,市场上的书籍名称可以给我们一些启示,如纽曼著《大学的理想》④(有译为《大学的理念》⑤)、雅斯贝尔斯著《大学之理念》⑥、金耀基著《大学之理念》⑦、别敦荣等著《世界一流大学教育理念》⑧、黄达

① 《辞海》(第六版　彩图本),上海辞书出版社 2009 年版,第 763 页。
② [德]黑格尔:《美学》第一卷,朱光潜译,北京大学出版社 2017 年版,第 167 页。
③ [德]黑格尔:《美学》第一卷,朱光潜译,北京大学出版社 2017 年版,第 167 页。
④ [英]约翰·亨利·纽曼:《大学的理想》,徐辉等译,浙江教育出版社 2001 年版,第 1—12 页。
⑤ [英]约翰·亨利·纽曼:《大学的理念》,高师宁等译,北京大学出版社 2016 年版,第 1—12 页。
⑥ [德]卡尔·雅斯贝尔斯:《大学之理念》,邱立波译,上海世纪出版集团 2007 年版,第 1 页。
⑦ 金耀基:《大学之理念》,生活·读书·新知三联书店 2001 年版,第 1—5 页。
⑧ 别敦荣等:《世界一流大学教育理念》,厦门大学出版社 2016 年版,前言。

人著《大学的观念与实践》。①

由此,我们认识到,建设中国特色世界一流大学,一定有与之相应的"理念",包括办学理念、教育理念、学科理念和育人理念,这些理念统一于中国特色世界一流大学。当谈及"中国特色世界一流的大学和学科"的概念时,我们其实就是在谈论它们的"理念",其中包含此概念的"实在",是指这两者的"统一体"。在这个意义上,"双一流"建设即世界一流大学和一流学科建设,就是这样一种富有哲学意义的"理念",它的所有定性包括中国特色的世界一流大学、世界一流学科、世界一流专业、世界一流课程、世界一流人才、世界一流资源、世界一流管理、世界一流文化等概念,均包含在"双一流"建设这个"统一体"理念之中。虽然可以析出诸多要素,但这是"统一体"构成的要素,就是说,我们在分析任何"双一流"建设因素时,都应从理念的角度来认识,从整体角度来把握,否则,我们就容易分割它们。这是一种辩证的认识论方法,即用全面的、联系的、动态的辩证法立场观点方法看待人类事务的构成要素及其相互关系,因为个体始终是整体中的个体,整体始终是个体结合的整体,整体与个体不可分离,它们构成了系统完整的有机统一体。我们应该在这样的理念指引下来理解中国特色世界一流大学和一流学科的内在含义。

二、拥有世界一流的学科专业课程平台

世界一流大学和世界一流学科的建设,不是抽象的,而是具体的,是体现在学科、专业、课程建设等诸多方面。学科、专业、课程意指什么? 所谓学科,一是指学术的分类,指一定科学领域或一门科学的分支,如自然科学中的物理学、生物学,社会科学中的史学、教育学等。二是指教学科目,②亦称"课程",即按一定逻辑顺序和学生接受能力,组织某一科学领域的知识与技能而构成

① 黄达人:《大学的观念与实践》,商务印书馆 2011 年版,第 1—2 页。
② 《辞海》(第六版 彩图本),上海辞书出版社 2009 年版,第 2603 页。

的课程。① 所谓专业,一是在教育上,是指高等学校或中等专业学校根据社会专业分工的需要设立的学业类别。各专业的教学计划,体现本专业的培养目标和要求。二是指产业部门中根据产业生产的不同过程而分成的各业务部门。如专业分工、专业生产,还指专门从事某项职业的。② 可以看出,学科、专业、课程本身就是一体化的,背后包含了教育教学的内部关系规律和外部关系规律,即适应社会产业部门专业人才需求,学校把分类的学术资源转化为教学科目或课程体系,培养社会需要的人才。

所以,对于每所学校而言,唯有每门学科、专业、课程一体化建设,集成育人资源,培养了一流人才,这才能说明世界一流大学和一流学科建设有丰富的内涵。所谓世界一流的学科,意指要构建世界一流的知识体系、学术体系,"世界一流"在这里具有重大引领意义,即生产世界前沿知识,形成前沿知识体系和学术体系,为世界知识体系作出重大贡献。当产出这样的先进知识体系,且是分门别类和专业化的,那么将这些专业化知识转化为学校的教学科目即课程体系,即可以培养掌握世界前沿知识的高级专业人才。这是我们"双一流"大学建设高质量内涵式发展的关键。

与国外世界一流大学相比,中国"双一流"大学在世界一流的学科专业课程一体化建设上有广阔的提升空间。具体而言,我国世界一流学科建设需要在内涵建设上推进到一个新台阶,也就是在知识创新和知识生产上达到世界级水平,这不仅是中国特色世界一流学科内涵建设的必然要求,也是建设中国特色世界一流的专业和课程的基本条件。当中国特色世界一流学科生产大量一流水平的学科知识,这就为培养一流人才需要的专业课程体系奠定了良好基础,因为只有生产出一流学科知识,才能有一流专业资源供给人才培养平台,特别是以新知识为基础的新专业新课程体系建设。例如,我国实施了"双

---

① 《辞海》(第六版　彩图本),上海辞书出版社 2009 年版,第 1101 页。
② 《辞海》(第六版　彩图本),上海辞书出版社 2009 年版,第 3036 页。

万计划",即 2019—2021 年建设 1 万个左右国家级一流本科专业点和 1 万个左右省级一流本科专业点,旨在推动新工科、新医科、新农科、新文科建设,做强一流本科、建设一流专业、培养一流人才,全面振兴本科教育,提高高校人才培养能力,实现高等教育内涵式发展。① "双一流"大学是落实"双万计划"的重点院校,这对推进学科、专业、课程一体化建设具有积极的推动作用。所以,从人才培养的视角看,中国"双一流"建设的核心是处理好教学与科研的关系,关键是推进学科专业课程一体化建设,②要努力使之达到世界一流水平。

三、汇聚全球范围内的一流人才

世界一流研究型大学是什么样的大学? 美国加州大学前校长克拉克·克尔把美国的研究型大学称为"才智之都"。③ 这是一个恰当的称谓。事实上,汇聚、激活一流才俊,始终是国际著名研究型大学作出一流贡献的基本策略。芝加哥大学前校长哈钦斯指出:"无论何时、何种情况,成为一流大学的途径只有一个:那就是要拥有优秀的教师。……我们必须承认,惟有优秀的教授,才能吸引优秀的学生。"④据说,剑桥大学每年经费只有 10% 用于购买仪器设备和基础建设,而 90% 的经费用于人的身上,主要是从世界范围内引进杰出人才和提高教授、研究生的待遇。⑤ 这种规则在国际著名研究型大学几乎是一致的,且不存在任何争议。其实,国际著名研究型大学富可敌国,这个"富"不仅指财富的"富",也指人才的"富",两者相辅相成,互促互进,共同支撑一流大学内涵发展。

---

① 《教育部办公厅关于实施一流本科专业建设"双万计划"的通知》,2019 年 4 月 2 日,见 http://www.moe.gov.cn/srcsite/A08/s7056/201904/t20190409_377216.html。

② 周光礼:《"双一流"建设中的学术突破——论大学学科、专业、课程一体化建设》,《教育研究》2016 年第 5 期。

③ [美]克拉克·克尔:《大学之用》(第五版),北京大学出版社 2008 年版,第 49 页。

④ [美]威廉·墨菲等:《芝加哥大学的理念》,彭阳辉译,上海人民出版社 2007 年版,第 245—246 页。

⑤ 杨福家:《世界一流大学还有多远?》,《解放日报》2004 年 3 月 25 日。

国外一流大学可以带给我们一些启示。据不完全统计,麻省理工学院汇聚了来自全球的 2039 名教师,其中国家科学院院士 87 人,国家工程科学院院士 73 人,诺贝尔奖获得者 12 人,国家科学奖章获得者 7 人,国家技术创新奖获得者 1 人,麦克阿瑟奖获得者 26 人。① 宾夕法尼亚大学汇聚全球 5093 名教师,其中艺术与科学院院士 92 人,国家医学科学院院士 115 人,国家科学院院士 44 人,国家工程院院士 15 人。② 约翰·霍普金斯大学全职教师共 4000 余人,其中艺术与科学院院士 51 人,麦克阿瑟研究员 6 人,国家工程院院士 7 人,国家科学院院士 34 人,国家医学科学院院士 18 人,国家科学奖章获得者 3 人,诺贝尔奖获得者 4 人。③ 牛津大学汇聚全球 1955 名学术人员,④学术人员包括 90 多名皇家学会院士和大约 100 名英国科学院院士。2021 年有 6 位牛津教授当选为皇家学会院士。⑤ 据不完全统计,牛津大学学术研究人员累计 73 名诺贝尔奖获得者,3 位菲尔兹奖获得者,9 位巴尔赞奖得主,7 位罗尔夫·肖克奖得主。⑥ 剑桥大学在英国和国际排名中一直被评为顶级高等教育机构,教学人员中包括许多学科的领头人。自 1904 年以来,剑桥大学有 121 位校友和学者获得诺贝尔奖。⑦ 伦敦大学学院(UCL)是伦敦领先的多学科大学,拥有来自 150 个不同国家的 13000 多名员工和 42000 名学生。⑧ 其中全职

---

① Institutional Research,Honors and Awards,Database,2022 年 6 月 11 日,见 https://ir.mit.edu/awards-honors。

② University of Pennsylvania,Facts,2022 年 6 月 13 日,见 https://www.upenn.edu/about/facts。

③ Johns Hopkins University, Fact Book, 2022 年 6 月 13 日, 见 https://www.jhu.edu/assets/uploads/2018/12/johnshopkinsfactbook.pdf。

④ University of Oxford,Annual Staffing Data 2020/21 reporting year,2022 年 6 月 12 日,见 https://www.staffingfigures202021pdf.pdf。

⑤ University of Oxford,Facts and Figures-Full Version,2022 年 6 月 12 日,见 https://www.ox.ac.uk/about/facts-and-figures/full-version-facts-and-figures。

⑥ University of Oxford, Award Winners, 2022 年 6 月 12 日, 见 https://www.ox.ac.uk/about/oxford-people/award-winners。

⑦ University of Cambridge, Research, 2022 年 6 月 12 日, 见 https://www.cam.ac.uk/research/research-at-cambridge/nobel-prize。

⑧ London's Global University, About UCL, 2022 年 6 月 12 日, 见 https://www.ucl.ac.uk/about/。

学术人员 2566 人,全职研究人员 3104 人,全职教师 627 人。[①] 自 1990 年至今,伦敦大学学院有 30 位诺贝尔奖得主。[②] 可以说,这些研究型大学真正体现了"大学者,非谓有大楼之谓也,有大师之谓也"的实质内涵。

另外,让学术大师与一流学生完美结合,更是著名研究型大学的一个"黄金法则"。为此,大学在招生领域的严格要求自然不可避免。有研究发现,加利福尼亚大学伯克利分校新生高中成绩 98% 是毕业班前 10 名;哥伦比亚大学、加州大学洛杉矶分校新生高中成绩 97% 是毕业班前 10 名;哈佛大学、麻省理工学院、普林斯顿大学的新生高中成绩 95% 是毕业班前 10 名;耶鲁大学、宾夕法尼亚大学的新生高中成绩 96% 是毕业班前 10 名;密歇根大学安娜堡校区新生高中成绩 92% 是毕业班前 10 名;斯坦福大学新生高中成绩 91% 是毕业班前 10 名;杜克大学、西北大学新生高中成绩 90% 是毕业班前 10 名;芝加哥大学新生高中成绩 87% 是毕业班前 10 名;康奈尔大学新生高中成绩 86% 是毕业班前 10 名;约翰·霍普金斯大学新生高中成绩 83% 是毕业班前 10 名。[③] 同时,保持恰当的生师比也是著名研究型大学的一个常规策略。例如,除了美国公立大学因规模庞大,生师比近 14∶1 之外,欧陆及亚太地区大学不超过 11∶1,美国私立顶尖大学甚至只有 6∶1,显示顶尖大学学生较有机会得到充分的教导,且教师的负担较轻,较易提供优质的教育与研究。[④] 美国教育统计中心的资料表明,美国私立研究型大学的生师比较低,一般低于 10∶1,而公立研究型大学生师比相对来说较高,平均为 16∶1。据我国教育部统计数据和各大

---

① UCL Human Resources, Full-Time and Part-Time Staff Numbers by Staff Group and Faculty Service Area as on 01/10/2021, 2021 年 10 月 1 日,见 https://www.ucl.ac.uk/human-resources/sites/human_resources/files/october_2021_i_full_time_and_part-time_staff_numbers_by_staff_group_and_faculty_area.pdf。

② London's Global University, About UCL, 2022 年 6 月 12 日,见 https://www.ucl.ac.uk/about/who/history。

③ 何学良、李疏松、何思谦:《美国著名高校概览》,清华大学出版社 2012 年版,第 1—86 页。

④ 戴晓霞:《世界一流大学之特征:从世界大学排名说起》,刘念才:《世界一流大学:特征·排名·建设》,上海交通大学出版社 2007 年版,第 60—77 页。

学网所公布的数据来看,同时期我国部分重点大学的生师比平均为 18:1。①
应当说,这与美国公立研究型大学的生师比大体相当。实际上,国家持续重点
建设使得"双一流"大学无论在师资力量上还是在学生潜质上均位居中国大
学前列,但是与西方发达国家一流大学相比,还有一定提升空间,如教师队伍
中世界一流名校博士学位获得比,学生中来自发达国家的数量和规模,管理人
员队伍接纳国际专家的开放程度、校园多元文化建设发展等,这些不仅需要国
家加大政策支持力度,也需要高校立足更宽的视野认识这个问题并推进相关
改革进程。唯有如此,"双一流"大学才能获得高质量内涵发展需要的优秀人
才支撑。

四、依靠国家发展的资源供给

国家需要什么,世界需要什么,研究型大学就研究什么,"研究什么"会带
来研究经费,研究的问题越重大越前沿,研究的经费也就越充足,这是国际著
名研究型大学的共同特征。历史表明,实现大学资源与国家战略需求有效对
接,是一流大学作出巨大贡献的重要经验。在此方面,英国、法国、德国、美国、
日本等国家的研究型大学有突出的表现,在崛起过程中参与了国家重大工程
建设,不仅对国家建设产生了重要影响,也提升了大学在国家和国际上的战略
地位,实现了大学理想。

一个典型的案例是,美国研究型大学在参与 20 世纪三大科学工程(从事
原子弹研制的曼哈顿工程、阿波罗登月计划和人类基因组计划)的实践中表
现了这个鲜明特点,可以说是一流大学对接国家重大战略需求的榜样。具体
说,第一,"曼哈顿工程"始于 1941 年 12 月,历时 5 年多,耗资 22 亿美元,动用
了美国 1/3 的电力,72 所大学及其他机构、1400 多名顶尖科学家和工程技术

---

① 李卫东、刘志业:《中美研究型大学学生规模、层次结构的比较研究》,《比较教育研究》
2005 年第 9 期。

人员参与了这一工程,加州伯克利分校、哥伦比亚大学、芝加哥大学、威斯康星大学、哈佛大学、康奈尔大学等著名大学参与其中。第二,"阿波罗登月计划"始于1961年5月,历时11年,直接耗资250亿美元,有120多所大学、上万家企业、42万多人参加。在实施计划的过程中,研究型大学发挥了重大作用。其中,人们较熟悉的两轮试验的飞船项目都是由加州理工学院的喷气推进实验室研制的。同时,MIT深度参与并成功设计了阿波罗飞船的制导和导航系统,为顺利登月提供了技术保障。第三,"人类基因组计划"始于1990年,到2005年结束,历时15年,耗资30亿美元,在这个工程中,研究型大学再次担当主角。参与该计划的有哥伦比亚大学、科罗拉多大学、加州伯克利分校、斯坦福大学、宾夕法尼亚大学、MIT、华盛顿大学、匹兹堡大学等研究型大学。这项工作被誉为"改变世界的科学计划"和"人类科学史上的又一次革命"。[1]美国加州大学前校长克拉克·克尔指出:"美国研究拨款大学是一个巨大的学术成功,特别是科学方面。"[2]可以说,正是研究型大学群的巨大推动,美国才在科学研究方面遥遥领先于世界各国,同时使其世界一流强国的地位作用难以撼动。

无疑,中国"双一流"大学在建设世界一流的过程中需要遵循这样的经验规律。事实表明,在"211工程""985工程"和"2011计划"实施过程中,中国"双一流"大学积极参与国家重大工程建设事业,作出了重要贡献,同时获得了国家重大支持。例如,"211工程"三期重点建设学科项目共计1073项,涉及国家各个建设领域。重点学科建设总投资约127.2亿元,来自中央专项资金约65.2亿元。[3]截至2008年底,"985工程"建设学校为39所,分布在18个省(直辖市)。"985工程"二期中央专项资金为189亿元,主要用于平台基

---

① 谷贤林:《美国研究型大学管理——国家、市场和学术权力的平衡与制约》,教育科学出版社2008年版,第88—92页。

② [美]克拉克·克尔:《大学之用》,高铦等译,北京大学出版社2008年版,第114页。

③ 郭新立:《中国高水平大学建设之路——从211工程到2011计划》,高等教育出版社2012年版,第23页。

地建设和队伍建设,其中平台基地建设的资金为 129 亿元,用于队伍建设资金为 37 亿元。① 在"双一流"建设战略启动之后,中国"双一流"大学获得更强有力的投资支持,这是来自国家的重大支持,应该说,这是保证中国"双一流"大学实现战略目标的最大支撑力量。

五、体现国家社会属性的治理文化

世界银行高等教育专家贾弥尔·萨尔米(Jamil Salmi)教授在一份有关创建世界一流大学的专题报告中指出,各国国情和制度不同,各个学校也有不同的发展模式,因此每个国家必须从适合自己的发展战略和发展道路中寻找力量与资源。② 例如,"美国大学结构在全球影响深远,其自身也是熔铸了各种国际影响的混合物。最初的来自英格兰的殖民地学院模式,与 19 世纪德国的研究型大学理念以及美国式的服务社会观念相结合,形成了现代美国大学模式。"③中国必然是在自己国家国情的基础上发展出自己的大学治理模式,这种模式遵循世界一流大学一般治理规律,同时具有中国特色。

中国"双一流"大学的治理模式,包括治理理念、治理制度、治理体系、治理环境、治理文化等,都与西方发达国家一流大学有本质的区别,这是因为我们走的是中国特色社会主义道路,指导理论是中国特色社会主义理论,基本制度是中国特色社会主义制度,传承中国特色社会主义文化,因此,中国"双一流"大学必然要成为中国特色社会主义标杆大学,努力发展成为中国特色世界一流大学。改革开放以来,经过不断的实践探索,中国一流大学已经找到了一条符合中国发展阶段要求和实际情况的治理模式,这就是坚

---

① 郭新立:《中国高水平大学建设之路——从 211 工程到 2011 计划》,高等教育出版社 2012 年版,第 37 页。

② [摩洛哥]Jamil Salmi:《世界一流大学:挑战与途径》,孙薇、王琪译校,上海交通大学出版社 2009 年版,第 59 页。

③ [美]菲利普·G.阿特巴赫:《高等教育变革的国际趋势》,蒋凯主译,北京大学出版社 2009 年版,第 21 页。

持党的全面领导,贯彻党的教育方针,坚持社会主义办学方向,坚持扎根中国大地立德树人,坚持把服务中华民族伟大复兴作为教育的重要使命。为此,在治理模式上,中国"双一流"大学坚持马克思主义意识形态的指导地位,实行党委领导下的校长负责制,不断加强和改进党的全面领导,发挥党组织在办学治校中的主体作用,在把方向、管大局、作决策、保落实上下功夫,充分发挥党员干部和党员教师的积极带头作用,使党成为高校治理的坚强领导力量。

这个治理模式体现了中国"双一流"大学的本质属性,是区别于西方国家一流大学治理体系的重要特征。我们借鉴西方世界一流大学的做法,但是要结合中国实际需要,表现在治理体系和治理能力建设上也是如此。最重要的体现是:党的领导是中国"双一流"大学建设的核心领导力量。这是中国特色社会主义大学的本质要求,是中国一流大学必须坚持的根本制度。如果说西方世界一流大学的董事会领导制度是按照西方资本主义制度进行精心设计的制度,那么,中国"双一流"大学的治理制度则是中国特色社会主义制度的内在要求,具有中国特色社会主义本质属性。换言之,中国特色世界一流大学与西方一流大学在治理上的最大区别,就是中国共产党的领导及其在高校的重大中枢作用。"211工程""985工程"和"2011计划"以及"双一流"建设都是在不断完善这一领导制度,并取得了重要成就。实践证明,这一治理制度适合中国一流大学的发展需要,能够保证中国特色世界一流大学奋斗目标的最终实现,并向世界展示出中国"双一流"大学发展模式的影响力。

第四节　"双一流"大学建设的管理者

建设世界一流大学,不仅需要世界一流的学者包括教师和学生,也需要一流的管理者,特别是大学校长。在一定的意义上,"校长是大学的灵魂",指的是其思想、精神、理念产生了深远的影响。① 大学校长的教育思想、办学理念深刻影响着大学里的每一个人、人才培养的每一个环节、科学研究的每一个要素。于此,我们从现代大学管理者的历史演变、西方研究型大学发展中的管理者的视角来讨论中国"双一流"大学管理者的重要性及其素质建设问题。

一、现代大学管理者的历史演变

凡是有人员聚集的地方,都需要管理和管理人员,如果没有管理,一个组织不会有良好的运转状态。这说明管理在组织运转中的重要作用。中世纪大学就有管理者,也就是校长,不过管理主体有不同变化。如博洛尼亚大学校长由学生担任,即学生履行大学校长职责,这种类型的大学被称为学生型大学;与此同时,巴黎大学校长由教师担任,即教师主导大学管理工作,这种类型的大学被称为教师型大学或先生型大学。这两种模式进行激烈竞争,最终教师型大学占据上风,也就是大学校长由教师而非学生担任。这种管理文化在今天仍有一些影子,如"学者就是大学"②"教授就是大学"③"学生就是大学"④,意思是主导大学的应该是学者,包括教师和学生,学生被视为年轻的学者。至今,欧洲大学校长仍然是从教师中选拔,教师也有选择校长的重要权力。一些欧洲大学虽然赋予学生一定权力,但比起教师权力来说,学生权力小得多,且不具有决定性意义。一方面,大学是学术组织,受过良好教育并拥有高级学位的人是学术的先行者,他们对后学者有示范性,让先行者担任组织者或管理者,有助于培养初学者。另一方面,教师年长且有丰富的经验和资历,适合担任管理职务、履行重要职责。从这个角度看,那些不重视教师地位或给予教师权力过少的学校不可能把大学办好,更不可能办成世界一流水平。

① 张楚廷:《校长·大学·哲学》,西南师范大学出版社 2016 年版,第 6 页。
② 林建华:《校长观点:大学的改革与未来》,东方出版社 2018 年版,第 25—26 页。
③ 黄达人:《大学的观念与实践》,商务印书馆 2011 年版,第 209—210 页。
④ 程星:《世界一流大学的管理之道:大学管理决策与高等教育研究》,北京大学出版社 2011 年版,第 166 页。

那么,从什么时候开始大学管理者尤其是校长不是由教师担任而是由其他人员担任,或者说大学管理者不是教师角色而是其他角色的人,且从大学之外的地方遴选呢?历史地看,这个制度创新起源于美国或者说美国在大学管理者遴选上走出了一条不同于欧洲大学的道路,就是欧洲大学从教师中遴选校长,而美国大学基于自身历史、社会背景发展出从校外机构遴选大学校长,这个遴选机构被称为董事会,也就是董事会遴选大学校长(在州立大学,此权掌握在督学会),并赋予大学校长管理大学的权力。① 长期以来,美国大学特别是研究型大学在全球影响力巨大,导致人们认为美国大学校长选拔制度是最优秀的看法长期存在。在这种模式下,校长是大学的专门管理者,拥有至高无上的管理权力、重要地位和影响力。例如加州大学总校校长是学校的"大脑中枢",由此演化出大学管理的科层结构体系,也就是大学管理是由大批行政管理人员组成,这些人员不具有教师身份,而是专职管理人员。

随着研究型大学发展,拥有多达几万名师生员工规模的大学到处都有,这些学校都需要专门从事教育管理的人员,他们负责大学各方面工作包括战略谋划、发展规划、人事管理、教师招聘、学生指导、大学财务、国际交流、后勤保障等,这些人员不从事教学科研,但由于其工作涉及大学规划管理,因而具有重要的地位和影响。一个重要共识业已形成,就是对研究型大学而言,管理不可或缺,如果再像以往那样遵循"教授治校"而把管理权全盘交给教师,不仅不利于大学的健康运行,还会伤害大学教师的本职工作,换句话说,教师从事过多的管理工作会影响教育教学和人才培养工作,而专职人员从事教育管理工作会专注于大学管理,对大学发展更有利。不过也有人认为,让那些不懂大学学术和教学科研规律的人来管理大学,对大学发展有一定的消极影响。从这个角度看,大学不仅要研究和探索教师如何从事教学科研工作,而且要研究大学管理服务于教学科研工作的规律,这都是大学健康发展的重要课题。

---

① 黄俊杰:《大学校长遴选:理念与实务》,北京大学出版社 2006 年版,第 142 页。

二、西方研究型大学的管理者

管理大学,与管理政府、企业、教会不是一回事。大学从来就是培养人的学术机构,教师在占据学校主导地位以后,大学就依靠教师发挥主导作用,并且也只有当教师发挥主导作用,大学才能得到良好的发展。在这一点上,西方研究型大学无不如此。为了实现管理目标,西方研究型大学把管理大学的权力交给教师,既有充分的历史依据,也符合大学本性需要。毫无疑问,大学无论是由谁来执行管理任务,大学管理必然是围绕大学的中心任务即人才培养来开展,这样,大学管理者必须懂得育人规律,否则,无法承担教育管理工作,更无法使教师和学生获得成功。

大学的管理要符合大学的本性或符合大学的发展规律。但是,大学的本性也是发展着的,就是说,大学随着社会的发展而发展,其本性内涵也在发生相应的变化。当一所大学发展成为研究型大学,这所大学不仅举办本科教育,而且举办研究生教育,于是大学内部不仅出现了学生类型的多元化,而且出现了大学层次类型的多样化,甚至发展为聚焦研究和知识创新的大学即研究密集型大学。一般而言,世界一流大学皆为研究型大学,以美国为例,除少数大学是小型研究型大学以外,如麻省理工学院、加州理工学院,绝大多数都是规模较大的研究型大学,有的被称为巨型大学。在巨型大学中,管理者的地位和作用非过去小型学院能相比,换言之,在巨型大学中,单纯从事管理的管理者已经成为大学的重要组成部分,他们决定着大学发展的各个方面,包括大学发展战略规划以及大学内涵发展的各种要素。①

这种研究型大学的管理都遵循一些基本规律,比如管理专门化、科层化、规范化、网络化、精细化,大学管理者也在精英化。就是说,大学选拔管理者正如选择优秀教师一样追求高素质、高水平、国际化、多元化。例如英国、美国一

---

① ［美］克拉克·克尔:《大学之用》(第五版),北京大学出版社 2008 年版,第 76—84 页。

些著名大学就在全球搜寻优秀的大学管理者,不管这个人来自哪个国家和地区,只要他足够优秀,有能力掌舵大学的全局或局部工作。令人印象深刻的是,1993 年至 1999 年担任复旦大学校长的杨福家院士,应邀于 2000 年至 2012 年期间担任英国诺丁汉大学校长,这所大学处于世界大学排行榜前列,是名副其实的研究型大学。在美国研究型大学中,有一批优秀的大学校长来自亚洲国家,如 1994 年始担任美国加州大学圣塔芭芭拉分校校长的杨祖佑教授来自中国。在他任职期间,这所大学五次获得诺贝尔奖。[①] 又如曾在美国研究型大学德克萨斯大学达拉斯分校担任副校长的冯达旋教授为该校事业发展作出了重要贡献。[②] 这说明大学的管理者对大学包括世界一流大学的发展具有多么重要的意义。

三、"双一流"大学管理者及其素质建设

中国的大学包括一流大学都是在借鉴西方大学的过程中逐步发展起来的,不仅在大学功能的发展上学习借鉴西方大学,而且在大学校长的选择上也借鉴了西方大学的一些有益方面,比如选拔优秀教师担任大学校长。虽然有一段时间,中国出现过非教师身份担任校长,但这不是主流,且是暂时现象。新中国成立以来特别是改革开放以来,中国大学基本上都是教师当家或专家主校。至今,中国大学包括一流大学都是某学科专家尤其是著名学者担任大学校长。

不过,中国大学由于受独特的历史、政治、文化、国情等因素的影响,也有不同于西方制度的特色安排,这就是中国大学实行党委领导下的校长负责制。在这个体制下,学校党委发挥政治领导作用,党委书记负责学校党委全面工作;校长及其团队发挥行政领导作用,其中校长负责行政全面工作。一般来

---

① 杨祖佑:《全球竞争与合作下的大学创新》,《国家教育行政学院学报》2006 年第 9 期。

② 冯达旋:《全球化下的教育复兴:冯达旋谈高等教育》,魏晓雨译,哈尔滨工业大学出版社 2018 年版,第 19—20 页。

说,大学校长均是党委常委,作为重要成员参与党委决策重大事项,包括大学办学方向、发展规划、政策制定等。中国大学党委领导下的校长负责制是在中国独特的政治、历史和现实环境中发展并完善起来的。

清楚这个重大制度的深刻意义,对中国大学校长开展工作而言,非常重要。习近平总书记指出:"我一直强调,高校书记、校长都要成为社会主义政治家、教育家。这个标准是具体的而不是抽象的。高校书记、校长既要有正确的教育思想、深厚的学识学养、强烈的事业心,又要有坚定的政治立场、崇高的理想信念、服务国家和人民的价值追求;既要掌握教育工作规律,又要善于从政治上看问题、把方向。高校书记、校长都要对照这个标准检验自己、审视自己、提高自己。"①无疑,中国大学校长及其素质要求与西方大学校长及其素质既有共性之处,也有个性差别。

归根结底,中国大学坚持党委领导下的校长负责制,校长在党委领导下开展工作,是执行学校党委决定决议的行政负责人。如果说,英国、美国等西方国家的大学治校负责人主要是校长,那么在中国大学里不仅有校长负责学校的全面行政工作,更重要的是有党委领导尤其是党委书记肩负着大学的全面领导责任。显然,作为具有标杆意义的中国"双一流"大学要发挥示范引领作用,这就需要不断提升校长包括党委书记及其团队的领导和管理水平,并体现在办学治校育人过程中。具体说,要把"双一流"大学校长群体的素质建设同中华民族伟大复兴的历史进程密切联系起来、同中国特色世界水平高等教育体系建设密切联系起来、同建设中国特色世界一流大学的重大任务密切联系起来、同引导建立世界一流智库领导人群体密切联系起来。②唯有这样,中国"双一流"大学管理团队尤其是校领导团队才能发展得更有质量更有水平。

---

① 习近平:《论坚持党对一切工作的领导》,中央文献出版社 2019 年版,第 165 页。
② 耿有权:《论中国特色世界一流大学》,中国科学技术出版社 2019 年版,第 246—248 页。

第五节　"双一流"大学建设的创新文化

一流大学与一般大学的最大区别在于其具有一流水平的创新能力。从全球大学发展来看,越是世界一流水平的大学,越富有创新精神和创新文化,这种创新精神和创新文化时刻塑造着一流大学的内涵发展方式,同时辐射世界各地的大学,也引来各方优秀人才加盟。在此方面,中国"双一流"大学应该充分发挥天然优势,提升中国教育创新文化在全球的影响力。

一、世界一流大学创新文化的来源

世界一流大学存在一种创新性的文化,这种创新文化,不仅孕育了一流科研成果,而且培育了大批创新人才。一所富有创新性的大学能够带动和引领国家和地区经济社会的发展趋势,通常是所在国家和地区的重要科学中心、重要人才中心和创新高地。那么,一流大学的创新文化究竟从哪里来?

从历史经验看,一流大学的创新文化主要有三方面来源:一是本国本地区本民族的优秀传统文化。一个国家的文化,如果不能创新,它就无法传承下去,因此,只要是现在存在的文化,必定是从历史上传承下来的,同时也表明这种文化具有创新性元素和创新性特征。正是在这个意义上,习近平总书记指出:"不忘历史才能开辟未来,善于继承才能善于创新。优秀传统文化是一个国家、一个民族传承和发展的根本,如果丢掉了,就割断了精神命脉。"①事实上,德国柏林大学的创新文化是从德国传统文化演变而来。洪堡大学理念出现之前,德国早已存在教学理念,也存在科学研究的理念,但两者并没有在大学中联系起来,而将科研引入大学并使教学与科研结合起来正是洪堡大学理念的创新之处。这启示我们要努力实现本国本民族优秀传统文化的

---

① 《习近平谈治国理政》第二卷,外文出版社 2017 年版,第 313 页。

创造性转化、创新性发展。

二是借鉴他国的成功经验。大学从来都是国际性的。吸引他人,丰富自己;借鉴他人,发展自我,这是美国大学成功的主要经验。有学者评论指出:"当代的美国大学是在三种影响下形成的(其中的两种影响来自外国):英国的大学文科传统、德国的科研观念,以及这两种因素与公立的增地大学具体体现出来的为州服务思想的结合。"①简言之,美国大学借鉴了英国模式和德国模式,并把两者与美国国情结合起来,也就是将教学、科研和服务思想有机结合起来,发展了美国大学。美国一流大学都是从这个历史中走出来的。

三是与时俱进地自我创新创造。这是指大学联系实际进行创新创造。19世纪下半叶,美国大学积极借鉴德国大学经验和模式,但并不是完全照搬照抄,而是结合本国实际进行创新发展,并取得成功。比如增地大学就是美国的一种政策创新,也是一种文化创新。增地学院模式把美国高等教育中的几个重要思想结合了起来,这些思想是:直接服务于社会的观念、把文理教育作为本科教育基础的传统观念、把科学研究作为学术事业一部分予以强调。这些思想从大的州立大学传播到业已建立的诸如哈佛、耶鲁这样的私立大学,并对较小的学校产生了重大影响。②

二、中国传统文化的"创新基因"

站在中国土地上,应该立足中国传统文化,发现大学的创新文化之源。《礼记·大学》曰:"汤之盘铭曰:'苟日新,日日新,又日新。'《康诰》曰:'作新民。'《诗》曰:'周虽旧邦,其命维新。'是故,君子无所不用其极。"③朱熹注:"汤以人之洗涤其心以去恶,如沐浴其身以去垢,故名其盘,言诚能一日有以

① 〔美〕菲利普·G.阿特巴赫:《比较高等教育:知识、大学与发展》,人民教育出版社教育室译,人民教育出版社 2001 年版,第 83 页。

② 〔美〕菲利普·G.阿特巴赫:《比较高等教育:知识、大学与发展》,人民教育出版社教育室译,人民教育出版社 2001 年版,第 82 页。

③ (宋)朱熹:《四书章句集注》,中华书局 2011 年版,第 6 页。

涤其旧染之污而自新,则当因其已新者,而日日新之,又日新之,不可略有间断也。"①《近思录·为学》曰:"君子之学必日新。日新者,日进也。不日新者必日退,未有不进而不退者。惟圣人之道无所进退,以其所造者极也。"②《辞海》为"创新"释义:"抛开旧的,创造新的。"③这反映了中国传统文化具有创新基因。中国一流大学应该积极继承并不断丰富其内涵和意义。

事实上,中国传统文化中的这种创新基因,不仅维护了中国文化的持续存在和发展,而且保证了中华文明在世界文明体系中的独特地位和永恒价值。这种文化之所以具有这样的影响和价值,与中华文明的创新基因有密切关系。例如,古代中国有"大学之道":"大学之道,在明明德,在亲民,在止于至善。"朱熹认为"亲民"意指"新民"。朱熹注:"程子曰:'亲,当作新。'新者,革其旧之谓也,言既自明其明德,又当推以及人,使之亦有以去其旧染之污也。止者,必至于是而不迁之意。至善,则事理当然之极也。"④当代,我们不仅要传承传统的"大学之道",还要学习借鉴人类一切优秀文明成果。有学者提出,当代中国大学不仅要弘扬"止于至善"的"大学之道",更要面向未来弘扬新"大学之道"即"大学之道,在明明理(明科学之理),在新知(创科学之新知),在止于至真(科学之真理)"⑤。意即,当代大学不仅要弘扬传统文化的大学之道,也要顺应世界教育发展趋势,弘扬"科学的大学之道"。这是把大学"求善""求真"结合起来,使大学发展更加完善。改革开放以来的事实表明,中国一流大学确实在"求善"和"求真"的道路上不断取得重要成就。

---

① (宋)朱熹:《四书章句集注》,中华书局 2011 年版,第 6 页。
② 叶采集解,程水龙校注:《近思录集解》,中华书局 2017 年版,第 71 页。
③ 《辞海》(第六版 彩图本),上海辞书出版社 2009 年版,第 325 页。
④ (宋)朱熹:《四书章句集注》,中华书局 2011 年版,第 4 页。
⑤ 金耀基:《再思大学之道:大学与中国的现代文明》,生活·读书·新知三联书店 2020 年版,第 1—10 页。

三、"双一流"大学与新型"大学之道"

21世纪是中国大学高质量发展的世纪,走高质量发展之路,不仅要传承世界大学的三个功能,更要立足新的世界大势,自觉弘扬中华优秀传统文化,发挥大学文化传承创新的强大功能,在这个方面,中国大学尤其是"双一流"大学责无旁贷。世界百年未有之大变局加速演变,人类向何处去? 这是需要全人类回答的重大课题。著名社会学家费孝通认为,人类和平相处需要新的文化理念,他提出了"各美其美,美人之美,美美与共,天下大同"的文化自觉理论。在他看来,"各美其美",就是不同文化中的不同人群对自己传统的欣赏;"美人之美",就是要求合作共存时必须具备的对不同文化的相互态度;"美美与共",就是在"天下大同"的世界里,不同人群在人文价值上取得共识以促使不同的人文类型和平共处和发展。① 总而言之,这一文化价值的动态观念就是力图创造出一个跨文化界限的研讨,让不同文化在对话、沟通中取长补短,达到"和而不同"的世界文化一体。②

结合新时代要求,当代中国大学特别是"双一流"大学除了发扬前述"求善"的"大学之道"与"求真"的"大学之道",根据费孝通"文化自觉"理论,我们还应该弘扬"和谐的大学之道",即"大学之道,在各美其美,在美人之美,在止于至美(美美与共)"。如果将这三者("求善""求真""求美")有机结合,不仅对传承弘扬中华民族的至善精神和科学精神有重要意义,对倡导和弘扬中华民族的和合精神,着力提升构建人类命运共同体的能力水平,创造人类文明新形态有重要意义。

一是"双一流"大学的"各美其美"。中华文化倡导"和而不同"的精神理念,是极具包容性的文化。秉持这种精神理念,我们承认世界一流大学建设和发展存在各种模式。各种模式都有自己的优势和特色,都应当守护自己的优

---

① 费孝通:《文化的生与死》,刘豪兴编,上海人民出版社2009年版,第210页。

② 费孝通:《文化的生与死》,刘豪兴编,上海人民出版社2009年版,第210—211页。

势和特色,大家和平共存,和谐发展,这就如同花园里百花齐放、百鸟争鸣,一起奏出和谐美妙的世界一流大学之声。

二是"双一流"大学的"美人之美"。秉持这种精神理念,我们看待世界一流大学不同模式,既不贬损别人,也不攀比别人,而是保持自己的优势特色,保持健康和谐心态,发展友好合作关系,取长补短,择其善者而学之。总之,赞赏和学习他国大学模式的经验规律,不断丰富自己,这是我们应有的正确态度。

三是"双一流"大学的"止于至美"(美美与共)。秉持这种精神理念,我们要不断追求至美境界,不断完善大学的中国方案。我们遵循国外一流大学发展中的建设和创新规律,同时密切结合中国传统文化和中国特色社会主义发展要求,提出富有中国特色的世界一流大学建设和创新的理念。我们在学习借鉴的同时,更要立足中国大地发扬中国人的家国情怀、道德责任意识、精诚合作观念、社会服务精神,为世界大学提供有中国人智慧的建设思路和发展方案。

第六节　"双一流"大学建设的社会支持

一流大学离不开社会力量的大力支持,社会力量的大力支持,是一流大学快速发展的必要条件。随着教育全球化的发展,一流大学走在服务国家乃至服务全球发展的前列,更需要来自全球社会力量的支持。中国"双一流"大学建设发展,既需要国内社会的支持,也需要国际社会的支持,同时应及时回馈社会,以形成一流办学育人的良性循环。

一、大学发展与社会发展的互动关系

很长一段时间内,大学被称为"象牙塔"(Ivory Tower),之所以有此称谓,关键是大学担负的是精英教育,学生接受的是博雅教育或自由教育,学习如何做一个受人尊敬的绅士。英国枢机主教纽曼所描述的大学时代就是一个绅士教育时代。虽然美国最初接受英国大学模式发展小型学院,且从事博雅教育和精英教育,但其最终走向社会,变化最快的时期应该是 20 世纪五六十年代。第二次世界大战后,美国大学快速发展,高等教育从精英化走向大众化,青年人接受大学教育的规模越来越大,如果继续以"象牙塔模式"培养人才,不仅不合时宜,也难以培养出社会需要的各类应用型人才。1971 年至 1991 年担任哈佛大学校长的德里克·博克呼吁大学要"走出象牙塔"积极服务社会,这是现代大学的社会责任。① 这样,美国大学与社会的距离越来越近,大学与社会互动发展受到前所未有的重视,这是中世纪时代的大学以及 19 世纪的大学无法比拟的。

　　美国社会支持大学发展表现在多个层面。首先,美国政府支持大学发展不是通过中央政府举办全国性大学而是通过州政府支持当地大学发展来实现的。在美国大学发展中,美国政府曾设想举办一所国家级大学,但这一努力失败了,这是由美国独特的政治和社会环境决定的。② 美国是联邦制国家,各州拥有办学自主权,政府支持办学是通过州政府实现的。那么,美国政府是不是毫无作为? 不是! 美国政府通过国防部、国家卫生研究院等重要部门设立科研项目及其拨款机制来支持大学科研。例如,1945 年 7 月,美国政府发布《科学:无尽的前沿》的科学政策报告,系统解析了科学对国家经济与安全、社会福祉以及个人发展的重要意义,着重提出重视基础科学研究,给予科学工作者高度的研究自由,政府应拨款以资助科研项目的顺利进行,以及设立国家研究基金会等。③ 此后,美国国家科学基金会在大学科研发展上扮演了重要角色。至今,这个机制还在发挥重要作用,为美国研究型大学乃至世界一流大学发展

---

　　① [美]德里克·博克:《走出象牙塔——现代大学的社会责任》,徐小洲、陈军译,浙江教育出版社 2001 年版,第 1—15 页。
　　② 马万华:《多样性与领导力:马丁·特罗论美国高等教育和研究型大学》,教育科学出版社 2011 年版,第 11—17 页。
　　③ [美]范内瓦·布什、拉什·D.霍尔特:《科学:无尽的前沿》,崔传刚译,中信出版社 2021 年版,第 43—123 页。

起到了助推作用。

21世纪以来,随着教育全球化以及世界大学排名的出现,不少国家和地区推出了高等教育重点建设计划,如法国、德国、韩国、俄罗斯、印度、越南等实施了精英大学计划,这些计划虽然出自政府部门,但折射了各国各地区支持一流大学建设的社会需求。换句话说,没有社会力量支持,政府不可能实施重要资助计划。需要指出的是,有的社会力量支持甚至辐射整个地区,如德国大学改革令人印象深刻,因为德国长期遵循平等政策支持大学发展,随着全球教育竞争加剧,德国出台了精英大学计划,支持那些有基础有实力有潜力的大学发展成为世界一流大学。德法政府支持欧洲地区重要教育改革计划包括博洛尼亚进程,其宗旨是促进欧洲大学教育在一个统一体中健康发展,这对欧洲大学产生了深远影响。

在中国,支持大学发展的社会力量十分强大,因为中国传统文化向来重视教育,如"天地君亲师",师道文化就是一种教育传统,这种传统一方面来自统治阶级对治国理政人才的需求,如科举制选拔人才,激发了社会的广泛支持;另一方面源自家训文化的支持,所谓"子不教,父之过。教不严,师之惰"。这是儒家社会中家庭重视教育的规训和教导,深刻影响着每一个家庭的教育观念,也影响着每一个人的成长环境。改革开放以来,随着经济社会条件的持续改善,我国有了更好的条件举办各级各类学校,不仅基础教育发展起来了,高等教育也得到了快速发展。由于国家的长期支持,地方政府包括社会力量积极参与支持一流大学的发展进程,这种支持力量与日俱增,正在改变全社会的教育格局。

二、世界一流大学对社会力量的吸引

世界一流大学对所在国家和社会的贡献巨大,在各国都有重要的地位、作用和影响力,因此,可以带来更多的外部支持力量。在此方面,西方发达国家表现得尤其显著。在美国,一流大学能够源源不断地得到社会部门的资源支持,一流大学校长发挥筹款作用,通常一流大学能够筹集到巨量资金,从而形成资源优势。欧洲也是如此,如牛津大学和剑桥大学均拥有庞大的财富资源。换言之,全球富裕国家和富裕校友积极捐助一流大学以使其保持世界卓越地位,这不仅是国家和校友对学校继续保持卓越的期望行动,也是国家和校友自身保持世界级荣誉的一种资助行为。而学校与校友的互动,已经形成了一种校友文化,即世界一流大学的校友文化。例如,密歇根大学校友总会一直宣誓这样的理念:"创造联系——这是我们工作的全部!"哈佛校友愿意"一起分享哈佛";普林斯顿鼓励校友:"回到你的班级"。[1] 这种校友文化,折射了世界一流大学对社会的吸引力和影响力。

　　这可以说是显性的表现,还有一系列隐性的表现,可以体现一流大学对当地的重要贡献和吸引力。以美国波士顿地区的八所研究型大学为例,它们是波士顿学院、波士顿大学、布兰德斯大学、哈佛大学、麻省理工学院(MIT)、东北大学、塔夫茨大学和马萨诸塞大学波士顿分校。八校对波士顿地区经济发展作出了巨大贡献,主要表现在以一流的教育提供优秀的劳动力资源和继续教育机会,以强大的科研优势如汇集科研经费、与工业界合作项目、进行技术转让,以及创造就业岗位、改善社区环境等推动当地经济社会发展。[2] 德里克·博克说:"我们不知道一个没有大学的城市会更富有还是更贫穷,因为谁也无法预知一个没有像大学这样的机构存在的社区是怎样的一个情况。但是,我们相信,相对来说,很少有其他方式可以像大学那样给一个城市带来如此大的经济效益。"[3]

　　实际上,世界一流大学与发达地区形成了相互支持、相互吸引的互动关系,发达地区需要一流大学为其提供优秀人才支撑和科研成果支持,世界一流

---

　　① 罗志敏:《校友文化与世界一流大学创建》,浙江大学出版社 2013 年版,第 127—158 页。

　　② 李茂林:《大学群落的地域性经济贡献探究——以美国波士顿地区的 8 所研究型大学为例》,《比较教育研究》2009 年第 1 期。

　　③ [美]德里克·博克:《走出象牙塔——现代大学的社会责任》,徐小洲、陈军译,浙江教育出版社 2001 年版,第 252 页。

大学依靠发达地区的优渥土壤,获得源源不断的建设资源,从而推动自身的高质量发展。中国内地一流大学发展迅速,并与香港地区形成了良性互动关系,这也与香港和内地社会联系日益紧密有很大关系。现在,每年内地都有很多优秀学子加盟香港地区的研究型大学,包括中国香港中文大学在内地举办的分校区都是中国社会强有力支持的重要体现。

三、"双一流"大学与社会支持力量

21 世纪是中国和平崛起的世纪,是实现中国式现代化的世纪。在此进程中,中国"双一流"大学肩负着重大使命任务。随着国家出台重大战略和支持政策,各地区也出台了支持计划和相关政策,社会力量积极参与其中,例如,杰出校友纷纷向母校捐款,助力培养更多优秀人才,就是最好的体现。近年来,以华为公司为代表的中国高科技公司受到美国政府的全力打压,激起了无数中国人的爱国热情和报国情怀,中国社会支持一流大学发展的力量空前活跃,共同心愿和一致目标就是支持中国大学特别是"双一流"大学帮助解决国家科技发展遇到的"卡脖子"难题。2020 年 9 月,华为公司任正非访问北京大学等 6 所"双一流"大学,受到热烈欢迎。[①] 实际上,社会各界包括高科技企业参与"双一流"建设的积极性不断提升,形成了"双一流"建设的社会支持力量。那么,社会力量能支持大学做什么?

一是支持"双一流"大学的人才培养。社会行业企业是感知经济社会发展需要什么样人才的前沿阵地,社会行业企业可以参与到一流大学人才培养方案的制定和实施中,既可以直接为企业培养未来人才,也可以为高校对接社会需求提供有价值的帮助。例如,社会行业企业可以在专业学位研究生教育上发挥助力作用,包括提供实习实践基地,为大学提供实践指导和创新创业条件。这是"双一流"大学特别需要的社会支持,社会行业企业大有可为。

---

① 沈怡然:《华为芯片断供前后,任正非到访北京大学等六所院校》,2020 年 9 月 24 日,见 https://www.163.com/money/article/FNA0NM7U00258105.html。

二是支持"双一流"大学的科学研究。社会行业企业特别是高新科技企业,其发展不仅需要高科技人才,也需要最新的科学技术成果,如果校企两者联合起来,在政府政策的指导支持下,就有可能实现"互利双赢"的发展目标。比如企业提供社会需求的高新技术清单,学校提供相关的科学研究成果,企业负责科技成果转化环节,高校参与科技成果转化的指导工作,同时利用企业平台和资源培养创新人才,从而形成大学与企业双方的良性循环发展。

三是支持"双一流"大学的社会服务和文化传承创新。社会行业企业既然是大学的服务对象,也可以成为大学的人才培养基地。在一定意义上,大学服务社会行业企业越好,社会行业企业创造财富越多,国家发展就越快越好。社会行业企业还可以参与大学的文化传承创新,如参与大学文化课程设计、参与企业家精神传承,这样的互动发展将使大学获得更丰富的精神资源,培养更多优秀人才。

第七节　"双一流"大学建设的国际因素

全球化和国际化是 21 世纪一流大学发展的背景特征,这是由知识、人才、资源的流动共享的趋势和要求决定的,越是开放创新的一流大学,越具有全球影响力和世界竞争力。中国"双一流"大学处于全球大学发展的前沿位置,必须适应教育的全球化和国际化发展趋势,主动吸收国际教育资源,努力建成全球知识中心和重要人才中心。

一、全球化与国际化对大学发展的影响

20 世纪 80 年代以来,高等教育领域面对全球化和国际化的趋势,虽然两个词经常被互换使用,但它们所指不同,全球化特指当今世界对高等教育有直接影响并难以避免的经济、政治、社会、技术以及科学的广泛趋势;国际化则更多地与由政府、学术体制和学术机构及各个从事全球化研究的院系所制定的

政策和执行的项目相关。全球化及其影响不是某个人、某个机构或者组织能控制的,而国际化却能被视为社会和机构为了应对全球化影响的一种战略以及高等教育的一种人才培养方式。① 国际化的前提是国家边界的继续存在,国际化的目标旨在超越国界,在国家间建立个人和机构之间的关系;全球化则是指信息和人在全球范围内的自由流动,大学的学生、教授来源,以及影响大学财务和声誉的因素,都不局限在本国和本地区。全球化是大学必须面对的新现实。②

　　在高等教育领域,国际化与全球化密切相关,国际化顺应全球化发展趋势,国际化也会得到更好的发展。国际化一词含义十分复杂,有的时候非常模糊。多种多样的活动都囊括在国际化的名义下,比如海外教育、学生的国际交流、招收外国学生、聘任外籍教员、海外校友联谊、对其他国家的研究、国际研究合作、讲授与外国相关的课程、在国外开展合作教学活动、大学的国际伙伴关系,合作联盟和网络、世界各地的大学在课程设计、实施、认证方面的合作,以及发达地区的大学对于不发达国家和地区的大学进行的支持,帮助他们提高办学水平和研究能力。③ 在行动领域,有学者概括为"本土国际化"和"海外国际化",前者指将国际的特点注入本地大学校园而设计的各种战略和途径,比如在课程中增加全球视角和比较的视角,或者招收国际学生、国际学者和国际教师并发挥这些人在校园中的影响力。海外国际化则要求一个机构在其他国家推广自己及其利益相关者的项目,主要包括派遣学生出国学习和交流、建立海外分校或与其他机构建立合作伙伴关系。④

---

　　① [美]菲利普·G.阿特巴赫、利斯·瑞丝伯格、劳拉·拉莫利:《全球高等教育趋势——追踪学术革命轨迹》,姜有国、喻恺、张蕾译校,上海交通大学出版社2010年版,第21页。
　　② [加拿大]Carl G.Amrhein、Britta Baron:《建设成功的国际型大学:政府与大学关系在世界范围内的变化》,黄岑、柳伟译,华东师范大学出版社2015年版,第49页。
　　③ [加拿大]Carl G.Amrhein、Britta Baron:《建设成功的国际型大学:政府与大学关系在世界范围内的变化》,黄岑、柳伟译,华东师范大学出版社2015年版,第46页。
　　④ [美]菲利普·G.阿特巴赫、利斯·瑞丝伯格、劳拉·拉莫利:《全球高等教育趋势——追踪学术革命轨迹》,姜有国、喻恺、张蕾译校,上海交通大学出版社2010年版,第22页。

高等教育领域的全球化和国际化发展已经持续一段时间了,各国大学都在进行探索和实践。有学者注意到,即便国家不同、大学类型不同,每所大学制定的国际化策略似乎看上去很相似。这些策略的典型要素有:课程国际化与海外教育、招收和留住国际学生、国际合作研究、国际校友活动,还有跨国项目,包括合作办学、海外学位授予和海外校园、合作伙伴和网络建设、国际联合学位和双学位,以及国际派驻机构。① 在高等教育国际化的进程中,发达国家占据优势,处于引领示范、带动帮助的角色定位上,而包括中国在内的发展中国家,则处于学习和跟随发达国家发展的状态中。

二、世界一流大学与大学国际化质量

相比一般大学而言,世界一流大学在国际化发展上走在前列。这与世界一流大学拥有的优势资源有密切关系。例如,欧美研究型大学特别是美国一流研究型大学具有全球影响力,这与其高度国际化和高质量国际化有密切关系。20世纪以来,由于美英研究型大学在科学研究上占据全球中心地位,其他国家处于边缘地位,世界知识的流动以欧美国家为中心,所以,美英研究型大学拥有巨大优势吸引全球优秀青年前往留学,在这个方面,发展中国家的大学暂时缺少显著优势,或者说,目前还处于世界学术中心的边缘地带和边缘地位。② 那么,英美世界一流大学是如何提升国际化质量以推动大学的发展?

一是通过知识创新和知识生产提升国际化质量。世界一流大学从事前沿的科学研究,创造前沿科学知识,而这些都与国家发展、经济社会进步紧密相连。可以发现,当一个国家或地区即便是出现一所研究型大学之后,这

---

① [加拿大]Carl G.Amrhein、Britta Baron:《建设成功的国际型大学:政府与大学关系在世界范围内的变化》,黄岑、柳伟译,华东师范大学出版社2015年版,第50页。
② [美]菲利普·G.阿特巴赫:《高等教育变革的国际趋势》,蒋凯主译,北京大学出版社2009年版,第70—73页。

所大学不仅是这个国家或地区的知识中心、科学中心、教育中心和文化中心,也是世界范围内学术知识交流中心,这很容易造成该国一流大学的全球影响力。

二是通过拔尖人才培养提升国际化影响。世界一流大学知识创新能力强大,能够获得丰富的前沿知识积累,其培养拔尖人才的平台高,世界各地的优秀青年人愿意来此留学深造,于是这所大学就自然发展成为世界重要人才中心和创新高地。事实上,发达国家一流大学就是这样的大学,它们被学者称为"才智之都"。

三是通过"高精尖新缺"技术服务提升国际化影响。世界一流大学通常是基础科学研究的中心,也是"高精尖新缺"科技转化中心。在经济全球化、教育全球化、知识生产模式转变的多种趋势推动下,世界一流大学充分发挥基础科研能力及技术转化能力,促进一个地区乃至国家的"高精尖新缺"科技发展,从而引领世界高科技发展潮流。

三、"双一流"大学与国际学术中心建设

中国"双一流"建设成效,最终是在世界范围内比较的结果,因此,中国"双一流"大学必须融入国际知识体系之中,自然而然,国际因素是中国"双一流"大学建设的一个关键要素。在西方发达国家占据世界先进知识体系的情况下,中国作为发展中国家在建设世界一流大学和一流学科的过程中,不仅需要立足自身推进高质量内涵式发展,而且需要加强与世界最新知识创造者的联系甚至融入其中,努力成为世界知识创新创造的重要成员乃至主导成员,到这个时候,中国"双一流"大学才能自信地成为世界一流大学或拥有世界一流学科的高校。

一是站在世界科学前沿发展新知识。著名学者郑永年一针见血地指出,在很大程度上,自"五四运动"以来,中国的知识分子扮演的只是一个西方"代理人"的角色,即"把西方概念和理论传播和应用到中国"。直到今天,这个传

统还是根深蒂固。① 显然,这种局面必须彻底改变。中国"双一流"大学要在世界一流学科建设过程中发挥自身特长和优势,致力于构建属于中国人创造的知识理念、知识架构和知识体系,不能再像过去那样总是围绕西方人发明创造的知识概念和知识体系进行研究。这是中国"双一流"大学最艰巨的使命任务。

二是站在社会发展的视野中培养造就高层次人才。21 世纪不仅是中国人民实现社会主义现代化强国和中华民族伟大复兴的世纪,也是中华民族积极主动构建人类命运共同体和新型世界秩序的重要阶段。在社会发展上,要努力让世界人民"向东看",而不总是"向西看"。"实际上,中国的很多理念都具有普世性,所以我们要承认这些东西是普世性的。"②显然,中国"双一流"大学在塑造新的知识体系和人才培养标准上承担着重要的使命任务。

三是站在推动人类文明发展的新高度弘扬中华优秀传统文化。当代西方文明已经走到了一个十字路口,出现了一些严重问题。如挑动对立,发动战争,损害公平,无视道义。中华文明具有巨大潜力,可以成为 21 世纪引领人类文明前进方向的"航标灯"。中国"双一流"大学要致力于传承中华优秀文明,积极主动塑造人类文明新形态新境界。

---

① 郑永年:《中国的知识重建》,东方出版社 2018 年版,第 23 页。
② 郑永年:《中国的文明复兴》,东方出版社 2018 年版,第 172—173 页。

第三章　中国"双一流"建设的
运行原理

当理解了中国"双一流"建设的内涵意义和要素构成之后,我们需要了解中国"双一流"建设是如何运行的,也就是中国"双一流"建设各要素如何在高校这个平台上和谐有序、高质量运转,从而实现既定建设目标。以亚里士多德的观点来看,就是中国"双一流"大学建设的"动因"是什么? 即那些"使'双一流'大学建设这个事物有效运行的基本原理"是什么? 站在中国大地的环境中观察"双一流"建设,我们既要看到国家的战略布局和政策规范,更要看到中国大学贯彻落实"双一流"建设战略的主动作为,包括贯彻落实国家大政方针,培养德智体美劳全面发展的社会主义建设者和接班人的系列政策举措是如何和谐运转的。从这个角度看,本章从世界一流大学建设的发展规律、办学规律和育人规律的角度,探讨中国"双一流"大学建设的要素运转问题,主要内容包括:中国特色世界一流的鲜明导向;扎根中国大地立德树人的示范引领;世界一流学科的内涵式发展;科学合理规范的绩效管理;改革推进科教产教融合发展;高质量国际学术交流与合作;大学治理体系和治理能力现代化。这些原理相互联系,有机互动。例如,"中国特色世界一流的鲜明导向",可以说是中国"双一流"大学建设的要素运转的第一原理,影响所有其他原理的运行状态,同时其他原理从多维度支撑第一原理发挥作用并产生影响力。

第一节 "中国特色、世界一流"的鲜明导向

中国"双一流"大学建设是国家重大战略,建设导向至关重要。《总体方案》在指导思想上强调"坚持中国特色、世界一流";《指导意见》在基本原则上强调"坚持特色一流";《若干意见》重申"坚持特色一流",并进一步指出"扎根中国大地,深化内涵发展,彰显优势特色,积极探索中国特色社会主义大学建设之路"。国家反复强调"特色一流"导向,是因为这个导向包含着深刻的理论内涵和重要的实践指向意义。

一、"中国特色、世界一流"契合教育规律

我们要认识到,任何国家的大学都有自身特色,美国大学有美国特色,英国大学有英国特色,德国大学有德国特色,日本大学有日本特色,各不相同,自然,中国大学也有中国特色。归根结底,这是由大学的遗传和环境因素共同塑造出来的。由于历史的缘故,中国的大学具有与西方大学共同的基因特征,比如讲究道德、推崇学术、重视人才等,但是这种基因在中国大地上受到中国独特环境的影响,出现了适应性的变化特征,这种特征在一定意义上恰当地体现了中国大学存在的独特意义和独特价值。

首先,依据马克思主义的理论观点,任何事物的发展都有普遍性规律,也有特殊性规律。普遍性规律,意指事物发展过程中有共性,就是同一类事物发展都有共性或普遍性特征。譬如,不管是哪个国家的世界一流大学,它之所以是世界一流大学,其必然有一流大学共性特征,包括学术精神、科学研究、关心人类发展。同时,任何国家的世界一流大学也有其特殊性,这是因为世界一流大学的遗传因素受到各国环境的影响而发生适应性变化。在这个意义上,我们建设中国的世界一流大学,必然要注重中国特色。

其次,新中国成立以来特别是改革开放以来,我们更加坚定地走中国特色

社会主义发展道路。中国特色社会主义的发展目标和发展属性,决定了中国的世界一流大学必然有中国特色的性质,换言之,如果失去了中国特色或者说失去"四为服务"精神,那么,中国的世界一流大学不仅难以建成,更难以为世界和平发展作出贡献。俗话说:越有民族性,就越有世界性。就此而言,没有中国特色,中国的世界一流大学很难在世界大学之林中站得住、立得稳、走得开。所以,中国的世界一流大学必须具有中国特色社会主义的本质属性。

最后,中华文明源远流长发展到现在,关键是中华文明有韧劲,富有三个特性:创造性、延续性和兼容性。[①] 所谓创造性,中国文化从先秦到汉代再到宋元明清,每个时期都有传承中华文明的薪火,并结合当时形势,形成有中华文明特色的发展方式。所谓延续性,就是中国人能守住中华文明基因,即使遇到各种挫折,都能做到攻坚克难,守正创新。中华民族秉持海纳百川、有容乃大的精神,开放而不封闭,包容而不排斥。例如,佛教文化是东汉时期从古印度传入中国,后来融入中国本土文明中,成为中华文明的组成部分。我们建设中国世界一流大学,必然体现中华文明的理想追求,也充分体现中国人的精神境界。

二、"中国特色、世界一流"彰显发展优势

前文已述,中国人很早就有建设可以媲美欧洲名校的愿望和构想,并且一直在努力奋斗。在追求世界名校的过程中,中国特色始终存在,并且不断发展,事实也证明,中国人是有自己的理想追求的。在民国时期,中国大学按照西方大学模式办学育人,中国特色就或隐或现,或明或暗,或多或少地存在,即存在中国"大学之道"。中国共产党执政后,中国大学面临着一个重大课题,就是如何创办社会主义大学的问题。现代中国借鉴了苏联大学模式,举办了一大批高校,由此,中国大学与西方大学存在明显不同,中国大学具有社会主

---

① 张岱年:《文化与哲学》,中国人民大学出版社2006年版,第2—3页。

义属性。改革开放以后,我们借鉴发达国家办学模式来创办大学,并保持中华优秀传统文化的影响、社会主义国家办学的特色以及借鉴各国大学模式的优秀品质,这时的中国特色更加明显。进入新时代,中国大学更加坚定"四个自信",特别是文化自信,包括教育自信。换言之,中国大学不再把西方大学视为当然的榜样,而仅仅是作为一种参考资源。

可以看到,大学的中国特色始终存在,且不断丰富、充实和发展。可以这么说,没有五千年的中华教育传统文化"大学之道"的传承发展,大学的中国特色就不会有如此深厚的文化基础;没有新中国社会主义制度的建立和巩固,大学的中国特色就没有与西方大学的本质区别;没有改革开放以来中国特色社会主义的快速发展及其对高等教育的重点支持,大学的中国特色就没有雄厚的实力基础和巨大成就。实际上,经过改革开放以来的持续重点建设,中国"双一流"大学极大地缩小了与当代世界一流大学的差距,这从若干个世界大学排行榜可以看出来。从这个角度看,推动中国特色走向世界一流,在中国特色内涵上用功用力,使中国特色散发出巨大的光芒,这是必然趋势。

从发展情况看,中国特色已经有"表征"世界一流的气象出现。比如中国一批一流大学在可比性指标如办学条件、办学规模、博士生培养等方面已经接近甚至超过西方一流大学。未来中国大学可以表现得更好,不仅要体现中国特色,而且要体现出鲜明的一流特色。当然,中国特色更重要地体现在质量内涵上。在这个方面,西方一流大学发展经历了漫长的建设时期,不少大学经历几百年甚至上千年的发展才有今天的成就,这启发我们办大学特别是办世界一流大学需要耐心,需要良好心态,要有"风物长宜放眼量"的情怀,有长期努力奋斗的准备。这不仅符合高质量发展规律,也符合人才培养的时间规律。

三、坚持"中国特色、世界一流"建设方向

改革开放以来,我国实施了一系列高等教育重大工程,目标就是冲刺世界一流大学水平。这是一个充满曲折经历的历史过程。20世纪90年代中期以

来,当中国大学还处于比较弱小状态的时候,国外世界一流大学根本没有把中国大学放在眼里,基本上都是"居高临下"看待中国大学发展的。这从美国高等教育专家发表的观点可以看出来。例如,菲利普·G.阿特巴赫教授认为,世界一流大学基本都在少数西方工业发达国家,西方发达国家的高等教育处于全球高等教育的中心地位,其他国家包括中国和印度都处于边缘地带。① 在阿特巴赫教授看来,学术世界一直由中心(centers)和外围(peripheries)界定。发达国家最好的大学拥有卓越的研究能力和声望,这些大学被认为是中心,而那些依靠这些中心建立起来的寻求知识和领导力的机构则被称为外围。"是什么导致一个学术体系或者学术机构被视为一个中心呢? 通常,是一个大的研究型大学。"②"中心的威望非常强势,21世纪也不可能改变。因此,学术的不平等将会继续以各种形式呈现。"③但是,随着中国经济实力提升和高等教育的发展,国外对中国高等教育的看法正在发生积极改变。据权威世界大学排行榜,中国大学处于快速提升中,其中北大、清华已进入世界前50名,若干所中国高校世界排名不断攀升,令世人瞩目,令国人自豪。需要强调的是,这都是在中国这个发展中国家环境中取得的重要成就,也是在中国特色社会主义环境中建设出来的成就。可以说,中国特色不是中国宣传出来的,而是在真抓实干中发展出来的,并以巨大成就显示出中国特色的优势和潜力。

通过中国"双一流"建设,大学的中国特色显示出光明前景。新时代中国很多高校提出"守正创新",所谓"守正",就是要守卫中国特色,守卫中国特色社会主义大学的本质属性,守卫中国建设世界一流大学的战略设计,并在建设世界一流中不断强化、充实和展示中国特色,让中国特色成为世界一流大学发

---

① [美]菲利普·G.阿特巴赫:《比较高等教育:知识、大学与发展》,人民教育出版社教育室译,人民教育出版社2001年版,第26—48页。

② [美]菲利普·G.阿特巴赫、利斯·瑞丝伯格、劳拉·拉莫利:《全球高等教育趋势——追踪学术革命轨迹》,姜有国、喻恺、张蕾译校,上海交通大学出版社2010年版,第9页。

③ [美]菲利普·G.阿特巴赫、利斯·瑞丝伯格、劳拉·拉莫利:《全球高等教育趋势——追踪学术革命轨迹》,姜有国、喻恺、张蕾译校,上海交通大学出版社2010年版,第9页。

展的新坐标。例如,北京大学在"双一流"建设方案中指出,守正就是要坚守北大的优良传统,守住大学责任之根本,坚守道德和价值底线,坚持学校的核心使命和价值导向,兼顾各群体的利益诉求,追求真理,追求卓越。① 在这里,中国特色是一个内涵丰富的新定位,中国特色内涵建设的境界追求是世界一流水平。

毋庸置疑,中国特色社会主义的成功包含了中国特色世界一流大学的贡献。我们不可能设想,在如此庞大的国家中,各方面建设需要的一流人才完全依靠国外大学而自身无法培养。因此,充分肯定中国特色社会主义建设成就,必然包含充分肯定中国特色世界一流大学建设成就。当"双一流"大学按照国家战略推进发展时,实际上就是按照中国特色社会主义要求办学治校育人。如果说在国家没有发展起来时,我们视西方一流大学标准为世界标准,那么在国家发展起来以后,我们应当矫正自己的评价标准,或者说,我们需要建立属于中国人的世界一流大学评价标准和建设模式,即立足中国、放眼世界,不封闭自我,不照抄别人,并借鉴世界各种模式丰富自己,使中国一流大学更加强大,以各个学科领域的世界一流水平彰显中国特色建设的发展能力。

第二节　扎根中国大地立德树人的示范引领

习近平总书记反复强调,中国的大学要扎根中国大地培养人才,坚持立德树人根本任务。② 实际上,这个教育重要论述,不仅包含着深刻的教育历史文化内涵,也包含着重要的教育战略意义。中国"双一流"大学走在中国高等教育发展的前列,具有"领头雁"的导向作用,充分发挥自身作为中国特色社会

---

① 《北京大学一流大学建设高校建设方案》(精编版),北京理工大学研究生教育研究中心等:《"双一流"建设高校一流大学建设方案汇编》(内部资料),中国科学技术出版社 2018 年,第2 页。

② 教育部课题组:《深入学习习近平关于教育的重要论述》,人民出版社 2019 年版,第15—90 页。

主义标杆大学的影响作用,扎根中国大地立德树人,是加快建设"双一流"的必然选择和成功之道。

一、扎根中国大地的内涵意义

扎根中国大地办学,是一个形象的说法。中国大学在地理上一直位于中国大地,为什么还要说扎根中国大地办学?难道我们没有扎根中国大地办学?这是一个重要问题。这里强调的扎根中国大地办学,具有深厚的历史意义、理论意义和现实意义。人们不会忘记,新中国成立前,"中国的大学"确实办在中国大地上,但多是西方教会举办的,根本目的在于培养"治华"代理人,如美国长老会设立的之江大学、美国圣公会设立的圣约翰大学、美国监理会设立的东吴大学等,教会大学的校长人选、宗教生活、经费管理、校产维修、人事安排等,都要直接服从教会的决定。帝国主义正是通过教会来控制教会学校,使其成为侵略中国文化教育的重要工具。[①] 事实上,有很长一段时间,"中国的大学"处于中国大地上,但很多大学借鉴西方大学模式办学,"教育制度多半从资本主义的国家抄袭得来的,教育方针总不脱离昔日的人才主义。平日所注意的在城市里面,所陶冶的全是文雅生活"[②]。比如,民国时期的大学多采用西方式的董事会制度、教授治校制度、学生自治制度等。新中国成立后,我们同样是在中国大地办大学,但却是借鉴苏联大学经验办学治校育人,学校教育的主导理论是苏联教育理论,如凯诺夫教育学理论,还没有我们中国人自己的教育学思想体系。即使少数教材有中国特色,但并不明显。这就使得"中国的大学"办在中国但不具有中国精神、中国特色和中国灵魂。

改革开放以后,我国大学顺应国际高等教育趋势,跟随国家发展步伐,在一系列重大教育工程项目的引导支持下进行建设,如我们采用重点大学建设模式,就是在国家资源十分有限的情况下选择一批基础较好、潜力较大、发展

---

① 曲士培:《中国大学教育发展史》,北京大学出版社2006年版,第232—235页。
② 陈青之:《中国教育史》,东方出版社2008年版,第648页。

前景不错的高校进行重点建设。20世纪50年代至80年代,我国建设了一批全国重点大学,之后一批重点大学举办研究生院,培养研究生人才。这时虽然也是在中国大地办学,但是我们依然在模仿国外大学办学模式,缺少中国内涵和中国创新元素。这种局面一直维持到20世纪80年代结束。经过长期的探索和实践,我们最终认识到在中国办大学必须有鲜明的中国特色,这种认识到21世纪来临时变得更加强烈。所谓中国特色,实际是指我们中国大学不仅要把校园设立在中国大地上,更重要的是创办中国特色社会主义大学,具有中国特色社会主义大学本质特征。但是,大学的中国特色究竟是什么?虽然理论界进行了一些探讨,但并不完全清楚。最大的一个问题是,我们发现自身确有特色,但这个特色水平不高,这增加了我们对中国特色的消极理解。

随着中国和平崛起特别是在很多方面成为世界第一市场,中国大学取得的成就也鼓舞了中国人民。在此形势下,国家提出坚定"三个自信"即道路自信、理论自信和制度自信,①之后发展成"四个自信",增加了"文化自信"。②这很容易让人理解。在中国经济社会发展水平不高的情况下,让人们对大学充满自信,确实存在一些困难,特别是中国大学的办学水平与国外一流大学相比存在相当大的差距,在此形势下,中国大学确实不够自信,建设中容易亦步亦趋,人云亦云,基本上是"跟随为主"。然而,中华民族是勤劳勇敢、充满智慧的民族,改革开放带给中国巨大变化,燃起了中国人的自信心。在此发展基础上,国家提出扎根中国大地办学,是有深刻含义的。这就是说,扎根中国大地办学,要破除盲目崇拜西方大学的依附心理,更加坚定教育自信,努力办好属于我们中华民族的大学,让中国大学充分展现出中国人的智慧、能力和水平。

显然,经过几十年的艰苦奋斗,中国人终于迎来了发展的关键节点,这就是中国特色社会主义进入新时代。新时代中国的面貌发生了翻天覆地的变

---

① 《习近平著作选读》第一卷,人民出版社2023年版,第77页。
② 《习近平著作选读》第二卷,人民出版社2023年版,第33—36页

化,尤其是美国通过非法手段打压中国高科技,以及突如其来的新冠疫情,人们真切地感受到渗入中国人骨髓里的精神气质,为中国的稳定发展而同心协力。作为体现中国人智慧水平的大学,"双一流"大学积累了相当雄厚的实力,正在实现未来的战略发展目标。根据学界研究,"双一流"大学在世界大学排行榜上的成就令世人瞩目。所以,扎根中国大地办学,不单纯指在中国大地办学,而是指坚定"四个自信",按照中国人的理想,依据中国人的理论,办出中国一流大学水平,而这与之前的办学有本质区别。换言之,我们不再是在中国大地上照搬照抄别人的思想观念和模仿别人的套路和模式办学,而是在中国大地上独辟蹊径、独树一帜,办出富有鲜明中国特色的世界一流大学,走出一条建设新路。

二、立德树人的历史来源和现代价值

立德树人,是中国优秀教育传统文化的基本精神。立德树人,由"立德"和"树人"两个概念组成,各有古典文献出处。"立德",语出《左传·襄公二十四年》,据载,晋国大臣范宣子与鲁国大夫叔孙豹讨论何为"死而不朽"的问题时,叔孙豹说:"大上有立德,其次有立功,其次有立言。虽久不废,此之谓不朽"①。可见,立德,排列在三不朽之第一位,是为最高层次。树人,语出《管子·权修》:"一年之计莫如树谷,十年之计莫如树木,终身之计莫如树人。"②唐代政治家、文学家房玄龄(579—648)注曰:"树人,谓济我而立之。"③现代有言:"十年树木,百年树人",意即如此。立德与树人合言,则表明两者高度相关,体现了中国教育传统文化中对人的品德教育之重要性。

孔子是中国历史上第一位教育家,也是世界闻名的教育家、思想家。《论

---

① (战国)左丘明著,(晋)杜预注:《左传》,上海古籍出版社 2016 年版,第 602 页。
② (春秋)管仲撰,(唐)房玄龄注,(明)刘绩补注,刘晓艺校点:《管子》,上海古籍出版社版 2010 年版,第 14 页。
③ (春秋)管仲撰,(唐)房玄龄注,(明)刘绩补注,刘晓艺校点:《管子》,上海古籍出版社版 2010 年版,第 15 页。

语》记载孔子与弟子的一段对话:子适卫,冉有仆。子曰:"庶矣哉!"冉有曰:"既庶矣。又何加焉?"曰:"富之。"曰:"既富矣,又何加焉?"曰:"教之。"(《论语·子路》)朱熹注:"富而不教,则近于禽兽。故必立学校,明礼义以教之。"①这传递了什么?就是古代中国人认识到,在一个人口众多的国家,先要让人民富起来,富起来后要让人民受教育。如何办教育?孔子曰:"有教无类"(《论语·卫灵公》),要"因材施教"。《史记》记载:"孔子以诗书礼乐教,弟子盖三千焉,身通六艺者七十有二人。"②孔子教人采取大众化和个性化教育,尽可能让每个人都接受最适合的教育。《论语》记载孔子学生各有所长。"德行:颜渊,闵子骞,冉伯牛,仲弓。言语:宰我,子贡。政事:冉有,季路。文学:子游,子夏。"③孔子教人始终把"德行"放在首位。所谓"孔门四科,德行为首。"德行,被认为中国人之要领。德行之中,以反躬内省为主。《论语》中有很多记录:"己所不欲,勿施于人。""曾子曰:'吾日三省吾身:为谋人而不忠乎?与朋友交而不信乎?传不习乎?'""三人行必有我师焉,择其善者而从之,其不善者而改之。""见贤思齐焉,见不贤而内自省也!"梁漱溟认为,中国受孔子的影响走上了一条有别于西方的"以道德代宗教"的道路。④

大学之道,可谓中国人做人做事之道。《大学》曰:"大学之道,在明明德,在亲民,在止于至善。"这是大学之道的"三纲领",而"八条目"则为格物、致知、诚意、正心、修身、齐家、治国、平天下。"三纲八目"中,强调"明明德"在先,且以"明明德"为核心。辜鸿铭释曰:"教育的目的,在于明德,在于为了创造一个新的更好的社会而培养人才。《大学》中的'作新民'之'民'不是指个人,而是指社会。创造新的更好的社会是高等教育的目的,这才是孔子的本意。"⑤冯友兰评论:"'明明德'与'修身'是一回事。前者是后者的内容。于

---

① (宋)朱熹:《四书章句集注》,中华书局2011年版,第135页。
② (汉)司马迁:《史记》,中华书局2005年版,第1560页。
③ (宋)朱熹:《四书章句集注》,中华书局2011年版,第117页。
④ 梁漱溟:《中国文化要义》,上海人民出版社2011年版,第102—103页。
⑤ 辜鸿铭:《中国人的精神》,中国人民大学出版社2023年版,第151页。

是几个观念归结成一个独特观念,这是儒家学说的中心。"①钱穆评论:"中国之知识教育必以德性教育为基本,亦以德性教育为归宿。"②可见,德性教育在中华民族教育史上有重要地位,业已形成中华优秀教育传统文化。

经过长期的实践探索,我们已经认识到大学要办出中国特色,关键是要培养有中国精神和中国灵魂的人,这样的人具有什么特点?简言之,具有德性修养。司马光说:"德者,才之帅也;才者,德之资也。"(《资治通鉴》卷一《周纪》)可见,"德"与"才"两者在国人心中的地位。在当代中国,"核心价值观,其实就是一种德,既是个人的德,也是一种大德,就是国家的德、社会的德。国无德不兴、人无德不立"。③ 当代社会倡导和践行以"富强、民主、文明、和谐,自由、平等、公正、法治,爱国、敬业、诚信、友善"为内涵的社会主义核心价值观,就是要把涉及国家、社会、公民的价值要求融为一体,既体现社会主义的本质要求,继承中华优秀传统文化,也吸收世界文明有益成果,体现时代精神。所以,学校要把立德树人贯穿教育教学全过程各方面各环节,以社会主义核心价值观铸魂育人,不断加强思想政治教育,努力培养堪当民族复兴大任的时代新人。很显然,"双一流"大学应在立德树人方面走在前列,发挥示范引领作用。习近平总书记指出:"我国高等教育肩负着培养德智体美劳全面发展的社会主义事业建设者和接班人的重大任务,必须坚持正确政治方向。高校立身之本在立德树人。只有培养出一流人才的高校,才能够成为世界一流大学。"④"双一流"大学的立德树人已经有了符合时代要求且更加丰富的内涵意义。

三、打造扎根中国立德树人的世界范本

全世界的一流大学均重视对学生的品德教育和人格养成,但依据来源存

---

① 冯友兰:《中国哲学简史》,北京大学出版社1996年版,第158页。
② 钱穆:《现代中国学术论衡》,广西师范大学出版社2005年版,第173页。
③ 《习近平谈治国理政》,外文出版社2014年版,第168页。
④ 习近平:《论党的宣传思想工作》,中央文献出版社2020年版,第276页。

在重要差别。哈佛大学校长埃利奥特说:"学术文化的价值在于打造开放的头脑,培养缜密的思维,接受哲学研究方法的指导,广泛了解过去世代积累的思想,并在其中渗入谦卑的心态。我们今天的大学就是以这样的方式服务于基督和教会的。"①哈佛大学就是这样体现本国教育的文化传统、民族特色和国家特色的。同样,中国的一流大学是按照中国社会要求推进立德树人工作的。

习近平总书记强调:"人才培养一定是育人与育才相统一的过程,而育人是本。人无德不立,育人的根本在于立德。这是人才培养的辩证法。办学就要尊重这个规律,否则就办不好学。"②中国"双一流"大学的任务是要把立德树人提升到世界级水平,尤其要体现在学生的科学研究和创新能力上,要打造有中国特色世界水平的教育范本,建立体现中华民族文化自信和教育自信的教育资本。习近平总书记指出:"中国要强盛、要复兴,就一定要大力发展科学技术,努力成为世界主要科学中心和创新高地。"③未来时期,中国"双一流"大学在国际化办学的意义上就是"要打造更具国际竞争力的留学教育,将我国建成全球主要留学中心和世界杰出青年向往的留学目的地,吸引海外顶尖人才来华留学,培养未来全球精英"④。

第三节　世界一流学科的内涵式发展

中国"双一流"大学建设的基础是学科建设。在推进世界一流建设的过程中,中国"双一流"大学应立足新发展阶段,走高质量内涵式发展道路,不断提升一流学科建设的质量和水平。为此,要立足国家需要推进学科普遍性建

---

① ［美］查尔斯·威廉·埃利奥特:《教育改革:埃利奥特论文与演讲集》,刘春华译,浙江教育出版社 2019 年版,第 7 页。
② 习近平:《在北京大学师生座谈会上的讲话》,《人民日报》2018 年 5 月 3 日。
③ 《习近平谈治国理政》第三卷,外文出版社 2020 年版,第 128 页。
④ 习近平:《论坚持全面深化改革》,中央文献出版社 2018 年版,第 475—476 页。

设,塑造一流学科建设的生态性,遵循教育规律发展教育,追求一流学科建设的高端发展,重视一流学科建设的未知性,增强探索能力。

一、立足国家需要的学科普遍性建设

学科是一套系统有序的知识体系,也是一套体现社会建构的学术制度。在大学组织当中,学科主要表现为研究平台、教学科目、学术团队、规训制度、学科文化。① 世界一流学科,一定是在全球范围内比较的结果。要在全球范围内比较,首先要有可比性,即同类学科进行比较。类有大类,也有小类。大类比如自然科学类,全球有一个共识标准,如诺贝尔奖。小类如各国学科分类目录所显示的,这在中国、美国、俄罗斯等均有不同规定。通俗地说,谁占据了同类学科世界前列,谁就是世界一流。就自然科学而言,谁的学科获得诺贝尔奖多,谁的学科最有资格成为世界一流,这就是全球认可性或全球普遍性。

这里有一个问题,比如,某个学科在这个国家有很快的发展,而在另一个国家发展很慢,因为不同的国家处于不同的发展阶段或者说不同的决策者也有不同的判断并会制定不同的学科发展战略,于是同一个学科在不同国家有不同表现,水平也有不同。那么,在一流学科建设中,究竟是先考虑达到世界一流指标,还是先考虑国家和社会需要? 不难理解,最好是两者都要考虑,但是当两者不能兼得时应该先考虑什么? 这就是如何把握好学科世界一流水平建设的需要和学科的国家社会特殊需要之间的矛盾的问题。按照矛盾方法论,学科建设者应该抓住主要矛盾和矛盾的主要方面,就是要让学科首先服务于国家需要,并在学科建设中夯实学科内涵,逐步达到世界一流水平。

然而,现实中发生的事情,令人担忧。譬如,有些学科建设单位跟着世界

---

① 周光礼、武建鑫:《什么是世界一流学科》,《中国高教研究》2016 年第 1 期。

大学学科排行榜行动,排行榜看重什么指标就累积什么指标,排行榜注重论文数,就加大论文奖励力度,诸如此类,他们以为这样就可以建成世界一流学科。不错,这些排行榜是依据量化指标对学科进行排名的,一定程度上标识了学科发展信息,但如果学科建设者完全按照排行指标行动,忽视国家战略需求,那么其本质上是抓住了次要矛盾或矛盾的次要方面,如此,学科建设就走错方向了。那么理想状态是什么?学科建设者首先应该做到立足中国国情,致力解决国家发展遇到的紧迫问题。近年来,我国学科评估立足中国大地,突出中国特色和优势,积极借鉴世界各种模式,紧紧围绕国家重大需求和高等教育重大要求,按照"人才为先、质量为要、中国特色、国际影响"设计学科评估方案,①就是一个重要风向标。这样就扭转了过去一段时间不少学校过度重视和跟从大学排行榜走的坏风气,将产生正确导向作用。

二、中国世界一流学科的生态性构建

审视世界大学学科排名如 ESI 学科排名等信息,人们很容易发现谁是排在世界前列的学科、谁是世界第一的学科。这是普通民众都可以做到的,当然也是社会了解学科发展动态的一种方式。但是,对于肩负建设世界一流学科的单位来说,显然不能做这样的简单判断,而是要在研究的基础上加上自己的判断。因为,当今世界大学学科排名不是用这个指标就是用那个指标来排名,不管依据哪个指标排名,都存在这样那样的问题。换言之,世界一流学科建设的内涵极其丰富,包括科学研究、人才培养、社会服务、文化传承创新等,有的可以量化,如获诺贝尔奖、菲尔兹奖数和科研经费及师生比等,有的则难以量化,如大学精神、课堂教学、校园文化,而这些因素却是根本性的内涵。即使是可量化的部分,也不一定是科学的合理的或被世界普遍认可的。所以,大学若按排名办学治校,肯定会陷入误区,并将学校带入危险境地。

---

① 黄宝印等:《努力构建中国特色国际影响的学科评估体系》,《中国高等教育》2018 年第 1 期。

　　必须认识到,那些被排在世界一流位置的学科,其内涵建设绝非一日之功,而是长期努力的结果。事实上,在世界大学排名出现前,那些著名大学就完成了学科专业的布局,实现了学科生态的发展。换句话说,今天看到的是其学科生态建设的"前期努力",而非"后期成果"。如哈佛大学长期位于软科世界大学学术排行榜榜首,殊不知,哈佛大学(1636)先于美国(1776)诞生,它今天的地位是多少代人努力的结果,其学科生态是历史发展的结晶,如果仅看到当代成就而看不到它与历史发展的联系,那么,我们将无法理解哈佛一流学科发展的奥妙。此外,哈佛还有强大的人文社会科学学科,包括经济学、教育学。概言之,哈佛经过无数次改革推动才形成了今天的学科生态,并使哈佛成为世界一流大学。

　　因此,建设世界一流学科必须认识到学科内涵的丰富性,要建设良好的学科生态,相对立的状况就是学科生态建设不足的状态,即大学忽视非一流学科支撑和辅助作用而单纯建设那些"号称"一流学科的状态,这种学科建设的非生态性不利于一流学科内涵发展。检视现实发现,某些学科建设单位为了建设一流学科,不经过严密的科学论证,盲目地按排行指标砍掉或削弱其他学科,忽视一流学科生态建设。比方说,建设一流学科就像培育一棵参天大树,大树位置周围还有小树、小草、溪流等,这些因素是大树赖以生存发展的环境,建设者不能只看参天大树,而对周边环境视而不见或熟视无睹。如果以这种方式建设一流学科,肯定难以成功。在此方面,人文社会科学受到的影响最大。若干年前,兰州大学裁撤非一流学科——教育学科之后又恢复该学科并加大建设力度,就是一个纠偏案例,而南京大学、上海交通大学等高校大力建设教育学科的举措,正是学校重新评估学科生态价值后再建一流学科生态的表现。这里引用哈佛荣誉校长陆登庭的话来说:"当我们感到对人文和社会科学领域投入不足的时候,一定要对此高度警惕,因为一所大学如果不能在各个重要的学科领域都竭尽全力,包括对于探究人文价值、社会结构及其历史发展等多种社会形态以及人类传统、文化和世界观起核心作用的人文学科领域,它就不可能真正成为一所杰出的大学。"①

三、世界一流学科建设的规律性约束

历史表明,世界一流学科建设有不以人的意志为转移的客观规律性,不是任由人随意为之的。人们必须对这些客观规律性进行认真研究和正确评估,特别是建设者要深入学科一线进行研究。如果不摸清楚一流学科建设规律,则不可能建成世界一流学科。世界一流学科建设有哪些规律?从现有研究看,人们只能从国外一流大学一流学科建设的历史经验中学习借鉴。比如20世纪90年代,国内高校管理者调查发现,发达国家如美国,除了加州理工学院、麻省理工学院等少数大学,绝大多数世界一流大学规模较大,且为综合性研究型大学,这些大学有若干个学科是世界一流学科,于是我们国家采取高校合并方式组建新的更大规模的综合性大学;又发现不少国外一流大学均有医学院,或者说医学学科只有办在一流大学之内才有可能成为世界一流学科,于是国内部分高校筹划合并医学院。这些都是研究借鉴国际一流大学和一流学科建设模式的成果,或者说,我们是依据国外大学尤其是美国一流大学建设理论来推动一流大学建设的。

的确,经过长时间努力,中国一流大学在规模和形式上有了很大进展,但是与国外一流学科相比,我国一流学科的内涵、质量和水平还存在一定差距。那么应该怎么看?怎么办?当国际机构使用一些指标对一流学科进行排名时,社会很容易看到谁是世界一流学科、谁处于世界一流学科前列。这个现实造成了一种认识,似乎排名靠前的铁定就是世界一流学科,排名靠后的就是弱势学科或非一流学科,于是,有办学者研究学科排名以筹划本校学科发展计划,并按照指标要素来组织资源冲刺一流学科排名。有的学校甚至集中一切资源打造少数一流学科,忽视其他学科建设,只见高山不见森林,导致校内有

---

① [美]陆登庭:《一流大学的特征及成功的领导与管理要素:哈佛的经验》,教育部中外大学校长论坛领导小组:《中外大学校长论坛文集》,高等教育出版社2002年版,第5—6页。

限资源分配严重不平衡,出现很多建设性问题。

这种建设局面,均与办学者对世界一流学科建设规律研究和认识不足有关,研究不足,导致认识不足,认识不足导致行动偏差。要解决这个问题,我们不仅需要对国际一流学科的历史、现实和未来进行研究,而且需要对国内学科发展的历史、现实和未来进行研究;要把国际一流学科建设的基本经验研究透彻,同时也要把国内一流学科建设的需求研究透彻,在"两个透彻研究"的基础上找到科学合理的途径方式。假如只研究国际经验规律,忽视研究自身需求规律,我们就容易犯东施效颦的笑话,而如果只埋头走路不抬头看路,不善于学习他人有益经验,也容易事倍功半,造成太多的资源浪费。

从这个角度看,我们需要立足中国面向世界审视一流学科建设的规律性问题。管见以为,建设世界一流学科应该符合三个规律要求。第一,建设学科的总体目标符合中华民族伟大复兴的战略要求,这是推动中国走上世界一流强国需要的学科;第二,建设学科须符合中国构建世界一流学术文化中心的内在需要,这是从事一流科研、培养一流人才、提供一流学术服务、传承一流文化的学科,也是中国几代学人对学科发展的夙愿;①第三,建设学科须符合人类命运共同体建设的需要,这是实现中华民族与世界人民价值共享的学科。这三项规律要求是立足中国大地建设一流学科的价值标准。概言之,在中国,衡量一个学科是否为世界一流学科,不能完全照搬西方排行榜标准,而要立足自身需要确立中国特色世界一流学科标准,并按照这个标准来建设世界一流学科。

四、世界一流学科建设的高端性追求

目前,绝大多数世界一流大学位于主要的英语国家或者其他少数工业化

---

① 姜义华:《胡适学术文集·教育》,中华书局 1998 年版,第 165—169 页。

大国。发展中国家及中等收入国家和地区很少有公认的世界一流大学,而且在将来也不太可能出现许多这类大学。① 其实,这个现实也对应世界一流学科在世界的分布情况。那么,世界一流学科为什么大多数处于世界一流强国中,因为世界一流强国有众多世界一流大学,世界一流大学是世界一流学科的"根据地"和"策源地"。因此,要建设世界一流学科,就必须与世界一流大学建设统筹考虑,而统筹推进世界一流大学和一流学科建设,则必须紧密联系世界一流强国建设的需要。这已经形成了一个"闭环",即世界一流大学建设依靠世界一流强国提供的世界一流资源环境,当世界一流大学拥有世界一流资源环境时,有足够能力吸引世界一流生源,再配备世界一流导师团队和学科平台等,那么世界一流学科建设就有了重要保障,世界一流学科建设成功了,世界一流大学地位更加稳固,世界一流国家因此受益。显然,任何一个环节力量不够强大,整个"闭环链条"的质量都会受到严重影响。这种逻辑和道理,显而易见。

从这个角度看,我们很容易理解为什么发展中国家建设世界一流学科十分困难甚至不可能。原因在于,发展中国家没有高端的学术资源,包括世界一流水平的师资、人才、资源、文化、环境等严重不足,这些因素都是相互影响、相互制约的,任何低端或不足因素都会对整体质量造成不利影响。在这种形势下,发展中国家如何建设世界一流学科? 可能有效的办法就是集中国家优势资源建设少数高水平大学,在这些大学内建设一流学科,先培养这些学科成为国内和地区一流学科,然后再提升水平,逐步冲刺世界一流学科。在建设过程中,这些学科要最大限度地利用国际资源,学会"拿来主义"。

事实上,"发达经济体的精英大学被寄予了一个责任,就是帮助发展中国

---

① [美]菲利普·G.阿特巴赫:《高等教育变革的国际趋势》,蒋凯主译,北京大学出版社2009年版,第75页。

家进行能力建设。"①因此,如何最大限度地利用国际资源,是发展中国家建设世界一流学科的重大课题。可以设想的做法是,要将自己需求的资源"请进来",比如把世界一流大学高端人才资源"请进来"指导和帮助国家大学争取学科进步的前景;还可以将自身的学科作为国外一流大学分支学科或交流中心来推动其内涵发展,或者说把优秀人才"送出去"培养,支持其去世界一流大学和顶端科研机构学习、交流、访问,在学术交流中不断增长见识,加深学术合作,提升学术水平,争取达到世界一流的目标境界。

五、世界一流学科建设的探索性发展

世界一流学科建设的本质是什么? 世界一流学科建设的本质,是开拓人类知识疆域并培养高端人才,推进人类社会进步。这是由学术逻辑和社会需求逻辑决定的,通常,对前者的评价标准是客观的,是国际可比的;而后者的评价标准是主观的,是有地方特色的。② 可以说,所有的世界一流学科,无不承担着这样的使命和任务。一个学科只有实现了这样的使命,完成了这样的任务,才能被认可为世界一流学科。那么这样的学科建设与其他建设有什么不同? 它的建设有什么特征? 显然,我们需要从学科历史的角度来理解。人类的学科并非自然出现的,而是人类在长期探索中发现的,从古希腊时代开始,人类就认识到存在不同的科学领域。比如"三科""四艺",前指文法、修辞和辩证法,后指算数、几何、音乐和天文,前者"面向人类的心智",后者"面向实在世界的事物"。③ 这是人类早期探索的学科领域,对后来人类学科意识产生了深刻影响。

---

① [澳大利亚]Michael Gallagher:《精英大学在国家高等教育和研究系统中的角色:公共投入与大学发展》,王琪、程莹、刘念才:《世界一流大学:国家战略与大学实践》,上海交通大学出版社2011年版,第44页。
② 周光礼:《世界一流学科的中国标准是什么》,《光明日报》2016年2月16日。
③ [法]爱弥儿·涂尔干:《教育思想的演进》,李康译,渠东校,上海人民出版社2003年版,第62页。

经过若干世纪的探索,18世纪末,人类对学科有了较为清晰的认识,这个时候,"自然哲学断裂成为各门独立自然科学,现代诸学科始正式诞生。社会科学稍后从道德哲学中分裂出来"①。学科被区分出自然科学领域的学科、社会科学领域的学科,逐步发展出当今世界称谓的学科概念,即使如此,中西方世界的学科话语中也存在不同的分类方法,如中美在学科专业制度上不完全对应,各有各的优势和不足。② 这说明,人类站在不同的文化背景中会对世界产生不同的认识,落实在学科或科学领域中则有不同的区分。这里暗示探索精神在世界各个民族中都存在。随着教育全球化的发展,同一学科的概念在世界范围内扩散,如自然科学以及人文社会科学领域的诸多学科在全球可以进行比较,而且在国家之间也在相互借鉴。这是一种显著的趋势,说明人类需要共同面对各种知识领域中的未知问题,需要使用同样的方法来应对。可以说,世界一流学科的概念及内涵正是在这样的背景前提下建立起来的。

我们都认识到建设世界一流学科的根本目的是什么,以及在全球科学发展中的地位和作用是什么? 一个基本原因是,世界一流学科可以为国家和地区的发展提供规模庞大的知识资源和高端人才,帮助实现国家社会的发展目标。为此,各国制定和落实推进世界一流学科建设战略规划,包括德国、法国、英国、日本、俄罗斯等均有自己的战略规划和实施计划。换句话说,各国从发展角度考虑世界一流学科建设问题。由于世界一流学科依靠大学发展,因此各国希望通过建设世界一流大学来建设一流学科。这里就出现一对矛盾,世界一流学科建设的未知探索性与经济社会的功利性之间的矛盾,通俗地说,学科发展有利于国家地区的发展,才能得到支持,但是一流学科建设是否总如人所愿? 投入资金建设是否很快就能见效并产出一流成果? 答案没那么简单!

---

① ［美］华勒斯坦等:《学科·知识·权力》,刘健芝等编译,生活·读书·新知三联书店1999年版,第16页。

② 张炜:《美国学科专业分类目录2020年版的新变化及中美比较分析》,《学位与研究生教育》2020年第1期。

事实上,那些重大科学问题都是难度极高的未知领域问题,无数案例表明,人类面对这种未知领域时,有的人甚至终身努力也未能取得满意发现。那么,是不是这种科研就不做了或者认为探索它就没有价值了? 不是的,在科学上没有把一个问题彻底弄清楚,但只要推进了一步,那也是成就。就是说面对未知世界,人类既要有敢于挑战的决心和意志,又要估计到面临某种失败的可能性,从国家角度说,对科学探索要抱有忍耐心、宽容心和包容心,要给予这种科学探索以必要的自由度、宽容度。那种急功近利的做法,也许会取得一些效果,但长期看,往往适得其反或难以得到满意结果。在这个意义上,学科建设者需要找到化解矛盾的"平衡点",这也是考察学科建设者的智慧之地。中国一流大学迫切需要这种大智慧,这对实现"双一流"建设目标至关重要。

第四节　科学合理规范的绩效管理

中国大学建设"双一流"需要国家稳定持续的重大资金支持和配套政策支持,而获得各种支持以后则需要表现出应有的建设成效,而如何检查审核和验收推进这种建设成效,则需要进行绩效管理。与政府、企业等机构相比,对大学特别是一流大学的绩效管理,则应该认真考虑其政策及其落实的科学性、合理性和规范性,这样才能推进其世界一流的内涵建设和高质量发展。

一、大学建设的绩效管理及其问题

绩效管理的概念是 20 世纪 70 年代出现的,最初应用在企业管理发展领域。随着经济全球化和信息时代的到来,为了提高市场竞争力和适应能力,许多企业从人力资源管理的角度提出了绩效及其管理的问题,于是,绩效管理逐渐成为一个被广泛认可的人力资源管理要素。具体而言,绩效管理是一系列以员工为中心的干预活动。绩效管理的最终目标是充分开发和利用每个员工的资源来提高组织绩效,即通过提高员工的绩效达到改善组织绩效的目的。

有学者研究认为,有效的绩效管理的核心是一系列活动连续不断的循环过程,一个绩效管理过程的结束,是另一个绩效管理过程的开始,具体包括绩效计划、管理绩效、绩效考核和奖励绩效四个环节。① 现在,这个绩效管理方法已经应用到大学管理领域,正发挥着积极的管理作用,但是也出现了一些有待解决的问题。其中一个问题就是如何看待大学组织与政府或企业组织等机构的重大区别,由此,决定采取何种适应性的绩效管理方法?

大学是不同于政府、企业、其他社会机构的特殊的学术机构,大学的构成及其运行有其特殊性和特殊规律,一流大学更是如此。这是因为大学聚集的是一大批学者,包括教师和学生,"就学者的使命来说,学者是人类的教师"②。学者们从事的是高深学问研究,且为国家和社会培养人才。所谓高深学问,通俗地说,就是一般人难以理解和把握的知识学问,换言之,只有那些智力超常、乐于知识研究、勤于知识奉献的人才能真正掌握高深知识及其规律。这就决定了评价高校办学尤其是教师工作绩效的时候不能采用其他社会机构常用的绩效评价方法,比如计件工资制、计时工资制等量化方法。对此,美国高等教育哲学家布鲁贝克说:"由于教师是为难以确定价值的长远目标工作的,因此不可能像计算企业或商业人员的价值那样来计算学者的价值。再有,对企业解雇的责任可以相当详细地加以规定,而对学者却不能。学者在监督减少到最低限度的自治条件下可以得到最充分的发挥。"③这里道明了大学教师或学者工作的目标意义及其特殊性价值,也意味着评价学者或大学办学的绩效评价具有不同于其他机构如政府、企业等的特殊规律和特殊要求。

鉴于此特殊性及其规律性,全世界的大学特别是世界一流大学在如何评

---

① 仲理峰、时勘:《绩效管理的几个基本问题》,《南开管理评论》2002年第3期。
② [德]费希特:《论学者的使命、人的使命》,梁志学、沈真译,商务印书馆1984年版,第43页。
③ [美]约翰·S.布鲁贝克:《高等教育哲学》,王承绪等译,浙江教育出版社1998年版,第38页。

价大学教师工作绩效的问题上遇到极大的挑战。一个挑战是,如果不对大学教师或大学工作承担者进行绩效评价,让社会了解大学拿了国家的钱究竟做了什么或者说让利益相关者了解大学到底作出了什么贡献,那么,一般而言,投资者就不太愿意继续花费钱财来支持大学的发展。如此看,国家和社会需要对大学进行绩效评价,问题是应该采取什么样的评价方法,这是一个关键问题。对此,不同国家的做法可能有一定区别。

在中国,政府、社会、民众等都非常关注大学的绩效状况。各种各样的绩效评价出现在各种传播平台上,比如大学排名、学科评估、满意度调查等。有的是政府实施的绩效评价,有的是第三方提出的评价方法,各种方法均有一个目标,就是搞清楚大学究竟作出了什么贡献,并向社会公布其成效。由于大学终究是培养人的机构,所以各种绩效评价都能够引来足够的社会注意力,特别是相关利益者的关注。比如,大学究竟培养了什么人才,以及为国家和社会作出什么贡献?这使得大学面临着愈来愈大的绩效考核压力。而如果不对大学进行评价,这在外人看来,投资教育是一本糊涂账;如果进行评价,究竟如何做才是科学合理的评价?对这个问题的回答,正考验着所有中国大学特别是受到国家重点资助的一流大学的管理者的智慧和能力。

二、不同类型、层次大学的绩效管理

通过上述分析可知,在追求世界一流水平的道路上,我们并不是劳苦就一定功高,有的时候往往劳动再多也没有多少功劳和收获。这是科学界的常见现象。就此而言,对于大学特别是一流大学建设的绩效评价来说,这是一个值得深入研究的问题和课题。实际上,世界大学排名也是一种绩效评价方式。但是,一些西方大学校长看到了这种排名忽视了不同类型、不同层次大学既存在共性也存在个性的问题。比如英国剑桥大学校长理查德就不认为可以轻易地对世界著名大学进行排序。因为经验启示人们,能够在世界范围内被认可的著名大学的高校都有一些共同的特点,但它们各不相同。它们明显、突出的个性,很难让人用一种普通的方式对它们进行排序,并可能使排序没有太大的意义。① 站在这个角度看,对于一流大学而言,我们要采用不同于一般大学的方法进行绩效评价。因为一流大学担负着非常复杂的科学研究和尖端人才培养任务,其未知性、不确定性、复杂性和艰巨性通常超过一般人的认知水平和判断能力。

其实,我们还有更进一步的认识需要把握好。例如,有学者从当代世界一流大学发展情况分析发现,即使是世界一流大学也存在不同类型、不同层次,其评价标准自然不同,也不应该相同。有一个观点认为,世界一流研究型大学可以分为技术、制度和哲学三个层次。技术层次的一流大学通常是模仿者、跟随者,以消费和验证知识,并以向更高层次研究型大学供给初级学位获得者为主;制度层次的一流大学是先进制度和模式的输出者,并生产原创知识,培养世界一流的高水平毕业生;哲学层次的一流大学是大学思想、办学理念的输出者,也是人类、国家、社会和知识发展的卓越贡献者,具有哲学理念、全球领导力、现代化治理三个典型的"基因"。② 根据这个理论观点,评价世界一流大学建设成效自然需要不同的评价标准,而且不同标准之间也是有层次的。还有一种观点认为,对"双一流"建设的评估有"六层境界",具体说,考察"双一流"大学发展有六层境界或六层标准,对不同境界内或不同层次的大学应该有不同的评估标准。这六层境界依次是特征学、动力学、统计学、生态学、教育学和哲学。③ 根据这个理论观点,对处于不同境界中的"双一流"大学建设的评价,我们既不能采取"一把尺子量所有",更不能采取"一把尺子量到底",而应该根据不同境界中的一流大学发展情况确定和采取不同层次的

---

① ［英］艾莉森·F.理查德:《著名大学是如何产生和可持续发展的》,教育部中外大学校长论坛领导小组:《中外大学校长论坛文集》(第二辑),中国人民大学出版社 2004 年版,第 49—50 页。

② 袁本涛、李莞荷:《世界一流研究型大学的分层与建设路径》,《高等教育研究》2017 年第 4 期。

③ 杨卫:《研究生教育动力学》,科学出版社 2021 年版,第 227—235 页。

评价标准,而且这个评价标准应该是促进"双一流"大学始终向着更高境界或更高层次目标努力的推动力,最终达到实现教育学乃至哲学世界一流大学的建设目标。

三、世界一流大学建设的绩效管理

建设中国特色世界一流大学,是国家重大教育战略,政府或社会要求对相关大学进行绩效管理,这无可厚非。那么,究竟如何进行绩效管理?这不仅是一个重大实践问题,也是一个重大理论问题。要弄清楚这个问题,我们必须明确世界一流大学追求什么?中国特色世界一流大学追求什么?中国特色世界一流大学追求的目标需要什么样的绩效评价或不需要什么样的绩效评价?我们要讨论科学合理的绩效评价应该是什么?换言之,中国特色世界一流大学建设目标宏大、内容复杂,要对建设高校进行科学评价,我们必须找到科学合理的依据,找到那种"牵一发而动全身"的结合点进行绩效评价。也就是说,中国特色世界一流大学建设的绩效管理应该如何设计?要掌握什么样的基本原则或遵循什么样的基本原理?应该说,这是中国特色世界一流大学评价取得成功的关键。

首先,要抓住对国家战略发展的贡献点进行评价。在我国,"双一流"大学建设的目标是服务国家战略需求,在服务国家发展的过程中实现世界一流,即把中国特色发展到世界一流水平。比如我国提出高等教育要坚定"四个自信",坚持"四为服务"方针,坚持"四个面向",这些就是评价的着力点。换句话说,凡是在"四个自信""四为服务"和"四个面向"上作出重大贡献的一流大学应当受到鼓励、支持和奖励。至于具体情况如何,则要通过专家论证,在形成共识的基础上制定可行性标准,并纳入考核实施内容。

其次,要科学把握分类绩效评价的方法。"双一流"建设涉及的大学和学科内容十分复杂。就大学而言,我国一流大学实际上分出了不同层次,有普通研究型大学、高水平研究型大学、世界一流研究型大学等。就学科而言,我国有 14 个大学科门类,110 多个一级学科,这些学科在国家发展中均有重要作用,从长远或全局看,很难说哪个学科最重要或不重要,因为人类社会发展中需要解决的问题非常繁杂,任何一个问题可以说都是多学科问题或者说都可以从多学科角度用多学科方法找到认识的方法和解决的途径。这说明各个学科都有其应有的重要价值,不能否定任何学科的潜在价值。自然,在绩效评价上也应该尊重学科特性。我们既不能用自然科学标准来评价人文社会科学,也不能用人文社会科学标准来评价自然科学;既不能用高水平研究型大学标准来评价普通研究型大学,也不能用普通研究型大学标准来评价高水平研究型大学。总之,我们应该设计分类评价体系,根据大学层次、学科类别等进行科学评价。这样,绩效评价才是科学的合理的,对大学和学科发展才会有实际促进作用。

再次,要采用定性和定量相结合的方法,不要绝对化。"双一流"建设涉及的内容高度复杂,任何建设内容都有"质"和"量"的问题。"量"可以采用定量方法进行研究和评价,"质"只能采用质性方法进行研究和评价。更多的时候,对一个事物的发展,应该把定量和定性方法结合起来,才能作出科学合理、令人信服的评价。比如对科研论文发表问题,某学科或某学者是不是发表论文越多就说明学科专业水平越高?不一定!是不是少发表或不发表论文就意味着学科或学者水平差?也不一定。例如中国诺贝尔奖得主屠呦呦发表论文很少,却作出了伟大的科学贡献,获得世界认可。如此案例还有很多。这意味着,制定实施评价标准必须慎之又慎,否则将适得其反或南辕北辙。

最后,要为不符合常规评价要求的科学研究留出足够的时间、空间和政策。科学研究是一种需要特殊才能又需要特殊环境支持的工作。科学研究在何时能够取得理想成果,并不总是可预期的,包含很多不确定性。这是因为,"研究是对未知事物的探索,并且必然充满不确定性。常规方法、传统和标准都会对科学研究产生抑制作用。科研根本无法在一个以经营或生产作为评价和检验标准的环境中取得令人满意的成果"①。因此,对于那些管理者或投资者而言,要有充分的思想准备和足够的耐心等待。在此方面,不管是自然科学研究及基础科学研究,还是哲学人文社会科学领域的研究,都存在这个问题。一句话,儒家提倡的"风物长宜放眼量"的智慧胸怀很适合拿来评价科学家的工作和贡献。

第五节 改革推进科教产教融合发展

21 世纪的大学所处的时代背景与之前大学所遇到的时代背景已经大不相同。在这个世纪,大学所面临的一个重大趋势和变化是,全球知识生产模式发生了重大变化,知识生产者已经走向社会的中心,并与社会各行各业融合在一起,而走在知识发展前列的世界一流大学面临着巨大的挑战和各种问题,要取得重要进步,则需要走科教产教融合的创新发展道路。

一、全球知识生产模式的重大变化

20 世纪中期以来,跨学科、交叉学科、超学科、新的知识生产模式等不断出现,人类进入了知识经济时代。英国社会学家迈克尔·吉本斯(M.Gibbons)等研究发现,21 世纪人类知识在不断走向综合的同时也在不断分化。这导致人类的知识生产方式发生了重要变化。根据吉本斯的观点,现代知识生产出现的分化可以表述为"知识生产模式 1"和"知识生产模式 2",相比"模式 1"的传统模式,"模式 2"是人类知识生产的新趋势。"这些趋势尤为显著地出现在那些最前沿的研究领域中,出现在各个领域的学术精英群体之中。"②具体

---

① [美]范内瓦·布什、拉什·D.霍尔特:《科学:无尽的前沿》,崔传刚译,中信出版社 2021年版,第 98—99 页。

② [英]迈克尔·吉本斯等:《知识生产的新模式——当代社会科学与研究的动力学》,陈洪捷、沈文钦等译,北京大学出版社 2011 年版,第 1 页。

说,"在模式 1 中,知识生产主要在一种学科的、主要是认知的语境中进行;而在模式 2 中,知识则在一个更广阔的、跨学科的社会和经济情境中被创造出来。"①"在模式 1 中,科学和科学家这样的词汇总会被提及,而在模式 2 中则有必要使用更加一般化的术语:知识和从业者。"②概括来说,在模式 1 中,设置和解决问题的情境主要由一个特定共同体的学术兴趣所主导,而在模式 2 中,知识处理则是在一种应用的情境中进行的。模式 1 的知识生产是基于学科的,而模式 2 则是跨学科的。模式 1 以同质性为特征,而模式 2 则是异质性的。组织上,模式 1 是等级制的,且倾向于维持这一形式,而模式 2 则是非等级制的异质性的,多变的。两种模式有不同的质量控制方式,与模式 1 相比,模式 2 的知识生产担当了更多社会责任且更具有反思性。模式 2 涵盖了范围更广的、临时性的、混杂的从业者,他们在一些由特定的本土的语境所定义的问题上进行合作。③ 不少学者参与此问题的讨论并提出了新观点,如 2003 年美国华盛顿大学埃利亚斯·G.卡拉雅尼斯(Alias G.Carayannis)提出"模式 3 知识创新思想",随后一些学者阐释"模式 3 知识生产"这一概念和思想。这种理论的核心概念包括"地域(空间)集群""部门集群""知识集群",其中"知识集群""具有明显的超时空性,能够跨越不同地域和部门界限,穿越多层知识谱系"④。此类观点尚处讨论之中,仍需要更多人参与讨论并凝聚更多的共识。

在这种变化趋势中,知识生产是更大范围的多种因素作用的结果,这种知识希望对工业、政府,或更广泛地,对社会中的某些人有用,而这种需求从知识

---

①　[英]迈克尔·吉本斯等:《知识生产的新模式——当代社会科学与研究的动力学》,陈洪捷、沈文钦等译,北京大学出版社 2011 年版,第 1 页。

②　[英]迈克尔·吉本斯等:《知识生产的新模式——当代社会科学与研究的动力学》,陈洪捷、沈文钦等译,北京大学出版社 2011 年版,第 3 页。

③　[英]迈克尔·吉本斯等:《知识生产的新模式——当代社会科学与研究的动力学》,陈洪捷、沈文钦等译,北京大学出版社 2011 年版,第 3 页。

④　武学超:《模式 3 知识生产的理论阐释——内涵、情景、特质和大学的向度》,《科学学研究》2014 年第 9 期。

生产的开始就一直存在。这种知识始终面临不断的谈判、协商,而且直到各个参与者的利益都被兼顾到为止。这意味着,知识生产开始在社会中扩散,因此这种知识称为"社会弥散的知识"。这种知识探求是由相关恰当的认知实践和社会实践的、可以指明的共识所引导,这种共识由应用的情境所决定并随之发展。知识生产更多地源于实际的问题,因此具有天然的跨学科性质,这些知识有独特的理论结构、研究方法和实践模式。挑战性的问题,如果不是随机出现,则是以一种难以预料其未来的方式出现,因此可能进行知识创造的场所的数量也大大增加,即不再仅仅是大学和学院,还有非大学的机构、研究中心、政府的专业部门、企业的实验室、智囊团、咨询机构均共同参与其中。经由功能性的沟通网络,不同的场所之间的联系方式也是多样的,有电子的、组织的、社会的和非正式的。这样一来,知识由多种不同的组织和机构创造出来,包括跨国公司、网络公司、实验室、研究院等,同时,多样化的资助模式也介入应用的情境之中。由此,社会问责渗透到知识生产的整个进程之中。这不仅反映在对于研究结果的阐释和传播中,还体现在对问题的定义以及对研究的优先次序的设置上。如此对知识质量的关注已不限于学科同行,同时要兼顾社会、经济或政治的兴趣,质量控制也更具综合性和多维度的特征。①

　　吉本斯等学者的分析是有道理的。这是因为,人类所面对的问题,无论是来自自然界的问题,还是来自经济社会发展或人类心灵的问题,往往都是非常复杂的带有综合性特征的问题。一个问题表面上看是自然科学的问题,而它可能涉及非常复杂的人文社会科学问题,例如核科学及其应用,既可以为人类提供永不枯竭的清洁能源,也可以瞬间毁灭人类自身,关键看人类如何认识和使用。诚然,在解释或解决这些问题时,人类单独依靠某个学科甚至几个学科,难以找到解决办法,这意味着跨学科研究的必要性。正如美国学者艾伦·雷普克所言:"自然科学研究日益跨学科,社会科学研究更是如此,因为现实

---

　　① [英]迈克尔·吉本斯等:《知识生产的新模式——当代社会科学与研究的动力学》,陈洪捷、沈文钦等译,北京大学出版社2011年版,第1—8页。

世界问题的复杂性往往对使用单门学科方法构成挑战,需要跨越学科边界。"①人类要"全面认识任何复杂问题、复杂对象、复杂工作或复杂系统,需要运用多门学科。有些问题跨越自然科学、社会科学和人文学科"②。这导致了知识生产模式的多样化,也带来高端人才培养的多样化,而世界一流大学处于这一变化的前沿位置。

二、研究型大学的科教产教融合发展

随着知识生产模式的快速变化,大学也随之发生了重大变化。大学从来没有像今天这样如此深入地走进了社会的中心,服务社会发展的各方面,发挥着重要的推动作用。正如克拉克·克尔所说的:"知识现在是社会的中心。更多的人和更多的机构比过去任何时候都更需要它和要求得到它。大学作为知识的生产者、批发者和零售者不能逃避服务。……学生离开校园成为校友,校友回校进修继续当学生;研究生进入外部世界,公众进入课堂和实验室。知识具有广受欢迎的巨大潜力,它打开了潘多拉魔盒。"③这是过去几百年无法想象的大学发展状况。每一所大学都必须积极面对大学外部环境的改变。

众多研究型大学特别是世界一流大学认识到需要适应知识社会的重大变化,一方面,大学需要跨学科、跨领域、跨系统,甚至跨国界进行知识创新和知识生产,大力发展前沿学科、新兴学科、交叉学科,生产社会需要的最前沿学科知识,联合培养研究生层次的高端人才;另一方面,大学需要走产学合作之路,直接走进社会中心,与各行各业深度结合,感受社会的前沿需求,为社会提供

---

① ［美］艾伦·雷普克:《如何进行跨学科研究》,傅存良译,北京大学出版社 2016 年版,第34 页。

② ［美］艾伦·雷普克:《如何进行跨学科研究》,傅存良译,北京大学出版社 2016 年版,第35 页。

③ ［美］克拉克·克尔:《大学之用》,高铦等译,北京大学出版社 2008 年版,第86 页。

知识服务。这不仅体现在大学教师开展多学科、跨学科、跨领域等研究,培养学术型人才,而且体现在大学教师开展与社会行业企业的合作研究,培养社会需要的应用型人才。

20 世纪 80 年代以来,全球研究型大学的快速转变令人印象深刻。例如,1980 年,美国只有 20 所大学设有自己的专利和许可办公室,但是在此后的 20 年里,随着大学科研园区获得迅速发展,112 所大学相继设立了此类办公室。1980 年到 2004 年期间,美国大学被授予的专利数量从大约 350 个增加到 3300 个。公立研究型大学与私立研究型大学现在都拥有大型的永久性的官僚机构将知识产权商业化,将研究中心变成利润中心。在欧洲,政府对研究型大学的资助模式也转向了竞争激烈的以问题为导向或者以工业为导向的公共项目。大学研究人员和大学研究中心被鼓励开始与私人机构合作,这些鼓励包括对其完成与技术转让活动相关的研究活动的奖励措施。①

改革开放以来,中国大学尤其是重点大学在国家战略引领下,通过重点工程建设,从一个在世界上没有什么影响力的大学群体到崛起为一个举世瞩目的大学群体,不仅是中国大学顺应世界大学发展潮流的结果,也是中国社会发展推动大学改革发展取得的成果。在此过程中,科教结合、产教融合起到了显著作用。科教结合,使科学与教学密切结合起来,产教结合,使产业与教育密切结合起来,科教产教多元融合发展,不仅保障了中国一流大学的科研发展,也培养了大量学术型和专业型优秀人才。以研究生教育为例,改革开放以来,截至 2020 年我国共计培养了 1000 万研究生,博士毕业生达到 90 万人,建立了体系较为完整的高端人才培养体系,有力地支撑了国家的发展。②

---

① [美]菲利普·G.阿特巴赫、利斯·瑞丝伯格、劳拉·拉莫利:《全球高等教育趋势——追踪学术革命轨迹》,姜有国、喻恺、张蕾译校,上海交通大学出版社 2010 年版,第 128—129 页。

② 洪大用:《深入落实全国研究生教育会议精神,加快培养德才兼备的高层次人才》,《中国高等教育》2020 年第 21 期。

三、"双一流"大学的多元融合发展体系

中国正在实施创新驱动的发展战略,强调坚持面向世界科技前沿、面向经济主战场、面向国家重大战略需求、面向人民生命健康,加快实现高水平自立自强。① 同时,要求加快建设国家战略人才力量,努力培养造就更多大师、战略科学家、一流科技领军人才和创新团队、青年科技人才、卓越工程师等。②在此过程中,中国"双一流"大学大有可为,应该大有作为。要站在战略高度和长远角度把握大学发展的未来,在国内要把握好国家发展战略方向和未来目标,把大学建设融入其中,在助力国家发展上走得更远;在国际上要把服务人类命运共同体建设作为一项重大战略,坚持以问题为导向,在解决国内外各种复杂问题并培养一流人才的过程中实现世界一流。从这个角度看,中国"双一流"大学要努力构建以拔尖创新人才培养为核心的多元融合发展体系,这个多元融合发展体系具有目标指向性、高端引领性和多元开放性。

具体而言,所谓目标指向性,意指坚持服务拔尖创新人才培养中心任务的资源融合原则。"双一流"建设的核心任务是提升拔尖创新人才培养质量,因此要围绕人才培养中心任务融合国内外学科优势资源,推进各类人才培养提升质量和水平。所谓高端引领性,意指围绕拔尖创新人才培养中心任务,动员、组织和汇聚国内外具有高端性、引领性特征的学科、专业、课程等资源,吸收各种人才参与资源体系建设,服务世界一流人才培养。所谓多元开放性,意指培育世界一流人才需要的多元开放文化氛围。中国"双一流"大学要积极营造开放、多元、和谐的文化氛围,吸引各国优秀人才加盟建设。

---

① 《习近平著作选读》第一卷,人民出版社 2023 年版,第 29 页。
② 《习近平著作选读》第一卷,人民出版社 2023 年版,第 30 页。

第六节　高质量国际学术交流与合作

物以类聚,人以群分。大学也是如此。大学具有伙伴性和协同性,世界一流大学在此方面可谓发展到极致水平。中国"双一流"大学在发展最高水平的科学研究、培养一流人才等方面需要与全球最优秀大学及一流科研机构进行交流与合作,走协同创新发展之路。

一、高质量国际学术交流合作的需要

开展国际学术交往,是建设世界一流大学的必然选择,也是建设世界一流大学的重要途径。从全球世界一流大学发展经验来看,所有世界一流大学都有国际交流与合作的伙伴大学,这些大学都是世界一流大学精心选择的结果,也是双方交流合作的重要平台。一般而言,通过发展与国际伙伴大学的关系,世界一流大学,不仅开展国际人才培养,也开展国际科研合作,对双方都具有重要意义。21世纪以来,随着全球化和国际化的发展,一流大学均致力于进一步深化国际学术交流与合作,包括人员合作、资源合作、战略合作等,这些国际交流合作带有显著的互利性、时代性和进步性。

由于当今世界一流大学绝大多数处于资本主义国家中,发展中国家一流大学开展国际学术交流与合作,虽然相比过去有了一定进步,也取得了积极成果,比如共同发表论文的数量和质量有了显著提升,但总体上仍然处于从属性、追赶性发展的地位。一份有关国际学术合作竞争力的数据表明,美国AAU大学在吸引国际合作方面竞争力很强,国际合作率达40%以上,中国"双一流"大学虽然也有超过25%的国际合作论文,但与美国AAU大学还有差距;从发展趋势看,中国"双一流"大学也无法在短期内达到美国AAU大学的水平。① 从这个角度

---

① 陈振英、田稷:《中国"双一流"大学与美国一流大学:学术竞争力视角下的比较》,浙江大学出版社2021年版,第83—84页。

看,发展中国家在世界学术地位上还处于明显的劣势,因此需要开展高质量的国际学术交流与合作,比如联合培养博士研究生、联合授予研究生学位、共同开展高水平科学研究、共建世界学术交流中心、共建国际合作实验室平台、共建国际文化交流中心等。

二、世界一流大学国际伙伴关系之道

构建高水平国际伙伴关系,是世界一流大学的常胜之道。美国西北大学校长莫顿·夏皮罗指出:"如今,卓越的大学必须是国际化的大学。如果一所大学没有真正地与世界产生联系,就不可能是世界一流大学。"[①]其实,一流大学的国际化有多种形式和多方面内容,建立伙伴关系大学就是一条重要途径,也是一种主要方法。事实表明,物以类聚,一所大学与什么样的大学建立伙伴关系,她就会是什么样的大学或变成什么样的大学。世界一流大学总是在全球寻找自己的合作伙伴,它们擅长在合作中认识伙伴,并通过强有力的学术合作加强与伙伴的友好关系,在此方面,全球世界一流大学各有各的发展之"道"。这说明,任何一流大学的协同发展不是没有方向的,而是有明确的战略指向的,一流大学不会把自身的发展降低到不应有的层次地位上,它总是通过各种途径方法着力提升自己的地位和作用,包括提升自己的全球合作伙伴的层次和水平。

1900年美国研究型大学就建立了大学协会组织——美国大学联合会(AAU)。这是什么组织? 这是由北美地区高水平研究型大学组成的专业协会,是公认的世界一流大学联盟。AUU 的宗旨是提供一个永久性的论坛和2年一次的例会,影响国家和公共机构教育政策的制定和实施,以提升大学的学术研究水平和教育质量。AUU 原始成员只有14所,此后成员大学一直动态更新,不断有新成员加入,也有成员退出,现在协会成员大学已经达到65所,

---

① 陈盈晖、周一:《坚守与革新:美国一流大学校长访谈录》,商务印书馆2020年版,第8页。

包括 36 所美国公立大学、27 所美国私立大学,以及 2 所加拿大大学。AUU 入会标准相当严苛,有一套科学、严谨的评估程序来确保入会成员大学的研究生教育和学术水平达到协会标准。[1] 有评论指出:"定量和定性相结合的评估方法,使得 AUU 在保持苛刻标准的同时兼顾了大学发展的个性特色,也通过优胜劣汰保证了协会内部的活力。"[2]不仅如此,美国一流大学还在全球一流大学范围内建立了紧密的学术联系,并将吸纳这些大学的优秀学生作为一流大学建设的战略内涵。英国、德国、法国、日本、澳大利亚等国一流大学均采取这样的战略发展方法,在全球构建自己的合作伙伴体系。

显然,中国"双一流"大学必然要遵循世界一流大学建设的基本规律,其中包括学习借鉴发达国家一流大学的建设方法,主动与国际一流大学建立全球伙伴关系,以促进大学发展。随着全球化时代的发展,特别是信息化的发展,中国"双一流"更需要全面走向世界,与国际顶尖大学开展全面的学术合作,并培养世界一流顶尖人才。这种伙伴合作可以包括学科交流平台建设、人才培养平台建设、世界文化交流中心建设、国际学术出版合作等。

三、"双一流"大学的内外协同机制构建

中国"双一流"大学具有重要优势,但中国大学与世界一流大学相比在质量上仍然有差距,中国大学应该主动构建内外协同机制。中国大学在国内有突出的发展优势和良好的协同发展环境,最显著的就是中国特色社会主义制度优势和政治优势,即"东西南北中,党政军民学,党是领导一切的"[3]。通过党的集中统一领导,中国一流大学可以在国内形成优势资源共建平台,汇聚各方人才资源,形成巨大的教育市场。这是很多国家难以做到的,是我们一流大

---

① 陈振英、田稷:《中国"双一流"大学与美国一流大学:学术竞争力视角下的比较》,浙江大学出版社 2021 年版,第 51—52 页。

② 陈振英、田稷:《中国"双一流"大学与美国一流大学:学术竞争力视角下的比较》,浙江大学出版社 2021 年版,第 51—52 页。

③ 《习近平著作选读》第二卷,人民出版社 2023 年版,第 17 页。

学发展的巨大优势。比如,当代中国有 3000 多所大学,其中"双一流"大学有 147 所,这些高校可以形成协同创新的发展优势,可以形成强有力的、有中国特色的京津冀大学学术共同体、"长三角"大学学术共同体、粤港澳大学学术共同体以及各学科建设共同体等。

近年来,围绕国家战略需求,在"一带一路"倡议下,中国部分一流大学牵头组织了一些国家大学联盟组织,产生了重要的国际影响。例如,2015 年 10 月由兰州大学发起的"一带一路"高校战略联盟、2018 年 11 月由浙江大学牵头成立的"一带一路"工程教育国际联盟等,这些由中国大学牵头组织的国际大学联盟组织,不仅是中国一流大学参与"一带一路"建设的重要平台,也是中国一流大学主导构建国内外协同创新发展的重要机制。[1] 类似的国际大学联盟组织还有如:2021 年 10 月由东南大学和英国伯明翰大学联合发起、14 个国家近 30 所一流高校参与的"碳中和世界大学联盟"在南京成立。这是全球首个聚焦碳中和技术领域人才培养和科研合作的世界大学联盟,它致力于为人类社会低碳发展、国家和地区实现"双碳"目标培养拥有国际视野和创新能力的拔尖人才,同时向全球推介中国在碳中和方面的特色经验。[2] 随着中国的发展,以中国一流大学为主导的这类国际大学联盟将会形成越来越大的全球性影响力。

第七节　大学治理体系和治理能力现代化

受政治、经济、历史、文化、传统、国情等多种因素的影响,各国大学的治理体系表现出不同的模式,治理能力也有不同的表现。为适应国家治理体系和

---

① 吴伟、徐贤春、延立军:《世界一流大学在中国:理想与现实》,上海交通大学出版社 2022 年版,第 141—145 页。

② 苏雁、吴婵:《育人路初心如磐　新征程奋楫笃行——东南大学在党史学习教育中谱写立德树人新篇章》,《光明日报》2021 年 12 月 16 日。

治理能力现代化建设的需要,中国"双一流"大学需要从管理走向治理,从科学治理走向一流治理,加速提升大学治理体系和治理能力现代化,更好地推进"双一流"建设高质量发展。

一、中国大学从管理走向治理的趋势

人类社会的发展进入新阶段,继续采用陈旧的统治或管理的手段难以解决发展中的新问题,需要从一种新的视角看待人类事务的管理问题。20世纪90年代以来,在西方学术界,特别是在经济学、政治学和管理学领域,"治理"一词十分流行。何谓治理? 英语中的"治理"源于拉丁文和古希腊语,原意是控制、引导和操纵。长期以来"治理"和"统治"一词被人们交叉使用,并且主要被用于与国家的公共事务相关的管理活动和政治活动。在各种关于治理的定义中,全球治理委员会的定义具有很强的代表性和权威性:治理是各种公共的或私人的个人和机构管理其共同事务的诸多方式的总和。它有四个特点,即治理不是一整套规则,也不是一种活动,而是一个过程;治理过程的基础不是控制而是协调;治理既涉及公共部门,也包括私人部门;治理不是一种正式的制度而是持续的互动。① 概言之,治理过程是一个民主运行的过程,民主是治理体系的基础,没有民主就没有治理,国家治理也可以称之为民主治理。

在这个意义上,大学从"管理"走向"治理",不仅是一个管理方式的转变,更是一种管理理念的革新。因为"管理的基础是权力,是自上而下,用权力来管理基层、管群众、政府管学校、学校行政管理院系、管理师生员工。……治理不是自上而下的管理,治理是多方面的、多种利益相关者的权力相互协调、相互制约"②。"治理的意义不是我来治你,而是相互之间来共同治理,共同发挥作用。"③无疑,治理要求在达到共同目标的过程中需要实行民主的程序并经

---

① 俞可平:《论国家治理现代化》(修订版),社会科学文献出版社2015年版,第18—23页。
② 潘懋元:《大学的沉思》,商务印书馆2017年版,第54页。
③ 潘懋元:《大学的沉思》,商务印书馆2017年版,第54页。

由民主实现治理的目标,这就产生了管理制度改革问题。改革的目标是实现大学治理体系和治理能力现代化,要求大学与时俱进,改革创新,改变过去传统的管理思维定式,转为符合现代社会发展需要的治理观念和治理体系。在此转变过程中,大学制度建设必然有"破"有"立",目的是谋求更好的治理和发展,而不是为"破"而"破"、为"立"而"立",其衡量标准是大学发展目标的内在需要。换言之,大学制度的"破"与"立"是实现高质量发展的必然要求,大学制度的"破"与"立"相辅相成,互动发展。

　　长期以来,受到多方面因素的影响,中国大学存在一系列阻碍发展的内外部矛盾和问题。例如管理中的"官本位""论资排辈""近亲繁殖",学术管理泛"行政化"问题,严重制约了中国大学的科学研究、学术发展、人才培养质量的提升。面对这些问题,如果再按照老办法来管理学校,不仅无法实现大学建设和发展的目标,而且已有的发展成果也有可能失去。在此形势下,大学需要改变管理思路,实行治理体系和治理能力现代化,即与国家治理体系和治理能力现代化同步发展甚至超前发展。在此过程中,中国"双一流"大学尤其需要发挥示范引领作用,因为一流大学在人才培养、科学研究、社会服务、文化传承创新和国际交流方面走在前列,若能在大学治理体系和治理能力现代化方面作出贡献,那么对其他大学将发挥带动作用。

二、中国特色世界一流大学的治理方向

　　在中国大地上建设世界一流大学,这种大学被定义为中国特色世界一流大学,这很容易理解,也能够被大家接受,因为我们从事的是中国特色社会主义事业,我们的大学自然富有中国特色。实践证明,中国特色具有强大的生命力,那么,如何使中国特色世界一流大学建设在治理体系和治理能力现代化方面走出一条特色之路? 这是一个实践问题,也是一个理论课题。

　　中国特色世界一流大学的治理体系不同于西方一流大学治理体系,它不是自动产生的,也不是西方人帮助我们构建的,而是需要我们中国人自己来构

建,这就需要发挥中国人的主观能动性和创造性。首先要认识到,究竟什么样的治理体系是全体教职工高度认同的,也是能够服务于大学发展的,是能够保障大学实现共同理想的。比如大学领导及其力量的发挥问题,当大家赞成一种制度的时候,必然涉及承认一种领导力量的作用。在中国,这种力量就是中国共产党,因此,一切治理体系的建设均应当以维护这个领导力量的作用为根本前提,这是与中国国家治理体系高度一致的领导体系,也是长期以来经过实践检验且行之有效的领导体系。同时在这种领导力量的指导支持下发挥各种治理主体和相关力量的重要作用。所以,我们看到在中国大学治理制度设计中,首要条件是坚持党委领导下的校长负责制,这是实现中国高校包括中国特色世界一流大学目标的治理体系的方向原则。

坚持这一方向原则,与中国特色世界一流大学体系建设目标有关,中国特色世界一流大学致力于培养德智体美劳全面发展的社会主义建设者和接班人,而要实现这个目标,我们需要切实保证党的教育方针在大学的贯彻落实,那么如何在治理体系上有切实的保障,这就是坚持党的全面领导,同时加强和改进党的全面领导,实现党在高校发展中的领导核心作用。习近平总书记指出:"办好我国高等教育,必须坚持党的领导,牢牢掌握党对高校工作的领导权,使高校成为坚持党的领导的坚强阵地。这一点任何时候都不能有丝毫动摇。党委要抓好政治领导和思想领导。政治领导,就是要保证高校正确办学方向,保证党的领导在高校工作中全面发挥作用;思想领导,就是要掌握高校思想政治工作主导权,巩固马克思主义在高校意识形态的主导地位,用科学理论培养人,用正确思想引导人,保证高校始终成为培养社会主义事业建设者和接班人的坚强阵地。"①改革开放以来的实践证明,这是一条行之有效的高校治理体系,未来将不断改进和完善,从而保证中国高校实现既定发展目标。

---

① 习近平:《论坚持党对一切工作的领导》,中央文献出版社 2019 年版,第 162 页。

三、大学治理体系和治理能力现代化的实现

建设中国特色世界一流大学要实现大学治理体系和治理能力现代化,大学治理体系现代化和大学治理能力现代化,是互为支撑的关系。大学治理体系的运转需要大学治理能力现代化,没有大学治理能力现代化,大学治理体系无法发挥作用,没有大学治理体系现代化,大学治理能力现代化也无用武之地。大学治理体系现代化和大学治理能力现代化,首先表现在大学领导能力的现代化上,也就是要跟上国家治理能力现代化的步伐,能够适应党和国家对培养人才的形势要求。中国特色世界一流大学治理的领导能力现代化应着力把握下面四项能力建设。

第一,要有顶层设计能力。所谓顶层设计能力,就是一流大学的领导者特别是担任大学党委书记和校长职务的领导者,要能够洞察世界百年未有之大变局的趋势和中华民族伟大复兴战略全局的走向,准确把握国内外高等教育发展大势,立足中国,放眼世界,从战略高度掌控一流大学发展的方向和未来,科学制定和有效实施中国特色世界一流大学发展战略规划和行动计划。

第二,要有领导组织能力。要认识到世界一流大学的领导和组织管理有自身的特殊规律,一切墨守成规的做法难以成就大事业,因此,大学领导要善于转变观念,从管理走向治理,在治理过程中,要科学把握国家关于教育治理和大学治理的大政方针,围绕一流大学发展战略和规划目标,完善大学治理体制和机制,有目的、有计划、有步骤地开展大学治理,充分体现大学治理的指导思想和基本原则,让全体师生员工都能够享有应有的权利。

第三,要善用现代信息技术。在信息技术社会中,任何国家的一流大学都是处于全球一流大学体系之中,通常与国内外的一流大学保持着密切的沟通和联系,因此,一所一流大学的治理体系能够影响到其他一流大学治理体系的发展。21世纪的中国一流大学管理者要善于运用现代信息技术,推进治理体系和治理能力现代化的发展。

第四,要提升大学治理话语权能力。世界上的一流大学治理没有完全统一的标准,各大学只能根据国情、校情和需要进行创新创造,做到三个有利于:有利于国家战略发展;有利于实现大学战略目标;有利于实现大学高质量内涵发展。在西方世界一流大学处于绝对优势的形势下,中国一流大学要善于构建治理话语权,向世界传播中国一流大学治理的优越性。

第四章　中国"双一流"建设的
功用目的

　　我们理解了中国"双一流"建设的本质意义、要素构成和动变原理之后，即进入到了解中国"双一流"建设至善追求的环节，这是亚里士多德"四因逻辑"方法给我们的启示。中华文化源远流长，儒家文化占据主导地位。《礼记·大学》曰："大学之道，在明明德，在亲民，在止于至善。"朱熹注曰："止者，必至于是而不迁之意。至善，则事理当然之极也。"①在这里，"至善"即最高的或最理想的境界。意思是说："大德之人讲习的学问道理，在于发扬人们天赋的善良美德；在于革除旧习，勉作新人；在于归宿到才德完美无缺的最高境界。"②那么，作为人类的一种重要事务，中国"双一流"建设的至善追求是什么？或者说，中国"双一流"大学的功能作用是什么？21 世纪，中国要建成社会主义现代化强国，实现中华民族伟大复兴。面对时代和社会的不断进步，中国"双一流"大学如何行动才能符合发展趋势？显然，中国"双一流"大学发挥大学功能作用应具有示范性、引领性作用，关键表现在五个方面：社会服务、人才培养、科学研究、文化传承创新和国际交流。中国"双一流"大学应该引领社会服务，促进社会至善；引领人才培养，促进教育至善；引领科学

---

① （宋）朱熹：《四书章句集注》，中华书局 2011 年版，第 4 页。
② 杨伯峻：《四书全译》，中华书局 2020 年版，第 5 页。

研究,促进科技至善;引领文化传承创新,促进文化至善;引领国际交流,促进人类至善。

第一节　引领社会服务,促进社会至善

服务社会是大学的基本功能,也是大学生存发展的重要能力。全球大学正在强化社会服务功能,世界一流研究型大学在服务社会的过程中创造了一系列奇迹,推动和引领社会向前发展,促进了社会至善。在世界百年未有之大变局的形势下,中国"双一流"大学应该立足中国大地,服务中国社会发展事业,走出一条富有中国特色的世界一流大学建设道路和发展模式。

一、大学社会服务基本功能的强化

从历史的角度看,相比大学的教学、科研功能,大学的社会服务功能是最晚出现的,但这个功能在美国大学一出现就占据了重要地位,并在新的方向上引导和激活教学科研发挥着重要作用,比如社会需求为大学的教学和科研提供方向引导,而大学的教学科研要对接社会需求,包括大学的学科专业课程设置、学术评价标准、学位授予等均应该及时满足社会需求,而社会需求是多样化的且是容易变化的,这不仅引导了大学教学科研的内容和方式的革新,甚至导致大学办学类型和办学层次的巨大变化,进而,大学不得不面向社会市场需求办学,并寻找自己的市场定位。可以说,美国大学是在社会服务中走向一流境界的。

美国研究型大学的出现及其繁荣,就是典型的案例。布鲁贝克分析了其发展轨迹,在他看来,贯穿 19 世纪的不断加速的工业革命的力量,给学院和大学所发现的知识以越来越现实的影响。知识产业出现了。学术知识,特别是占优势地位的研究型大学所提供的知识,创造了工业生产上的奇迹,与此同时,也被用来减少发展生产时所引起的弊端。在美国威斯康星州,地处麦迪逊中心大道两端的大学和州议会并肩协力为民众的意愿服务。这个时候,大学担负起了为国家服务、为公众服务的职能。大学越来越经常地被喻为"服务站"。① 在这种形势下,谁的大学是一流大学,不是大学说了算,而是社会说了算,换言之,大学通过社会服务达到一流水平乃至世界一流水平,以此吸引全球关注和支持。

21 世纪以来,大学社会服务功能不断得到强化,一方面,国家政治或政府对大学提出了服务国家、服务社会的要求;另一方面,大学要谋求更好地生存和发展,乃至产生世界性的影响,必须依靠大学外部环境的支持。尤其是研究密集型大学,更强化了以科研服务社会的功能,因为研究型大学不仅需要大量的科研基金、杰出教师和有创新潜力的优秀学生,还要为毕业生寻找更好的出路,为大学树立更好的品牌、声誉和形象,这些都要求大学必须不断与社会各方面打交道。而且,越是一流大学,越需要通过服务社会证明大学的贡献能力,从而得到社会的强有力支持。可以说,"服务社会"为大学搭建了与社会交流合作的桥梁,而大学则通过这个桥梁走向社会中心。这一点被研究型大学经验所证明。

二、世界一流大学的社会服务

大学服务社会有独特的"门道"。大学服务社会,主要指学术服务和人才服务,从服务范围来看,主要指两个方面:服务本土社会和服务国际社会。服务本土社会,指服务所在国家和民族的发展;服务国际社会,即为全球提供服务。这两者的关系十分紧密,服务本土社会,是服务国际社会的基础和前提;服务国际社会,是服务本土社会的拓展和延伸;服务本土社会和服务国际社会,可以相互促进、相得益彰。一所大学若没有服务本土社会的能力,也难以服务国际社会,而能够服务国际社会的,应是国际性大学,这样的大学在地理

---

① [美]约翰·S.布鲁贝克:《高等教育哲学》,王承绪等译,浙江教育出版社 1998 年版,第16—17 页。

位置上处于某个国家,但它的服务能力和影响力超越了国家和地区的边界,可以说,它是世界级的大学。宾夕法尼亚大学校长古特曼(Amy Gutmann)在就职演说中提出"宾大的契约"有三条:增加录取机会、整合知识、参与当地及全球义务。① 普林斯顿大学的校训是:"服务祖国,服务世界,为人类创造美好世界。"②

欧美一流大学长久的社会服务之道有诸多启示。例如,剑桥大学作为世界一流大学就有服务社会的历史记录,它先是侍奉天主教王室,然后服务新教信仰,19世纪则投入自然科学,为惊人的科学成就奠定基础;20世纪学院纷纷转变观点,满足女子参加高等教育的需要;后来投身商业大潮,造就了"剑桥现象"。学校还配合扩招,不断从州立高中招收越来越多的年轻学生,并积极举办"剑桥大学开放日"等活动,与大学所在镇子建立良好关系。③ 20世纪70年代后期,剑桥大学出现了高技术企业形成的浪潮。在英国政府"产学研"合作政策的引导下,剑桥大学成立了为新设厂商提供支持服务的创新中心。1999年创建的"企业联系"组织,帮助咨询发展初期的知识经济企业,使得剑桥大学吸引了大量跨国企业的投资,并且有数个从剑桥大学分离出去的企业成为国际知名企业,如艾康计算机公司和多米诺打印技术公司等。"科学园有效地把大学、科研、企业密切联系起来,不仅增加了剑桥大学的活力,而且促进了英国及世界经济的发展,这一态势造就了英国经济中著名的'剑桥现象'。"④

中国高等教育发展方向要与国家发展的现实目标和未来方向紧密联系起来,做到在"四为服务"过程中实现发展目标。⑤ 中国"双一流"大学是中国高

① [美]朱易:《美国常春藤名校校长演说精选》,王建华等译,江西人民出版社2009年版,第146—153页。
② [美]朱易:《美国常春藤名校校长演说精选》,王建华等译,江西人民出版社2009年版,第107页。
③ [英]柯瑞思:《剑桥:大学与小镇800年》,陶然译,生活·读书·新知三联书店2013年版,第343页。
④ 刘亮:《剑桥大学史》,上海交通大学出版社2012年版,第224页。
⑤ 《习近平谈治国理政》第二卷,外文出版社2017年版,第376—377页。

等教育的"领头羊"和"航标灯",承担着推进国家战略发展的重大使命,其只能在服务中国社会进而服务国际社会发展的过程中实现世界一流,而没有其他道路可走。换言之,中国的大学必然是在推进国家走向世界一流强国的过程中实现世界一流建设目标。在这个意义上,我们以中国特色检验中国的世界一流大学建设成效,是科学的合理的结论。

三、"双一流"大学建设与社会至善

社会至善,是指人类社会自觉追求美好社会的理想境界。在任何一个国家,社会至善与大学至善都是紧密相连的,社会至善离不开大学至善,大学至善是社会至善的精神基础。大学至善,在于追求真理、探求未知、创造新知、服务人类。"止于至善"表达了大学对至善理想的不懈追求。当代中国大学创建世界一流的过程,就是大学追求至善、促进社会至善的过程。

中国大学具有追求社会至善的传统。最具有代表性的中国一流大学是北京大学和清华大学。鲁迅说:"北大是常为新的,改进的运动的先锋,要使中国向着好的,往上的道路走。"[1]"双一流"建设期间,北京大学积极响应国家战略,主动对标世界一流,开展学科国际评估,精准推动学科发展,不断提升学科的国际影响力。通过国际评议,学科的成效、特色和优势得到了具有高影响力专家的认可和宣传。[2] 清华大学坚持面向国家重大战略需求、面向国际学术前沿,从学科方向和研究项目层面,凝练符合国家需求和学校特色的研究方向,高度重视对解决基础科学研究和关键核心技术问题的布局,创新科研模式,形成一批标志性建设成果。[3] 事实表明,以北京大学和清华大学为代表的中国"双一流"大学,秉承中华文化追求至善的精神理念,不断

---

① 顾明远:《鲁迅教育文存》,人民教育出版社 2017 年版,第 124—125 页。
② "双一流"建设动态监测与成效评价课题组:《首轮"双一流"建设典型案例集》,中国科学技术出版社 2022 年版,第 19 页。
③ "双一流"建设动态监测与成效评价课题组:《首轮"双一流"建设典型案例集》,中国科学技术出版社 2022 年版,第 20 页。

开拓创新,走出了富有中国特色的发展道路。

第二节　引领人才培养,促进教育至善

　　人才培养是大学的核心功能,虽然全球研究型大学的人才培养实践出现了一些问题,但最终还是回归到这个中心任务上来。世界一流大学不仅在科学研究,而且在人才培养上走在世界前列,有重要的榜样引领作用。中国"双一流"大学走在中国高等教育发展前列,是中国特色社会主义标杆大学,拥有提升个人进步的最优资源,无疑应聚焦人才培养事业,在提升人才培养能力方面力争世界一流水平,为我们新时代教育至善作出最大贡献。

一、大学人才培养核心功能的回归

　　自 1088 年意大利博洛尼亚大学建立以来,大学始终以人才培养为第一功能,1810 年柏林大学建立,洪堡将科学研究引入大学,促进科研与教学相结合,大学具备了两大功能,即教学和科研,或者说人才培养和科学研究。19 世纪下半叶,美国学习德国大学经验,并结合美国社会需求,开展社会服务,于是大学出现了社会服务的功能。此后,大学三大功能协同发展,全球大学出现了趋同现象,就是采取同样的发展模式,即教学、科研、服务一体化发展,大学以科研促进教学发展和人才培养,同时开展社会服务。但是,随着高等教育特别是全球研究型大学的竞争发展,大学在履行这三大功能时出现了"轻重区别",正如美国一位大学校长所指出的:"大学乃是教学与科研合二为一的产物,这一特征长久以来一直就是大学的优势,但相对分量却早不知怎么就偏向研究了"①。在美国,众多研究型大学出现了"重科研、轻教学"现象,而且越来越严重。有分析认为,这与学术界的潜规则——"要么发表,要么走人"的

―――――――――

① ［美］唐纳德·肯尼迪:《学术责任》,阎凤桥等译,新华出版社 2002 年版,第 114 页。

政策取向不无关系。对此,各种讨论和质疑不断,但是似乎也没有什么好办法。①

面对这个"老大难"问题,全球一流大学都在反思。不少大学管理者、杰出学者在质疑和批评的同时也提出了建设性的思路方法。例如,哈佛大学前校长德里克·博克(Derek Bok)对美国大学本科教育进行反思,并建议研究型大学"回归大学之道",就是要重视本科教学和人才培养的问题。② 无独有偶,哈佛学院前院长哈瑞·刘易斯(Harry R.Lewis)撰写了《失去灵魂的卓越——哈佛是如何忘记教育宗旨的》,同样是针对前者的问题进行分析和指明方向。③ 为此,美国教育家博耶(E.L.Boyer)提出四种学术水平问题,即"发现的学术水平""综合的学术水平""应用的学术水平"和"教学的学术水平",试图从理论方面论证和解决大学"重科研、轻教学"的矛盾问题。④

中国大学是社会主义大学,在培养人的问题上始终坚持马克思主义的立场、观点和方法,坚持以人民为中心的教育思想。习近平总书记阐述了"双一流"建设的辩证法规则,就是我们既要注重吸收世界一流大学的办学经验,更要立足中国大地,遵循教育规律,建设有中国特色的世界一流大学。在建设世界一流大学的过程中,要坚持立德树人的根本任务,其他一切工作都应围绕这个中心任务来开展。⑤ 换言之,在一流大学建设中,科学研究、社会服务等至关重要,但这些要素都应该围绕人才培养中心任务来开展。因此,中国"双一流"大学必须把握好人才培养这个关键点和核心点。

---

① [美]德里克·博克:《大学的未来》,曲强译,中国人民大学出版社 2017 年版,第 314—324 页。

② [美]德里克·博克:《回归大学之道——对美国大学本科教育的反思与展望》,侯定凯、梁爽、陈琼琼译,华东师范大学出版社 2008 年版,第 1—6 页。

③ [美]哈瑞·刘易斯:《失去灵魂的卓越——哈佛是如何忘记教育宗旨的》,侯定凯译,华东师范大学出版社 2007 年版,第 1—16 页。

④ 吕达、周满生:《当代外国教育改革著名文献(美国卷·第三册)》,人民教育出版社 2004 年版,第 7 页。

⑤ 《习近平谈治国理政》第二卷,外文出版社 2017 年版,第 376—379 页。

二、世界一流大学的创新人才培养

世界一流大学向来注重人才培养,均把创新人才培养看作是一流大学生命攸关的核心任务。从全球来看,大学特别是一流大学的人才培养内涵极其丰富,例如,从层次上看,有本科生、研究生,研究生层次又区分硕士生、博士生,每个层次还区分为学术型、专业性或应用型、职业型。综观全球,世界一流大学的一个共同战略是,不仅举办一流本科教育,更重视建设一流研究生教育,并以一流研究生教育引导一流本科教育,使两者相互贯通、相互促进、相得益彰。世界一流大学在博士生教育方面处于世界一流地位,具有全球示范意义。有研究发现,自 1901 年诺贝尔奖设立以来,美国有 35%的诺贝尔奖获得者抑或 70%的大学诺贝尔奖获得者都来自美国 AAU 精英大学。[1] 在 1901 年至 2008 年全球共计 589 名诺奖得主中,有 568 人拥有研究生教育经历,其中 555 人拥有博士学位。[2] 学界已经发现,在发达国家,众多诺贝尔奖获得者与一流大学存在密切关系。[3]

世界一流大学培养精英人才的一种重要现象,就是不少科学家出自同一所大学甚至同一个实验室,这些大学或实验室拥有一流的科学家教师、一流的科学条件和一流的科研环境,能够吸引一流人才加盟其中。例如,英国剑桥大学卡文迪什实验室诞生数十位诺贝尔奖获得者的重要事实表明,世界一流教育不仅可以为人类的个体创造奇迹,并通过个体创造性贡献体现人类的杰出才能和发展潜力。[4] 其中存在一种良性循环的意义,就是优秀的环境吸引一流人才,一流人才吸引一流人才,同时塑造一流教育环境,从而更好地吸引一流人才加盟。可以说,这是西方国家一流大学取得巨大成就的一个重要原因。

---

[1] 饶燕婷、王琪:《走进世界名校:美国》,上海交通大学出版社 2012 年版,第 138 页。

[2] 刘少雪:《面向创新型国家建设的科技领军人才成长研究》,中国人民大学出版社 2009 年版,第 112 页。

[3] 吕淑琴、陈洪、李雨民:《诺贝尔奖的启示》,科学出版社 2010 年版,第 58—94 页。

[4] 刘亮:《剑桥大学史》,上海交通大学出版社 2012 年版,第 127—147 页。

　　世界一流大学从全球招募人才,包括杰出的教师和优秀的学生及管理者,然后给予他们充分优越的学习科研条件,促进其学术进步和参与全球学术竞争。正如每一次奥林匹克竞赛让人们看到世界冠军在某个项目上代表人类在某个历史时刻所能达到的最高境界一样,全球科学家通过科学研究成果的比较和实践检验,可以让世人看出人类智力发展水平在某段时间内达到的最高境界。

三、"双一流"大学建设与教育至善

　　教育至善,就是教育追求使人能够接受最好的文明教育的境界。教育至善与个体至善紧密相关,教育至善为个体至善提供基础条件,个体至善是教育至善的直接体现,或者说,教育至善通过个体至善来检验,个体至善不断充实教育至善的内涵意义。个体至善,在于修养品德、提升内涵、贡献社会。一流大学为个体至善搭建了最优秀的平台,可以使个体实现至善的理想目标。

　　中国大学致力于个体至善,所谓大学的"明明德",就是要通过教育使个体受到良好的教育,尤其是在品德修养上有进步。这从中国大学的校训中可以看出来。例如,清华大学校训是"自强不息,厚德载物";复旦大学校训是"博学而笃志,切问而近思";南开大学校训是"允公允能,日新月异";中山大学校训是"博学、审问、慎思、明辨、笃行";北京师范大学校训是"学为人师,行为世范";苏州大学校训是"养天地正气,法古今完人"。可以看出,很多大学校训表述语言来自中国古代的思想家或经典如《论语》,充分体现了中国大学具有的中华人文精神和培育中华英才的至善追求。

　　21世纪,亚洲文明尤其以儒家文明为代表的中华文明正在走向伟大复兴。中国"双一流"大学是在拥有五千年悠久文明的中国大地上举办的大学,代表了中国特色社会主义大学的最高水平。不管从何种角度看,这些大学的建设和发展都具有重要的文明意义。如果说西方一流大学是传承西方文化、推进人类文明发展的大学,那么,中国一流大学是传承创新中华文化进而推进人类和平进步的大学。未来,中国"双一流"大学应当在追求至善育人上走出一条中国特色建设道路,从而为世界教育提供至善育人的智慧方案。

第三节 引领科学研究,促进科技至善

科学研究是大学的重要功能,大学的科学研究功能正得到不断强化,科学研究与教育教学相结合,提高了专业化人才的培养能力。世界一流大学承担着最前沿的科学研究任务,在基础研究领域发挥了示范引领性作用。中国"双一流"大学应该高度重视科学研究对人才培养的深刻影响,以科学研究和人才培养高质量融合实现世界一流水平,进而引领世界科技创新的潮流。

一、大学科学研究重要功能的强化

大学有近千年演变史,在科学研究还没有引入大学时,大学在长达数个世纪时间里仅开展教学或人才培养。19 世纪初,在欧洲,科学研究由大学外的科学院或学会实施,法国、英国最为明显。德国知名学者鲍尔生在《德国教育史》一书中写道:"在法国和英国,学术研究工作根本未放在大学的肩上,这种学术研究工作从 17 世纪起就被新建立的学术机构承担了,在法国就是皇家学院,在英国就是皇家学会。这种情形至今未变。因为这两个国家的大学并不足以作为国家学术的代表。"①而在德国,虽然"学会实际上各地都有,最重要的是 1700 年经莱布尼兹的不懈努力而在柏林所建立的科学院",但"德国的学会从来没有达到像西欧国家学会那样大的影响。普鲁士的最高学府不是柏林的科学院,而是哈勒大学……所以德国的大学才是科研与学术的真正代表,

---

① [德]弗里德里希·鲍尔生:《德国教育史》,滕大春译,人民教育出版社 1986 年版,第84 页。

学会可以说是大学教师团体中推选出来的各种科学工作的专业委员会"①。可以看出,19世纪初,在欧洲,德国大学重视科研且走在时代的前列。

1810年柏林大学的诞生是标志性事件,在教育家洪堡的倡导下,德国人把科学研究引入大学教学,倡导科研教学相结合的理念,开创了一种崭新模式。在这种新模式下,"教育的宗旨不是向学生灌输百科全书式的知识,而是让他们了解真正的科学文化。不再认为学生仅仅是为将来成为国家公务员做准备,而是把他们看做是需要通过无所禁忌的科学学习,在思考独立、思想自由和道德自由的环境中得到培养"。② 由于科学研究内在要求人们必须保持兴趣,特别是对知识发现的兴趣,德国教育界倡导注重培养兴趣的教育学思想,如德国教育家赫尔巴特(1806)撰写的《普通教育学》即阐述这样的理论观点。③ 实际上,德国大学正是围绕这个关键点设计了教师的教学自由和学生的学习自由的大学制度,教师有自由选择学生的权利,学生有自由选择教师的权利,师生组成学术共同体,其目标就是以科研成果对人类知识作出独创性贡献。

1876年,美国约翰·霍普金斯大学引入德国大学模式,致力于纯科学研究,办学之初,它是非常独特的,它在传统和新兴的学术领域都发展出了博士学位,但它并没有像德国大学那样取得成功,原因在于:本科生教育在美国的学院和大学里非常稳定,这一传统很难改变,本科生教育不仅为高级阶段的教育提供了人才,而且还成了美国社会经济和社会地位的象征。受此环境影响,霍普金斯大学很快就在研究生教育下设置了本科阶段的教育。另外,霍普金斯大学追求的德国式纯粹科学研究的理念与其他美国大学并不一致。当时,

---

① [德]弗里德里希·鲍尔生:《德国教育史》,滕大春译,人民教育出版社1986年版,第84—85页。

② [德]弗里德里希·包尔生:《德国大学与大学学习》,张驰、郄海霞、耿益群译,张斌贤、张驰校,人民教育出版社2009年版,第53—54页。

③ [德]赫尔巴特:《普通教育学》,人民教育出版社2015年版,第41—104页。

美国快速发展,人们忙忙碌碌,资源极大丰富,社会问题层出不穷,在这样的社会环境中,应用研究而非纯粹的研究似乎更能适应社会需求。就是说,大学的研究必须很好地适应社会的需求才能获得生存。① 这种环境导致美国大学的科学研究必须与社会需求紧密结合,从而形成了美国特色的大学科学研究模式。

显然,自从科学研究进入大学以来,不仅大学发生了重大变化,而且从事科学研究的大学所在的国家社会也发生了巨大变化。19 世纪初,柏林大学迅速改变了德国大学的被动局面,进而改变了德国的命运,使德国站在了世界科学中心的位置。之后,美国大学借鉴德国大学模式,引入科学研究,并将科学研究与社会服务结合起来,按照社会需求培养各类、各层次应用型人才,使得美国大学一跃成为世界大学的新标杆新旗帜。正因为有如此大的影响,各国大学特别是一流大学不断强化科学研究的功能,而发达国家大学走在了世界前列,出现了一批研究型大学乃至世界一流顶尖大学。

二、世界一流大学的基础科学研究

科学研究给世界带来了巨大变化。世界一流大学重视科学研究,尤其重视基础科学研究。道理在于:科学研究一般可以分为基础科学研究和应用科学研究,应用科学研究以基础科学研究为前提,或者说,没有基础科学研究作为基础,应用科学研究无法成立,更无法成功。所谓应用科学研究,就是对基础科学研究的成果加以转化,即把基础科学研究成果转化为适应社会需要的成果或技术产品。比方说,基础科学研究成果是一个原理或公式,而应用科学研究成果则是一个可以使用的产品,从公式到产品,这是发展转化的过程。例如爱因斯坦著名的质能方程式 $E = mc^2$ 在人们认识自然界的物质结构和性质之中扮演了核心角色。原子弹爆炸的巨大能量来源正是基于这个方程所描述

---

① [美]厄本、瓦格纳:《美国教育:一部历史档案》,周晟、谢爱磊译,中国人民大学出版社 2008 年版,第 250—251 页。

的物理原理,后者通过前者而改变了整个世界。① 这就是人类基础科学研究带来的巨大影响力。

　　显然,一所大学仅仅从事应用科学研究,那是无法达到世界一流大学发展境界的。世界一流大学必须从事基础科学研究,把原创性科学研究作为核心使命或首要任务,具体说,一流大学要在原始知识创新和知识生产上作出重大贡献,为人类知识宝库增加新的资源和优势。实际上,这两种研究产生的学术和社会影响也是不同的。正如一位美国学者所指出的:"大学管理者看待应用研究和服务活动的方式与看待基础研究的方式多少有些不同。前者是为客户提供服务或解决问题。在学术领域里,基础研究决定大学的名声和威望。在学者和优秀学生看来,应用性研究和服务活动不太可能增加学校对他们的吸引力。"②这说明大学在科学研究上是有区别的。第二次世界大战后,美国众多学院或大学成长为研究型大学,进而发展成为世界一流大学,吸引了全球优秀青年前往留学,其基本经验就是从事世界一流的基础科学研究。

　　那么,基础科学研究项目在哪里? 说到底,这是由国家生存和发展、民族繁荣与进步、人类追求发展与进步的实践中提出来的。19 世纪初,德国普鲁士政府在面临生死存亡时提出了发展研究型大学的重大课题,洪堡将国家意志转化为举办研究型大学的动力,实现了德国科学技术的重大进步。在两次世界大战中,美国人认识到,依靠落后的武器无法实现战争胜利的目标,而先进的武器则可以解决现实难题。所以,美国政府在战争中发现科学研究的重大价值,从而继续支持大学基础科学研究,发展出了许多研究型大学。事实是,美国大学协会的大学不同程度地参与了美国重大基础科学研究项目,包括阿波罗计划、曼哈顿计划等。这些重大基础科研项目给大学带

---

　　① 〔德〕哈拉尔德·弗里奇:《改变世界的方程:牛顿、爱因斯坦和相对论》,邢志忠、江向东、黄艳华译,上海科技教育出版社 2018 年版,第 183—192 页。

　　② 〔美〕弗雷德里克·E.博德斯顿:《管理今日大学——为了活力、变革与卓越之战略》,王春春、赵炬明译,广西师范大学出版社 2006 年版,第 14 页。

来了挑战,也带来了发展机遇。①

三、"双一流"大学建设与科技至善

科技至善,就是科技满足人类对美好生活需要而达到的最高境界。科技至善与教育至善密切相关,科技至善依靠教育至善,教育至善促进科技至善,促进个体至善发展,所以,我国提出教育强国、科技强国、人才强国战略,实际上是站在国家发展的意义上将三者关系进行了通俗化的表达。

科技如何达到至善境界? 显然,科学研究是一个重要途径和基本方法。这就需要世界一流大学和世界一流学科。从上述分析可见,我们建设世界一流大学的基本途径显而易见,就是要开展世界一流基础科学研究,实现世界一流学科建设目标。可以说,谁抓住了基础科学研究,谁就赢得了未来科学发展先机。美国打压中国高科技,实质上是打压中国基础科学研究进程,在此形势下,中国一流大学恰恰要迎难而上并谋求突破,即推进世界一流学科建设,以一流学科建设推动一流大学内涵建设。习近平总书记在清华大学考察时指出,一流大学是基础研究的主力军和重大科技突破的策源地,要完善以健康学术生态为基础、以有效学术治理为保障、以产生一流学术成果和培养一流人才为目标的大学创新体系,勇于攻克"卡脖子"的关键核心技术,加强产学研深度融合,促进科技成果转化。②

第四节　引领文化传承创新,促进文化至善

文化传承创新是大学的永恒功能,它不仅融合了教学、科研和社会服务中

---

① [美]休·戴维斯·格拉汉姆、南希·戴蒙德:《美国研究型大学的兴起:战后年代的精英大学及其挑战者》,张斌贤等译,河北大学出版社 2008 年版,第 17—40 页。

② 《习近平在清华大学考察时强调　坚持中国特色世界一流大学建设目标方向　为服务国家富强民族复兴人民幸福贡献力量》,《思想政治工作研究》2021 年第 5 期。

最有价值的内涵意义,而且对人类和平发展起到了难以估量的影响力。世界一流大学利用其人才培养、科学研究、社会服务的巨大优势,在文化传承创新上始终发挥着引领性作用。中国"双一流"大学深处中华优秀文明生态环境中,肩负着传承创新中华文化的社会责任,也有良好的资源条件促进文化至善。

一、大学文化传承创新功能的确立

大学的文化传承创新功能早已存在,它的存在方式是依托教育教学或人才培养、科学研究潜移默化产生作用的。20世纪30年代,美国威斯康星大学把社会服务作为大学的新功能,并以此要求大学教授必须承担服务社会的职责,社会服务的功能在大学确立了。① 如此,大学三大功能在世界各地传播开来,落地生根,成为大学的"遗传因子"。欧美大学在发挥三大功能作用的过程中也发挥了文化传承创新的作用。这一点,哈佛大学前校长洛厄尔说得很清楚:"无论何种制度,若想获得成功,都必须保持内在一致;不顾自身根基,一味盲目嫁接外来枝干,必将带来不可预测的风险。同样,就文化培育而言,我们所要努力的方向也是尽力发展一套与美国大学相适应的教育模式。帮助青年学子用心欣赏世上诸般美好,孜孜探究对人类有益的系统知识,深入理解这个民族的传统价值,这才是美国大学所要培育的文化;传承这种文化,乃是美国大学必须具备的一种功能。"②事实上,不论是美国大学,还是欧洲大学,在发挥大学三大功能的同时也传承了欧美国家的文化和文明传统。

大学的文化传承创新在中国表现得更为突出,最重要的原因在于中华文明是世界上最悠久的文明。中国古代"大学"是中华文明的重要组成部分。不同于西方早期的大学形式,中国最早的"大学"表现形式不是采用神学院、

① 徐显明:《文化传承创新:大学的第四大功能》,《中国高等教育》2011年第10期。
② [美]艾伯特·劳伦斯·洛厄尔:《向美国高等教育传统开战:洛厄尔高等教育文集》,邓磊译,浙江教育出版社2019年版,第129页。

法学院、医学院和艺学院的"四大学院"模式,而是采用太学、官学、私学或书院模式。在私学特别是书院发展中,中国教育具有西方大学教学育人的原则,也存在以自由的理念开展学术研究的模式,比如中国古代书院有相对自由的办学空间和宽松的学术环境,师生不仅可以自由讲学,且能够潜心创新学术,取得了程朱理学、明代王湛心学和乾嘉汉学、清代实学等重大创新成果。① 孔子开辟私学教育,《论语》就是师生对话交流的思想产物;在书院教育中,朱熹《朱子语类》就是朱熹与弟子研讨问题的对话成果;王阳明著作集成了王阳明与弟子研讨的成果。这些都体现了中国传统书院育人与西方有相同或类似的育人模式。

新中国成立后,中国大学充分发挥大学的三大传统功能,并以科研促进教学,以服务提升科研教学水平,这是发挥大学传统功能的重要内容。同时,中国大学发挥中华文明的独特优势,在教学中注入中华文明,强化中华文化自信精神,在科研中激活中华文明中的创新元素,在服务中提升中华文明的活力内涵,因为中华文明中拥有"日新又新"的创新元素,中国大学通过这些创新元素的有机融合,向世界大学展示了中国一流大学的文化特色。

二、世界一流大学的文化传承创新

世界一流大学始终走在文化传承创新的前列,而它的基本凭借是世界一流大学的价值观念、科学研究、科学精神、科学环境及其对人才培养的深刻影响。通常,这种凭借,既体现国家文化的精神,也体现大学文化的传承,综合性地体现在科学研究和人才培养中,而且每所大学各有不同的表现。

例如,芝加哥大学一直处于全球一流大学的前列,不仅意味着其办学水平是世界一流的,也说明其大学的精神文化战略产生了重要影响。芝加哥大学校长司马博(Robert J.Zimmer)说:"芝加哥大学有着特别的历史,拥有自己特

---

① 朱汉民:《书院精神与儒家教育》,华东师范大学出版社 2013 年版,第 38 页。

定而有力、始终贯穿其中的价值体系。从办学伊始,芝加哥大学就以学术与学问研究严谨而著称。这种对严谨求索、挑战假设、提出新范式、多角度观察、自由表达、持续争论的承诺,已经成为一种文化,深深植根于我们这所大学之中。"①约翰·博耶说:"芝加哥大学的独特传统不仅限于海德公园校区。自大学创办时起,它的教师学者就开始和全世界的研究者和领导人进行合作,与来自全球的同行和机构进行合作。同样,我们的博士和本科生志愿者、实习生、行为研究和海外留学项目遍布各大洲近 40 个国家。我们在主要的欧亚城市都开办了研究与教学中心。例如,在巴黎、伦敦、德里、北京和香港,我们中心为支持这一动态的全球网络提供了切实的平台,也代表了联合项目、教育与研究活动结合起来的新模式。"②"芝加哥大学向其视为重要的文化和教育合作伙伴的东亚和欧洲做出了深刻而坚定的承诺,这是我们全球战略的基础。"③

　　中国"双一流"大学传承创新的文化在本质上有别于西方一流大学,在当代世界其引领性意义也有别于西方一流大学。中国"双一流"大学传承的文化是中华民族五千多年积淀的文化,植根于中国人的内心世界,影响着中国人的思想方式和行为方式。比如中华文化强调"民惟邦本""天人合一""和而不同";强调"天行健,君子以自强不息","大道之行也,天下为公";强调"天下兴亡,匹夫有责";强调"言必信,行必果","人而无信,不知其可也";强调"老吾老以及人之老,幼吾幼以及人之幼";等等。中国"双一流"大学应当积极传承这些宝贵的中华文化精神,向来自世界的学子播撒中国人的智慧种子,引领世界和平发展的方向。

---

　　① 〔澳〕寇海明、谢喆平、文雯:《世界著名大学校长清华访谈录》,清华大学教育研究院组织编写,人民出版社 2021 年版,第 202 页。

　　② 〔美〕约翰·博耶:《反思与超越:芝加哥大学发展史》,和静、梁路璐译,生活·读书·新知三联书店 2018 年版,第 5 页。

　　③ 〔美〕约翰·博耶:《反思与超越:芝加哥大学发展史》,和静、梁路璐译,生活·读书·新知三联书店 2018 年版,第 5 页。

三、"双一流"大学建设与文化至善

所谓文化至善,就是人类追求最好的文化取向和最高的文化发展境界。现实状况是,人类生活在一个"多元文化的星球"。"在我们这个时代,文化是一种决定性力量。许多从表面上看来是政治性的冲突,实际上反映了文化上的深刻分歧。"①这反映了人类文化的多样性和复杂性,也说明了不同文化之间交流的重要性和紧迫性。从人类角度看,文化至善就是要承认人类文化的多样性,努力追求不同文化之间的平衡性与和谐性,达到人类幸福生活的美好境界。

但是,世界上各种文化体系中的文化至善理念不尽相同,甚至差别很大。例如,与西方文化尤其是美国文化"唯我独尊"和崇尚武力优势相比,中华文化历来重视多元和谐文明,向来"重家庭、重稳定、重传承、重和谐、重道德、重现世轻来世",②注重"以文化人",有"尚文不尚武"的传统。西汉刘向《说苑·指武》曰:"圣人之治天下也,先文德而后武力。凡武之兴,为不服也,文化不改,然后加诛。"③"以文化人"要求以"文德"教化人、影响人。孟子将"如时雨化之"(《孟子·尽心上》)列为教育之首。从古而今,中国教育就是在做"化"人,"化"的重点是养成人的德性修养,使人达到"修身齐家治国平天下"的理想境界。在这个意义上,大学至善可以促进文化至善目标的实现。

中国大学是文化至善理念的实践者。当代中国文化至善的理念具有丰富内涵,其中拥有五千多年的中华传统文明基因,拥有两千多年中华文化传承创新因子,拥有 70 多年社会主义发展的先进文化因素,拥有改革开放 40 多年的成功经验。与其他大学一样,中国"双一流"大学拥有全球一流大学竞争发展

---

① [美]欧文·拉兹格编辑:《多种文化的星球:联合国教科文组织国际专家小组的报告》,戴侃、辛未译,社会科学文献出版社 2001 年版,第 211 页。

② 许嘉璐:《中华文化的前途和使命》,中华书局 2017 年版,第 103—113 页。

③ 刘向撰,向宗鲁校证:《说苑校证》,中华书局 1987 年版,第 380 页。

的时代背景,历史正在塑造一个不同的大学背景。因此,处于全球多元文化环境和中华文明背景中的中国"双一流"大学应该肩负起文化至善的责任使命。

第五节　引领国际交流,促进人类至善

国际交流与合作是大学的一项特色功能,这种特色功能的产生和发展别有一番意义。世界一流大学在国际交流与合作方面走在全球大学的前列,发挥着示范引领作用。在构建人类命运共同体的过程中,中国"双一流"大学处于国际交流与合作的前沿阵地,充分发挥国际交流功能,不仅可以促进大学的发展,而且可以推动人类向着至善目标发展。

一、大学国际交流合作功能的来源

大学的国际交流与合作是通过学生学者的流动、生存实现的。从历史上看,中世纪的欧洲大学就是国际化的大学,博洛尼亚大学的学生来自意大利及周边各国,那里就是一个国际文化交流的城市。博洛尼亚大学就是这个国际化城市的缩影。据记载,"1158 年,意大利的学生阶层已经变得足够重要,以至于皇帝腓特烈·巴巴罗萨正式授予他们权力和特权……至此,博洛尼亚已经变成了数百名学生的常去之地,他们不仅来自意大利,而且来自阿尔卑斯山以外的地方。由于远离故土,又没有防卫手段,他们就联合起来寻求彼此间的保护和援助,这个外来学生或者异邦学生的组织就是大学的开端。"[①]至 1231 年,与博洛尼亚大学作为一种学生型大学模式不同,巴黎大学是一所教师型大学,已经出现了四个系科:文学、教会法学、医学和神学。文学科组成了四个"同乡会":法国人同乡会,包括拉丁语的人;诺曼人同乡会;皮卡第人同乡会;英国人同乡会,包括来自英格兰、德国、北欧和东欧的人。这四个同乡会负责

---

① [美]查尔斯·霍默·哈斯金斯:《大学的兴起》,王建妮译,上海人民出版社 2007 年版,第 7 页。

选举大学的首脑——大学校长(The Rector)。① 可以看出,学生国际化是中世纪大学的重要特征,也是当代大学的一个"遗传因子"。

19世纪,德国大学的国际交流是通过科学研究实现的,德国大学通过科学研究提升了国家的影响力。19世纪初,以柏林大学为代表的德国大学发展起来了,吸引了包括美国在内的全世界的优秀青年。根据历史记载,南北战争结束后,美国一部分最有天赋之人选择赴德留学,他们在哥廷根大学、莱比锡大学或柏林大学获得了研究生学位之后回到了美国,并决定用德国大学的研究生教育改造传统的学院教学。换句话说,这些留学生的改造计划实质上是以德国大学为模板,将研究生院叠加在美国传统学院的根基上。② 这使得美国大学走出了一条发展新路。事实上,北京大学之所以发展成为类似于德国大学的模式,也是因为蔡元培校长有丰富的德国大学留学经历和高深学识,对德国大学模式有深刻的体验,这是近代北京大学短期内发展起来的一个重要因素。

二、世界一流大学的国际学术交流

世界一流大学在全球范围内占据知识优势、学科优势、资源优势、生源优势,在国际学术交流方面具有绝对一流的优势地位,处于全球学术中心地位。包括中国在内的发展中国家的一流大学处于相对劣势地位,要真正改变还需要持续的艰苦努力。因为,不像经济发展可以在短期内改变,学术优势、科研优势、人才优势不是短期内就可以改变的,所以,发展中国家的大学要在国际学术交流方面取得显著优势,必须加快建设和发展研究型大学,特别是建设发展世界一流大学。

---

① [美]查尔斯·霍默·哈斯金斯:《大学的兴起》,王建妮译,上海人民出版社2007年版,第14页。

② [美]艾伯特·劳伦斯·洛厄尔:《向美国高等教育传统开战:洛厄尔高等教育文集》,邓磊译,浙江教育出版社2019年版,第237页。

20 世纪以来,美国形成了独具特色的一流大学建设模式。这个模式的建设,除得益于雄厚的经济实力、英语国际地位、众多学术中心等优越条件外,重要的是,美国综合各种有利因素,构建了属于美国大学的生态环境。在这种生态环境的诱导下,世界各地的高端学者被吸引或汇聚到美国一流大学,青年学子在这里求学,学术大家在这里安营扎寨,开展自己感兴趣的科学研究,为科学事业作出自己的贡献。麻省理工学院(MIT)前校长查尔斯·维斯特(Charles M.Vest)总结指出,美国高校出类拔萃很大程度上归功于对国际学者的开放。他说:"事实上,美国大学中 1/3 的理工科博士学位授予了外国公民,仅在工程领域,就有一半的博士学位为外国公民所获得。这些博士学位获得者当中许多最初都在美国求职,其中大约 40% 永远留在美国。这对美国的工业、大学和政府实验室来说是一笔巨大的资源! 这促成了美国大学的伟大,在国家建设中,我们必须继续坚持这种精神和宗旨。"①美国一流大学的国际交流合作给美国带来了巨大的人才优势。

当今世界一流大学无不以举办世界一流的留学生教育而自豪。比如在众多世界大学排行榜中,人们可以看到排在前列的世界级大学都拥有大量的国际留学生群体,这些群体分布在大学的各个学科、学院(系),正因为这样的学生构成,世界一流大学才成为世界多元文化交流的学术平台。不仅如此,世界一流大学还汇聚了来自世界各地的优秀教师,他们有不同的信仰、不同的肤色、不同的语言、不同的文化基因,但是他们却能够聚在一个学科进行着热烈的学术研讨,培养着对同一个世界问题的兴趣和爱好。这种场景及其发展前景,令无数青年人向往,也是世界人民友好交流的生动实践。

三、"双一流"大学建设与人类至善

所谓人类至善,就是人类追求最理想的发展境界。人类至善与大学至善

---

① [美]查尔斯·维斯特:《一流大学,卓越校长——麻省理工学院与研究型大学的作用》,蓝劲松译,北京大学出版社 2008 年版,第 112 页。

密切相关,大学至善,促进个体至善,促进教育至善,促进人类至善。不过,在世界文明体系中,关于人类至善的理念各有不同,与中国人倡导的"和而不同"的人类境界不同,西方文化强调自身种族或文化的优势地位。因此,中西方在人类至善的途径方法上出现了差别,并不总是能够保持一致。但是,各国都在以自身的智慧和力量影响着世界的发展进程,21世纪的中国无疑应该积极参与其中。

党的十八大以来,我国提出建设人类命运共同体的构想,并通过诸如"一带一路"倡议进行实践,取得了辉煌的战略性成就。事实表明,促进人类命运共同体建设,需要一个交流平台,特别是青年人聚集交流的平台,这个交流平台应该是什么? 与政府交流、企业交流、社会交流等相比,大学交流尤其是一流大学学术交流更具有深远意义。这是因为,世界一流大学不仅可以提供人类积累的先进科学技术知识,还可以塑造青年人的世界观、人生观和价值观,后者是最为关键的精神力量,可以影响世界发展的方向和进程。在这个意义上,人类命运共同体建设需要"双一流"大学的积极参与和重要贡献。

人类命运共同体建设,需要精通相关知识的世界级优秀人才,包括中国人,也包括外国人,中国"双一流"大学可以充分利用自身的学科和人才优势作出贡献。自然科学学科可以发挥重要作用,哲学社会科学也能够发挥作用。习近平总书记指出:"要深度参与全球科技治理,贡献中国智慧,塑造科技向善的文化理念,让科技更好增进人类福祉,让中国科技为推动构建人类命运共同体作出更大贡献。"① "要发挥哲学社会科学在融通中外文化、增进文明交流中的独特作用,传播中国声音、中国理论、中国思想,让世界更好读懂中国,为推动构建人类命运共同体作出积极贡献。"②

---

① 《习近平谈治国理政》第四卷,外文出版社2022年版,第201—202页。
② 《习近平在中国人民大学考察时强调 坚持党的领导传承红色基因扎根中国大地 走出一条建设中国特色世界一流大学新路》,《人民日报》2022年4月26日。

结　语　中国"双一流"建设与研究的
未来展望

　　任何事物的发展都是不断演变的过程。从战略发展看,中国"双一流"建设处于"进行时",不是"完成时",将会以一轮一轮建设的方式向前推进,"建设"或者"高质量建设"是中国"双一流"大学的永恒主题。无疑,在每一轮建设中,建设者都会遇到各种各样的问题挑战,这些问题挑战,既有可能来自大学的内部,也有可能来自大学的外部,或是大学的内外部因素结合起来的复杂影响,且是动态性的,充满不确定性,那么,我们如何正确认识和科学应对这些问题挑战?这就需要学术界加强研究,以掌握动态、找准问题、发现办法,从而用正确的理论指导解决现实难题。当前,中国"双一流"建设与研究面临新形势,因为随着国家的快速发展,"双一流"建设不断向更高级阶段发展,发展速度越来越快,建设质量要求越来越高;由此,中国"双一流"大学建设问题需要深入研究、中国"双一流"建设理论体系需要进一步完善、国际话语权更需要中国"双一流"建设研究成果。从这个角度看,中国"双一流"建设研究的未来走向显而易见:契合中华民族伟大复兴的研究愈加显著;多学科交叉性学理性研究不断增强;构建中国特色世界一流大学理论愈加明显;高端智库战略策略研究作用不断增强。

第一节　中国"双一流"建设与研究的 新形势

中国"双一流"建设,是一个长期的动态的发展过程,这个过程是伴随国家发展进步的过程,国家发展到一个新阶段,就会对大学提出更高更新更多的要求和标准。由此,中国"双一流"大学必然会有许多建设性、发展性问题需要深入研究,包括构建中国"双一流"建设理论体系、服务我国国际话语权的内涵建设,都需要更多更优秀的研究成果支持。

一、"双一流"建设不断向更高阶段发展

"双一流"建设,是党和国家作出的重大战略决策,旨在提升我国教育发展水平、增强国家核心竞争力、奠定长远发展基础。国家通过"双一流"建设,推动一批高水平大学和学科进入世界一流行列或前列,助力我国从高等教育大国到高等教育强国的历史性跨越,为实现中华民族伟大复兴提供有力支撑。党的二十大强调,以中国式现代化全面推进中华民族伟大复兴;加快建设中国特色、世界一流的大学和优势学科。很明显,建立在"211 工程"等重大教育工程发展基础上的中国"双一流"建设在世界上的地位和影响力日益提升,这个提升的过程就其本质意义而言是有规律可循的。这就是:与中国国家发展进程相一致,中国"双一流"建设可以分为三个阶段:初级阶段、中级阶段和高级阶段。现实是,我们已经走过初级阶段即 20 世纪末和 21 世纪头 10 年,不可否认,在这个阶段,我们在高等教育比较落后的情况下,基本上是把欧美世界一流大学视为理想中的世界一流大学,一切向其看齐,与其对标发展,在发展上具有追赶、模仿特征。现在处于中级阶段即 21 世纪 20 年代至 40 年代,经过前期努力建设,我国一流大学逐步发展起来,且少数高校跻身世界一流大学行列,我们认识到各国世界一流大学均有广泛的社会特征和深刻的特色内涵,

于是提出建设中国特色世界一流大学的目标。在此阶段,守正创新,是一个非常恰当的表述,就是要"守住中国特色之正","创中国一流大学之新",这也是建设中国特色社会主义一流大学的本质要求。高级阶段即 21 世纪中叶,我们将建成世界一流中国特色大学,中国的一流大学几乎都是世界一流大学,且具有鲜明的中国特色,可以为世界各国一流大学提供新的方案,而且,中国一流大学将为人类命运共同体和人类文明新形态作出重大贡献。如此看来,中国"双一流"大学在未来将不断面临新的发展要求,需要付出长期的努力和智慧的汗水,才能实现战略目标。在此进程中,有关中国"双一流"建设的主题研究极具理论意义和实践意义。

二、"双一流"大学建设问题需要深入研究

新时代,面对国家提出的重大战略要求,中国"双一流"大学建设面临很多建设性发展性问题,这些问题,既有战略性、全局性、长远性、基础性问题,又有策略性、局部性、短期性、应用性问题,而且两者紧密相连,中国"双一流"大学对前者问题认识全面、准确、深刻,对后者问题把握就会更全面、准确、深刻,实践起来就容易取得预期成果。比如,什么是中国特色世界一流大学? 如何建设中国特色世界一流大学? 什么是中国特色世界一流学科? 如何建设中国特色世界一流学科? 什么是中国特色世界一流大学? 如何建设中国特色世界一流大学? 这就是战略性、全局性、长远性、基础性问题,这种问题对"双一流"大学建设的方方面面都有重要影响。具体问题有如学者研究发现的,当前我国世界一流大学建设存在如下问题:"世界一流大学"概念模糊导致目标异化;政府过多介入大学内部事务,市场与大学活力缺乏;一流大学建设片面强调量化指标,问责制度大于支持手段;大学与市场关系疏离,对社会发展贡献不足;存在重科研轻教学倾向,一流本科教育建设不足等。① 再如,如何加

---

① 刘宝存、莫玉婉等:《世界一流大学发展模式比较研究》,人民出版社 2022 年版,第 271—277 页。

强对各类社会需求的针对性研究、科学性预测和系统性把握？如何加快培养国家急需的高精尖紧缺人才？如何推进德智体美劳"五育并举"？等等。这些问题都相当复杂，需要深入研究。如果把中国特色世界一流大学建设问题放在国家提出的"教育、科技、人才"三位一体的发展背景下进行研究，那么值得探讨的课题更多更具挑战性。总之，这些重要问题和课题都需要"双一流"大学给予清晰地阐释和回答。

三、中国"双一流"建设理论体系需要完善

从理论角度看，中国"双一流"建设是国家高等教育重大战略工程，自然是高等教育理论研究的重要内容。诚然，从 20 世纪 90 年代以来，我国实施了"211 工程""985 工程"和"2011"计划，发展到 2015 年《总体方案》的"双一流"建设战略，我国高等教育理论界作出了有益的探索，产出了丰硕的科研成果，对指导国家高等教育重点工程建设发挥了重要指导作用。但是，随着中国高等教育的快速发展，比如我国高等教育实现了从大众化到普及化的阶段目标，高等教育形势发生了重大变化，原有的高等教育理论已经跟不上新形势的发展要求，更难以指导中国"双一流"建设的新阶段实践。最突出的一点就是，我国学术界还没有建设好具有系统性、时代性、权威性的指导中国"双一流"建设的科学理论。显然，这对加快建设中国"双一流"大学和优势学科是很不利的局面。究其根本，对中国而言，中国"双一流"建设总体来说还是一个新事物，建设时间短，实践经验不足，基础条件薄弱，方式方法有待完善，需要研讨的问题还有很多，特别是立足中国大地建构属于中国人的"双一流"建设基本理论体系，任务更加艰巨。这就需要高等教育界以问题为导向，积极进取，攻坚克难，着力利用多学科理论推进研究，加快构建科学合理的中国"双一流"建设理论体系。

四、国际话语权需要"双一流"建设研究成果

"话语就是权力"。① 国际话语权问题,是关系中国高等教育发展的重大问题,也是提升中国高等教育世界影响力的重大课题。发达国家世界一流大学发展事实表明,世界一流大学不仅要埋头建设,丰富自己,发展自己,而且要代表国家在世界范围内发出自己的声音,传播自己的知识价值,产生自己的影响力,这也是国家级大学应尽的职责和义务。在一定的意义上,世界一流大学几乎就是所在国家地区、所在文明体系的"最佳代言人"和世界声誉的"最优化身"。这启示中国"双一流"大学不仅要学会谋求高质量内涵式发展,还要学会"讲故事",讲好自己的历史故事、发展故事、人物故事,同时要建构自己的教育理论,总之要用各种方式构建自己的国际影响力。近年来,我们欣喜地看到北京大学、南京大学、上海交通大学等众多高校编辑出版各种学术著作和通俗读物,开始向世界讲述自己大学的故事,包括大学与国家同步发展的故事,如北京大学出版社出版了一批有影响力的著作,包括《北大旧事》②《老北大的故事》③《大学之魂:南京大学精神传统文存》④等。这些著作成果,是中国"双一流"大学宝贵的精神财富,对中国"双一流"建设及其国际话语权的构建和发展具有重要的启发意义和传播影响力。

第二节　中国"双一流"建设研究的未来走向

实践没有止境,理论创新也没有止境。⑤ 中国"双一流"建设从历史发展

---

① 郑永年:《中国的知识重建》,东方出版社 2018 年版,第 70 页。

② 陈平原、夏晓虹:《北大旧事》,北京大学出版社 2009 年版,第 5 页。

③ 陈平原:《老北大的故事》,北京大学出版社 2009 年版,第 1 页。

④ 洪银兴、陈骏:《大学之魂——南京大学精神传统文存》,南京大学出版社 2012 年版,第 1 页。

⑤ 《习近平著作选读》第一卷,人民出版社 2023 年版,第 15 页。

而来,自然会不断发展,因此,中国"双一流"建设研究也是不断发展进步的。未来,中国"双一流"建设研究,应当更加契合中华民族伟大复兴需要,构建多学科参与和支撑的中国特色世界一流大学理论体系,并提供世界一流高端智库建设研究成果。

一、契合中华民族伟大复兴的研究愈加显著

新时代,我们国家致力于实现第二个百年奋斗目标,以中国式现代化全面推进中华民族伟大复兴。在这一历史进程中,教育、科技、人才发挥着极其重要的促进作用,为此,我们要建设文化强国、教育强国、科技强国、人才强国,为中华民族伟大复兴提供强有力支撑。中国"双一流"建设,是教育强国战略的重要组成部分,是实现教育强国、科技强国和人才强国战略目标的重要途径。因此,如何契合中华民族伟大复兴的需要? 如何推进教育强国、科技强国和人才强国战略目标的实现? 这些问题和课题,不仅是中国"双一流"建设的实践主题,也是中国"双一流"建设研究的重要内容。目前,在国家战略政策的指引下,学术界围绕这一主题开展研究的科研成果不断增多,如王战军著《世界一流大学和一流学科评价体系与推进战略》、刘莉等著《世界一流大学建设与中国梦》、吴伟等著《世界一流大学在中国》、刘承波著《探索新时代"双一流"建设的中国道路》、耿有权著《论中国特色世界一流大学》等。这也预示着只有满足国家战略需求,中国"双一流"建设研究才能取得符合实践需要的成果,才能充分体现研究的价值意义。在可预见的未来,下面的主题研究应是中国"双一流"建设研究的重要内容:中国"双一流"建设推进实现第二个百年奋斗目标的作用研究;中国"双一流"建设在推进中国式现代化建设中的战略地位研究;中国"双一流"建设在全球高等教育发展中的引领示范研究;中国"双一流"建设推进人类命运共同体发展研究、中国"双一流"建设在创造人类文明新形态中的作用研究等。这些研究,不仅具有重要的理论意义,也具有重要的实践意义。

二、多学科交叉性学理性研究不断增强

所谓多学科交叉性研究,即要从政治学、经济学、文化学、心理学、科学学、组织学、社会学、历史学、法学、教育学、统计学等多角度对中国"双一流"建设进行学理性研究,以形成中国"双一流"建设理论。面向未来,中国"双一流"大学如何在以中国式现代化全面推进中华民族伟大复兴的历史进程中发挥重要作用? 这是一个极其复杂的重大问题。要回答这个问题,必然涉及各个学科的知识和方法,或者说,需要各个学科知识和方法的支持。正如美国教育家伯顿·克拉克在编著的《高等教育新论》导言中所说:"各门社会科学及其主要的专业所开展的广泛的观点,为我们提供了了解高等教育的基本工具,不管这个学科是历史学、经济学或政治学,还是其他社会科学,都给我们提供观察世界的方法,我们可以把它们应用到高等教育部门。"①王承绪教授在该书译者前言中指出:"高等教育研究工作,不仅从事教育的人要参加,还需要从事其他专业的人参加;要从各个不同的角度进行研究,既要看到高等教育的局部,又要看到高等教育的整体。"②潘懋元教授也主张高等教育应开展多学科研究,其在《多学科观点的高等教育研究》论文中深入阐述了这种观点。③ 很显然,"双一流"大学处于中国高等教育的龙头部位,对其进行研究会有"牵一发而动全身"的效果。当前,社会各界特别是学术界高度关注中国"双一流"建设高质量内涵式发展问题,正在开展各种形式的研究工作,中国"双一流"建设研究正呈现多学科交叉性研究的发展态势。

---

① ［美］伯顿·克拉克:《高等教育新论——多学科的研究》,王承绪等译,浙江教育出版社2001 年版,第1—2 页。

② ［美］伯顿·克拉克:《高等教育新论——多学科的研究》,王承绪等译,浙江教育出版社2001 年版,第2 页。

③ 潘懋元:《多学科观点的高等教育研究》,《高等教育研究》2002 年第 1 期。

三、构建中国"双一流"建设理论愈加明显

新中国成立以来特别是改革开放以来,与中国特色社会主义国家建设需要相适应,我国在高等教育领域实施了系列重大工程建设计划,取得了举世瞩目的重大成就,也形成了自己的鲜明特色。正如习近平总书记指出的,坚持党对教育事业的全面领导,坚持把立德树人作为根本任务,坚持优先发展教育,坚持社会主义办学方向,坚实扎根中国大地办教育,坚持以人民为中心发展教育,坚持深化教育改革创新,坚持把服务中华民族伟大复兴作为教育的重要使命,坚持把教师队伍建设作为基础工作。[1] 党的十九大指出,加快一流大学和一流学科建设,实现高等教育内涵式发展。[2] 党的二十大强调,加强基础学科、新兴学科、交叉学科建设,加快建设中国特色、世界一流的大学和优势学科。[3] 这些重要思想,对中国"双一流"建设具有重要指导意义,是引领"双一流"大学办出中国特色世界一流大学的根本指针,也是中国一流大学建设区别于其他国家一流大学建设的重要特征。目前,学术界在推进中国特色世界一流大学理论建设上取得了不错的成绩,但仍然有很大提升空间,这就需要各个学科作出独特贡献。这预示着未来中国"双一流"建设研究必须为构建中国特色世界一流大学理论体系贡献智慧和力量。

四、高端智库策略研究作用不断增强

世界一流大学和世界一流学科,通常也是世界著名智库的根据地。中国"双一流"大学是中国高等教育的"领头羊",是集聚全球优秀人才的智库平台,凭借卓越的学科平台、智力资源和人才优势,完全可以承担起国家智库研究的重大任务。即是说,在以中国式现代化全面推进中华民族伟大复兴的历

---

① 《习近平总书记教育重要论述讲义》,高等教育出版社 2020 年版,第 3—16 页。
② 《习近平谈治国理政》第三卷,外文出版社 2020 年版,第 36 页。
③ 《习近平著作选读》第一卷,人民出版社 2023 年版,第 28 页。

史进程中,我国会遇到各种各样的问题挑战,需要各个学科知识及人才的智力支持,包括自然科学、人文社会科学的学术研究,皆可以参与国家建设和高质量发展事业。比如,在美西方极力打压中国高科技,严重阻碍中国高质量发展进程的情况下,自然科学家可以利用自身的科研优势在解决高科技"卡脖子"问题上发挥重要作用,人文社会科学家可以利用自身的理论优势在构建中国特色社会主义学科体系、学术体系、理论体系、课程体系、话语体系上发挥重要作用,同时两方面可以保持协调互动,将"硬实力研究"和"软实力研究"有机结合起来,共同为国家进步作出重大贡献。显然,大学校长、著名教授、科研人员乃至学生,都可以基于自身的学科优势为国家发展贡献自己的智慧成果。事实上,这不仅是中国"双一流"大学高质量发展的重要内容,也是中国"双一流"大学维护和促进世界和平发展的重要途径。

附　　录

附表 1　THE"双一流"建设高校在各排名区间的数量变化趋势表(2015—2021)

年份 排名区间	2015	2016	2017	2018	2019	2020	2021
1—50	2	2	2	2	2	2	2
50—100	0	0	0	1	1	4	4
101—200	0	2	5	4	4	1	3
201—300	4	3	0	0	1	1	2
301—400	0	0	1	4	4	6	4
401—500	3	5	4	2	4	7	6
501—600	12	8	10	12	9	7	7
601—800	12	14	17	11	13	11	8
801—1000	0	11	13	16	22	17	15
1001—1200	0	0	2	5	5	9	12
总计	33	45	54	57	65	65	63

注:"双一流"建设高校不包括第二轮建设名单的新增高校。
数据来源:整理自 THE 世界大学排行榜官网。

附表2　QS"双一流"建设高校在各排名区间的数量变化趋势表（2015—2022）

年份 排名区间	2015	2016	2017	2018	2019	2020	2021	2022
1—50	2	3	3	3	3	3	4	5
51—100	2	1	1	3	3	3	2	1
101—150	3	3	3	1	1	1	1	1
151—200	0	0	0	0	0	0	0	3
201—250	1	1	0	0	0	0	1	3
251—300	3	2	4	2	5	5	4	3
301—350	3	1	3	6	3	2	1	3
351—400	1	1	2	0	0	2	6	2
401—450	5	5	1	2	3	3	2	5
451—500	4	4	6	4	4	5	4	2
501—550	0	0	2	2	5	2	3	5
551—600	4	4	5	6	1	2	2	4
601—650	1	1	0	1	2	1	3	3
651—700	0	0	1	2	1	1	3	1
701—800	0	0	1	4	6	6	6	6
801—1000	0	0	0	2	2	2	5	7
1001—1200	0	0	0	0	0	0	0	5
总计	29	26	32	38	39	38	47	59

注："双一流"建设高校不包括第二轮建设名单的新增高校。

数据来源:整理自 QS 世界大学排行榜官网。

附表3　U.S.News"双一流"建设高校在各排名区间的数量变化趋势表（2015—2021）

年份 排名区间	2015	2017	2018	2019	2020	2021
1—100	3	2	2	2	2	2
101—200	5	5	5	5	7	9

续表

年份 排名区间	2015	2017	2018	2019	2020	2021
201—300	6	2	4	5	9	12
301—400	8	11	7	11	8	10
401—500	8	8	14	9	11	8
501—600	7	8	6	11	9	9
601—700	13	6	9	6	8	7
701—750	5	8	4	3	6	7
总计	55	50	51	52	60	64

注:"双一流"建设高校不包括第二轮建设名单的新增高校。

数据来源:整理自 U.S.News 世界大学排行榜官网。

附表 4　U.S.News 排名我国排名前十的"双一流"建设高校学术声誉排名情况表(2021)

指标 高校名称	总体排名	全球学术声誉	地区学术声誉
清华大学	26	26	3
北京大学	45	37	5
上海交通大学	105	121	20
中国科学技术大学	110	187	47
浙江大学	115	161	26
南京大学	135	265	33
复旦大学	141	154	22
中山大学	159	384	62
中国科学院大学	159	499	177
华中科技大学	176	434	91

注:"双一流"建设高校不包括第二轮建设名单的新增高校。

数据来源:整理自 U.S.News 世界大学排行榜官网。

附表 5　U.S.News 排名我国排名前十的"双一流"建设高校文献计量指标排名
　　　　情况表（2021）

指标 高校名称	期刊 论文 数量	出版 专著 数量	会议 论文 数量	标准化论 文引用影 响指数	总被 引频 次	前10% 高被引论 文数量	前10% 高被引论 文占比	国际 合作	国际合 作论文 占比
清华大学	13	70	1	414	22	17	187	67	1069
北京大学	17	133	21	572	33	31	398	65	1051
上海交通大学	6	263	4	805	28	29	718	173	1260
中国科学 技术大学	67	682	45	526	84	64	211	139	1224
浙江大学	11	348	11	860	34	30	624	177	1262
南京大学	72	682	142	513	86	73	319	127	1209
复旦大学	39	368	157	660	65	65	626	217	1288
中山大学	29	497	125	640	59	52	448	207	1278
中国科学院 大学	2	879	6	760	10	7	533	828	1484
华中科技大学	41	711	19	668	68	50	318	380	1371

注：“双一流”建设高校不包括第二轮建设名单的新增高校。

数据来源：整理自 U.S.News 世界大学排行榜官网。

附表 6　U.S.News 排名我国排名前十的"双一流"建设高校卓越科研成果指标排名
　　　　情况表（2021）

高校名称	总体排名	前1%高被 引论文数	前1%高被 引论文占比
清华大学	26	21	218
北京大学	45	38	428
上海交通大学	105	56	846
中国科学技术大学	110	66	251
浙江大学	115	57	792
南京大学	135	95	460
复旦大学	141	85	642

续表

高校名称	总体排名	前1%高被引论文数	前1%高被引论文占比
中山大学	159	78	647
中国科学院大学	159	24	709
华中科技大学	176	99	712

注:"双一流"建设高校不包括第二轮建设名单的新增高校。

数据来源:整理自 U.S.News 世界大学排行榜官网。

附表7 中国42所"双一流"建设高校在四大世界大学排行榜中的排名对比表(2022)

世界大学排名 高校名称	软科	QS	泰晤士	U.S.News
北京大学	34	12	16	45
中国人民大学	501—600	601—650	601—800	525
清华大学	26	14	16	26
北京航空航天大学	201—300	443	501—600	383
北京理工大学	151—200	355	601—800	361
中国农业大学	201—300	591—600	601—800	379
北京师范大学	201—300	262	251—300	295
中央民族大学	—	—	—	—
南开大学	201—300	378	301—350	289
天津大学	151—200	307	401—500	308
大连理工大学	201—300	561—570	601—800	387
吉林大学	151—200	497	1001—1200	448
哈尔滨工业大学	151—200	217	501—600	203
复旦大学	67	34	60	141
同济大学	151—200	212	301—350	224
上海交通大学	54	46	84	105
华东师范大学	201—300	541—550	301—350	371
南京大学	101—150	133	105	135

世界大学排名 高校名称	软科	QS	泰晤士	U.S.News
东南大学	151—200	461	501—600	255
浙江大学	36	42	75	115
中国科学技术大学	62	94	88	110
厦门大学	151—200	422	401—500	278
山东大学	151—200	396	—	399
中国海洋大学	301—400	1001—1200	1001—1200	720
武汉大学	101—150	194	157	209
华中科技大学	96	306	181	176
中南大学	101—150	499	301—350	236
中山大学	79	267	251—300	159
华南理工大学	151—200	406	401—500	250
四川大学	101—150	406	401—500	354
电子科技大学	151—200	561—570	501—600	272
重庆大学	201—300	651—700	601—800	448
西安交通大学	101—150	302	401—500	255
西北工业大学	151—200	551—560	501—600	425
兰州大学	301—400	751—800	—	559
国防科技大学	601—700	—	—	983
东北大学	301—400	—	801—1000	668
郑州大学	201—300	801—1000	—	510
湖南大学	201—300	591—600	401—500	195
云南大学	501—600	—	—	1157
西北农林科技大学	401—500	801—1000	801—1000	613
新疆大学	—	—	—	1452

注："—"表示未查阅到相关数据。

数据来源:表格信息来自四大世界大学排行榜官方网站,均为2022年度发布的数据信息。

参 考 文 献

一、中文著作

［德］恩格斯:《自然辩证法》,中共中央马克思恩格斯列宁斯大林著作编译局编译,人民出版社 2015 年版。

《毛泽东文集》第七卷,人民出版社 1999 年版。

《马克思恩格斯列宁斯大林论教育》,文学国主编,中国社会科学出版社 2016 年版。

《毛泽东同志论教育工作》,人民教育出版社 1992 年版。

《邓小平文选》第三卷,人民出版社 1993 年版。

中共中央文献研究室:《邓小平论教育》(第二版),人民教育出版社 1995 年版。

中共中央文献研究室:《邓小平论教育》(第三版),人民教育出版社 2004 年版。

中华人民共和国教育部:《邓小平教育理论学习纲要》,北京师范大学出版社 1998 年版。

中华人民共和国教育部办公厅、直属机关党委:《邓小平理论指引下的中国教育二十年》,福建教育出版社 1998 年版。

《江泽民文选》第一卷,人民出版社 2006 年版。

江泽民:《在庆祝北京大学建校一百周年大会上的讲话》,中华人民共和国教育部编:《科教兴国动员令》,北京大学出版社 1998 年版。

《习近平谈治国理政》,外文出版社 2014 年版。

《习近平谈治国理政》第二卷,外文出版社 2017 年版。

《习近平谈治国理政》第三卷,外文出版社 2020 年版。

《习近平谈治国理政》第四卷,外文出版社 2022 年版。

《习近平著作选读》第一卷,人民出版社 2023 年版。

《习近平著作选读》第二卷,人民出版社 2023 年版。

习近平:《论坚持党对一切工作的领导》,中央文献出版社 2019 年版。

习近平:《论坚持全面深化改革》,中央文献出版社 2018 年版。

《习近平总书记教育重要论述讲义》,高等教育出版社 2020 年版。

《深入学习习近平关于教育的重要论述》,人民出版社 2019 年版。

《习近平在浙江》上册,中共中央党校出版社 2021 年版。

中共中央党史和文献研究院、中央学习贯彻习近平新时代中国特色社会主义思想主题教育领导小组办公室:《习近平新时代中国特色社会主义思想专题摘编》,中央文献出版社、党建读物出版社 2023 年版。

《李岚清教育访谈录》,人民教育出版社 2003 年版。

胡涵锦:《江泽民教育思想研究》,上海交通大学出版社 2011 年版。

(战国)孟子:《孟子》,天瑜译释,北京联合出版社 2015 年版。

(战国)左丘明著,(晋)杜预注:《左传》,上海古籍出版社 2016 年版。

(春秋)管仲撰:《管子》,(唐)房玄龄注,(明)刘绩补注,刘晓艺校点,上海古籍出版社 2010 年版。

(宋)朱熹:《四书章句集注》,中华书局 2011 年版。

刘向撰,向宗鲁校证:《说苑校证》,中华书局 1987 年版。

辜鸿铭:《中国人的精神》,中国人民大学出版社 2023 年版。

叶采集解,程水龙校注:《近思录集解》,中华书局 2017 年版。

任继愈:《老子绎读》,北京图书馆出版社 2015 年版。

《陈独秀文集》第一卷,人民出版社 2013 年版。

梁漱溟:《中国文化要义》,上海人民出版社 2011 年版。

高平叔:《蔡元培教育论著选》,人民教育出版社 2017 年版。

王蒙:《中国精神读本》,浙江文艺出版社 2019 年版。

季羡林研究所:《三十年河西三十年河东》,当代中国出版社 2006 年版。

姜义华:《胡适学术文集·教育》,中华书局 1998 年版。

季蒙、谢泳:《胡适论教育》,安徽教育出版社 2006 年版。

陈漱渝、姜异新:《胡适论教育》,福建教育出版社 2016 年版。

王义遒:《湖边琐语》,北京大学出版社 2008 年版。

许嘉璐:《中华文化的前途和使命》,中华书局 2017 年版。

郑永年:《中国的知识重建》,东方出版社 2018 年版。

郑永年:《中国的文明复兴》,东方出版社2018年版。

钱穆:《现代中国学术论衡》,广西师范大学出版社2005年版。

冯友兰:《哲学的精神》,陕西师范大学出版社2008年版。

冯友兰:《冯友兰论教育》,谢广宽编,人民出版社2010年版。

冯友兰:《中国哲学简史》,北京大学出版社1996年版。

张岱年:《文化与哲学》,中国人民大学出版社2006年版。

杨伯峻:《四书全译》,中华书局2020年版。

黎翔凤撰,梁运华整理:《管子校注》,中华书局2004年版。

金耀基:《大学之理念》,生活·读书·新知三联书店2001年版。

金耀基:《再思大学之道:大学与中国的现代文明》,生活·读书·新知三联书店2020年版。

杨振宁:《读书教学四十年》,三联书店香港分店1985年版。

顾明远:《鲁迅教育文存》,人民教育出版社2017年版。

曲士培:《中国大学教育发展史》,北京大学出版社2006年版。

陈青之:《中国教育史》,东方出版社2008年版。

谢桂华:《高等学校学科建设论》,高等教育出版社2011年版。

俞可平:《论国家治理现代化》(修订版),社会科学文献出版社2015年版。

王大中教育文集编辑组:《王大中教育文集(1994—2003)》,清华大学出版社2011年版。

杨卫:《研究生教育动力学》,科学出版社2021年版。

费孝通:《文化与文化自觉》,群言出版社2016年版。

费孝通:《文化的生与死》,刘豪兴编,上海人民出版社2009年版。

林建华:《校长观点:大学的改革与未来》,东方出版社2018年版。

闵维方等:《学术的力量——教育研究与政策制定》,北京大学出版社2010年版。

张淑林等:《中国世界一流大学建设评价研究》,中国科学技术出版社2021年版。

洪银兴、陈骏:《大学之魂——南京大学精神传统文存》,南京大学出版社2012年版。

王战军:《世界一流大学高地研究》,高等教育出版社2021年版。

王战军:《世界一流大学和一流学科评价体系与推进战略》,经济科学出版社2022年版。

王战军:《中国学位制度实施40年》,中国科学技术出版社2021年版。

王战军:《世界一流大学世界一流学科建设政策汇编》,中国科学技术出版社2018

年版。

王战军:《新时代研究生教育研究资料汇编(2010—2020)》,中国科学技术出版社2021年版。

王战军:《中国研究生教育质量报告·2022》,中国科学技术出版社2022年版。

北京理工大学研究生教育研究中心、世界一流大学和一流学科建设评价体系与推进战略研究课题组:《"双一流"大学一流大学建设方案汇编》(内部资料),中国科学技术出版社2018年。

"双一流"建设动态监测与成效评价课题组:《首轮"双一流"建设典型案例集》,中国科学技术出版社2022年版。

吕淑琴、陈洪、李雨民:《诺贝尔奖的启示》,科学出版社2010年版。

西南联合大学北京校友会:《国立西南联合大学校史(修订版):一九三七年至一九四六年的北大、清华、南开》,北京大学出版社2006年版。

中共中央宣传部理论局:《世界社会主义五百年》,学习出版社2014年版。

中国学位与研究生教育学会:《教育规律读本:育人三十六则》,商务印书馆2019年版。

全国高校校史研究会组:《道与术:中国著名大学校长的办学理念与治校方略》,南京大学出版社2014年版。

中国社会科学院语言研究所词典编辑室:《现代汉语词典》,商务印书馆2005年版。

陈平原、夏晓虹:《北大旧事》,北京大学出版社2009年版。

陈平原:《老北大的故事》,北京大学出版社2009年版。

丁学良:《什么是世界一流大学?》,北京大学出版社2004年版。

陈洪捷、施晓光、蒋凯:《国外高等教育学基本文献讲读》,北京大学出版社2014年版。

孔宪铎:《我的科大十年》(增订版),北京大学出版社2004年版。

郭新立:《中国高水平大学建设之路——从211工程到2011计划》,高等教育出版社2012年版。

杨福家:《中国当代教育家文存——杨福家卷》,华东师范大学出版社2006年版。

刘宝存、张梦琦:《创建世界一流大学政策的国际比较研究》,北京师范大学出版社2021年版。

王英杰:《美国高等教育的发展与改革》,人民教育出版社2002年版。

王英杰、刘宝存:《世界一流大学的形成与发展》,山西教育出版社2008年版。

刘承波:《探讨新时代"双一流"建设的中国道路》,中国财政经济出版社 2019 年版。

黄俊杰:《大学校长遴选:理念与实务》,北京大学出版社 2006 年版。

冯达旋:《全球化下的教育复兴:冯达旋谈高等教育》,魏晓雨译,哈尔滨工业大学出版社 2018 年版。

张楚廷:《校长·大学·哲学》,西南师范大学出版社 2016 年版。

刘宝存、莫玉婉等:《世界一流大学发展模式比较研究》,人民出版社 2022 年版。

胡建华等:《"双一流"建设与高校学科发展》,南京师范大学出版社 2021 年版。

吕达、周满生:《当代外国教育改革著名文献(美国卷·第三册)》,人民教育出版社 2004 年版。

刘念才、程莹、Jan Sadlak 主编:《大学排名:国际化与多样化》,上海交通大学出版社 2009 年版。

刘念才、Jan Sadlak:《世界一流大学:战略·创新·改革》,上海交通大学出版社 2009 年版。

刘念才:《世界一流大学:特征·排名·建设》,上海交通大学出版社 2007 年版。

刘念才、程莹、王琪:《从声誉到绩效:世界一流大学的挑战》,江小华译,上海交通大学出版社 2017 年版。

王琪、程莹、刘念才:《世界一流大学:国家战略与大学实践》,上海交通大学出版社 2011 年版。

苗耘、刘念才:《大学排名的应用行为研究及其价值取向反思》,上海交通大学出版社 2017 年版。

王琪、刘念才:《世界一流大学:对全球高等教育的影响》,上海交通大学出版社 2015 年版。

冯倬琳、刘念才:《世界一流大学评价与建设》,上海交通大学出版社 2019 年版。

饶燕婷、王琪:《走进世界名校:美国》,上海交通大学出版社 2012 年版。

付美榕:《为什么美国盛产大师:20 世纪美国顶尖人才启示录》,科学出版社 2009 年版。

陈盈晖、周一:《坚守与革新:美国一流大学校长访谈录》,商务印书馆 2020 年版。

石毓智:《斯坦福的创新力:来自世界一流大学的启示》,科学出版社 2018 年版。

马万华:《多样性与领导力:马丁·特罗论美国高等教育和研究型大学》,教育科学出版社 2011 年版。

刘亮:《剑桥大学史》,上海交通大学出版社 2012 年版。

别敦荣等:《世界一流大学教育理念》,厦门大学出版社 2016 年版。

黄达人:《大学的观念与实践》,商务印书馆 2011 年版。

刘少雪:《面向创新型国家建设的科技领军人才成长研究》,中国人民大学出版社 2009 年版。

田建国:《"双一流"大学建设 11 讲》,中国石油大学出版社 2017 年版。

谷贤林:《美国研究型大学管理——国家、市场和学术权力的平衡与制约》,教育科学出版社 2008 年版。

喻恺、徐扬、查岚:《转为危机:世界一流大学在国际金融危机中的应对策略》,知识产权出版社 2015 年版。

王英杰、刘宝存:《中国教育改革开放 40 年:高等教育卷》,北京师范大学出版社 2019 年版。

陈晓宇:《中国教育学四十年》,商务印书馆 2019 年版。

刘亮:《剑桥大学史》,上海交通大学出版社 2012 年版。

朱汉民:《书院精神与儒家教育》,华东师范大学出版社 2013 年版。

袁振国:《中国当代教育家文存》,华东师范大学出版社 2006 年版。

郭鑫:《世界一流大学战略联盟》,北京师范大学出版社 2011 年版。

储朝晖:《文明的历程:怀念叶企孙》,科学出版社 2019 年版。

程星:《世界一流大学的管理之道:大学管理决策与高等教育研究》,北京大学出版社 2011 年版。

陈振英、田稷:《中国"双一流"大学与美国一流大学:学术竞争力视角下的比较》,浙江大学出版社 2021 年版。

吴伟、徐贤春、延立军:《世界一流大学在中国:理想与现实》,上海交通大学出版社 2022 年版。

教育部中外大学校长论坛领导小组:《教育部中外大学校长论坛文集》(第二集),中国人民大学出版社 2004 年版。

中央教育科学研究所:《中华人民共和国教育大事记(1949—1982)》,教育科学出版社 1984 年版。

教育部中外大学校长论坛领导小组:《中外大学校长论坛文集》,高等教育出版社 2002 年版。

姚洋、[美]杜大伟、黄益平:《中国 2049:走向世界经济强国》,北京大学出版社 2020 年版。

《辞海》(第六版 彩图本),上海辞书出版社 2009 年版。

《中国教育年鉴》编辑部:《中国教育年鉴 1949—1981》,中国大百科全书出版社1984 年版。

哈佛燕京学社:《人文学与大学理念》,江苏教育出版社 2007 年版。

中华人民共和国国务院新闻办公室:《新时代的中国与世界》,人民出版社 2019年版。

《中共中央关于制定国民经济和社会发展第十四个五年规划和二〇三五年远景目标的建议》,人民出版社 2020 年版。

中国学位与研究生教育发展年度报告课题组:《中国学位与研究生教育发展年度报告 2018》,清华大学出版社 2020 年版。

上海交通大学世界一流大学研究中心:《世界大学学术排名解析(2012—2013)》,上海交通大学出版社 2012 年版。

邱均平等:《世界一流大学和一流学科评价研究报告 2021—2022》,科学出版社2022 年版。

邱均平等:《世界一流大学和一流学科评价研究报告 2016—2017》,科学出版社2017 年版。

吕淑琴、陈洪、李雨民:《诺贝尔奖的启示》,科学出版社 2010 年版。

罗志敏:《校友文化与世界一流大学创建》,浙江大学出版社 2013 年版。

白强:《"双一流"建设基本问题研究》,武汉大学出版社 2022 年版。

於荣:《冷战中的美国大学学术研究》,北京师范大学出版社 2008 年版。

张红伟等:《高校与学科发展中的大学建设》,中国农业大学出版社 2019 年版。

耿有权:《研究生教育学导论》,中国科学技术出版社 2021 年版。

耿有权:《论中国特色世界一流大学》,中国科学技术出版社 2019 年版。

耿有权:《儒家教育伦理研究——以西方教育伦理为参照》,中国社会科学出版社2007 年版。

二、译著

[古希腊]柏拉图:《理想国》,郭斌和、张竹明译,商务印书馆 1986 年版。

[古希腊]亚里士多德:《形而上学》,吴寿彭译,商务印书馆 1959 年版。

[古希腊]亚里士多德:《物理学》,徐开来译,中国人民大学出版社 2003 年版。

[美]亚历山大·莫斯利:《亚里士多德》,王爱松译,黑龙江教育出版社 2017 年版。

[英]阿什比:《科技发达时代的大学教育》,滕大春、滕大生译,人民教育出版社1983 年版。

〔法〕孔狄亚克:《人类知识起源论》,洪洁求、洪丕柱译,商务印书馆 2011 年版。

〔美〕罗伯特·M.赫钦斯:《美国高等教育》,汪利兵译,浙江教育出版社 2001 年版。

〔美〕查尔斯·维斯特:《一流大学 卓越校长——麻省理工学院与研究型大学的作用》,蓝劲松主译,北京大学出版社 2008 年版。

〔美〕德里克·博克:《走出象牙塔——现代大学的社会责任》,徐小洲、陈军译,浙江教育出版社 2001 年版。

〔英〕杰勒德·德兰迪:《知识社会中的大学》,黄建如译,北京大学出版社 2010 年版。

〔美〕威廉·本廷克-史密斯:《哈佛读本》,张旭霞等译,人民文学出版社 2010 年版。

〔美〕威廉·墨菲、D.J.R.布鲁克纳:《芝加哥大学的理念》,彭阳辉译,上海人民出版社 2007 年版本。

〔英〕阿诺德·汤因比:《历史研究》(插图本),刘北成、郭小凌译,上海世纪出版集团 2005 年版。

〔德〕赫尔巴特:《普通教育学》,人民教育出版社 2015 年版。

〔美〕查尔斯·霍默·哈斯金斯:《大学的兴起》,王建妮译,上海人民出版社 2007 年版。

〔美〕格莱夫斯:《中世教育史》,吴康译,华东师范大学出版社 2005 年版。

〔英〕艾伦·B.科班:《中世纪大学:发展与组织》,周常明、王晓宇译,山东教育出版社 2017 年版。

〔英〕彼得·帕格纳门塔:《剑桥大学:800 周年肖像》,陈国华改编、主译,外语教学与研究出版社 2009 年版。

〔英〕李约瑟:《文明的滴定:东西方的科学与社会》,张卜天译,商务印书馆 2018 年版。

〔法〕克里斯托夫·夏尔勒、雅克·韦尔热:《大学的历史:从 12 世纪到 21 世纪》,华东师范大学出版社 2021 年版。

〔美〕休·戴维斯·格拉汉姆、南希·戴蒙德:《美国研究型大学的兴起:战后年代的精英大学及其挑战者》,张斌贤等译,河北大学出版社 2008 年版。

〔德〕弗里德里希·鲍尔生:《德国教育史》,滕大春译,人民教育出版社 1986 年版。

〔美〕乔纳森·格鲁伯、西蒙·约翰逊:《美国创新简史——科技如何助推经济增长》,穆凤良译,中信出版社 2021 年版。

〔美〕伯顿·R.克拉克:《高等教育系统——学术组织的跨国研究》,王承绪等译,王承绪校,杭州大学出版社 1994 年版。

[美]伯顿·克拉克:《高等教育新论——多学科的研究》,王承绪等译,浙江教育出版社 2001 年版。

[美]约翰·S.布鲁贝克:《高等教育哲学》,王承绪等译,浙江教育出版社 1998 年版。

[美]范内瓦·布什、拉什·D.霍尔特:《科学:无尽的前沿》,崔传刚译,中信出版社 2021 年版。

[英]约翰·亨利·纽曼:《大学的理想》,徐辉等译,浙江教育出版社 2001 年版。

[英]约翰·亨利·纽曼:《大学的理念》,高师宁等译,北京大学出版社 2016 年版。

[德]卡尔·雅斯贝尔斯:《大学之理念》,邱立波译,上海世界出版集团 2007 年版。

[美]艾伦·雷普克:《如何进行跨学科研究》,傅存良译,北京大学出版社 2016 年版。

[美]戴维·斯塔尔·乔丹:《人的养育与教育——乔丹高等教育演讲集》,於荣译,祝贺校,浙江教育出版社 2019 年版。

[韩]郑俊新、[美]罗伯特·K.陶克斯、[德]乌尔里希·泰希勒主编:《大学排名:理论、方法及其对全球高等教育的影响》,涂阳军译,罗仲尤审译,湖南大学出版社 2018 年版。

[摩洛哥]Jamil Salmi:《世界一流大学:挑战与途径》,孙薇、王琪译校,上海交通大学出版社 2009 年版。

[德]弗里德里希·包尔生:《德国大学与大学学习》,张弛、郄海霞、耿益群译,张斌贤、张弛校,人民教育出版社 2009 年版。

[美]欧文·拉兹格编辑:《多种文化的星球:联合国教科文组织国际专家小组的报告》,戴侃、辛未译,社会科学文献出版社 2001 年版。

[德]费希特:《论学者的使命、人的使命》,梁志学、沈真译,商务印书馆 1984 年版。

[美]菲利普·G.阿特巴赫:《国际高等教育的前沿议题》,陈沛、张雷译,王琪校译,上海交通大学出版社 2014 年版。

[美]菲利普·G.阿特巴赫、利斯·瑞丝伯格、劳拉·拉莫利:《全球高等教育趋势——追踪学术革命轨迹》,姜有国、喻恺、张雷译校,上海交通大学出版社 2010 年版。

[美]菲利普·G.阿特巴赫:《高等教育变革的国际趋势》,蒋凯主译,北京大学出版社 2009 年版。

[美]菲利普·G.阿特巴赫:《比较高等教育:知识、大学与发展》,人民教育出版社教育室译,人民教育出版社 2001 年版。

[美]塞缪尔·亨廷顿:《文明的冲突与世界秩序的重建》,周琪等译,新华出版社1999年版。

[德]黑格尔:《美学》第1卷,朱光潜译,北京大学出版社2017年版。

[德]H.赖欣巴哈:《科学哲学的兴起》,伯尼译,商务印书馆1983年版。

[美]弗兰西斯·威兰德:《美国大学制度》,石佳丽译,浙江教育出版社2019年版。

[美]戴维·林德伯格:《西方科学的起源》,张卜天译,商务印书馆2019年版。

[美]莫顿·凯勒、菲利斯·凯勒:《哈佛走向现代:美国大学的崛起》,史静寰、钟周、赵琳译,清华大学出版社2007年版。

[美]唐纳德·肯尼迪:《学术责任》,阎凤桥等译,新华出版社2002年版。

[加拿大]Carl G.Amrhein、Britta Baron:《建设成功的国际型大学:政府与大学关系在世界范围内的变化》,黄岑、柳伟译,华东师范大学出版社2015年版。

[美]查尔斯·威廉·埃利奥特:《教育改革:埃利奥特论文与演讲集》,刘春华译,浙江教育出版社2019年版。

[美]艾伯特·劳伦斯·洛厄尔:《向美国高等教育传统开战:洛厄尔高等教育文集》,邓磊译,浙江教育出版社2019年版。

[美]厄本·瓦格纳:《美国教育:一部历史档案》,周晟、谢爱磊译,中国人民大学出版社2008年版。

[美]理查德·诺顿·史密斯:《哈佛世纪:锻造一所国家大学》,程方平等译,贵州教育出版社2006年版。

[美]理查德·布瑞德利:《哈佛,谁说了算》,梁志坚译,清华大学出版社2014年版。

[美]克拉克·克尔:《高等教育不能回避历史:21世纪的问题》,王承绪译,浙江教育出版社2001年版。

[美]克拉克·克尔:《大学之用》,高铦等译,北京大学出版社2008年版。

[美]华勒斯坦等:《学科·知识·权力》,刘健芝等编译,生活·读书·新知三联书店1999年版。

[美]休·戴维斯·格拉汉姆、南希·戴蒙德:《美国研究型大学的兴起:战后年代的精英大学及其挑战者》,张斌贤等译,河北大学出版社2008年版。

[德]汉斯·萨克塞:《生态哲学》,文韬、佩云译,东方出版社1991年版。

[美]查尔斯·威廉·埃利奥特:《教育改革:埃利奥特论文与演讲集》,刘春华译,李家永校,浙江教育出版社2019年版。

[加拿大]约翰·范德格拉夫等:《学术权力:七国高等教育管理体制比较》,王承

绪等译,浙江教育出版社2001年版。

[法]爱弥儿·涂尔干:《教育思想的演进》,李康译,渠东校,上海人民出版社2003年版。

[法]雅克·韦尔热:《中世纪大学》,王晓辉译,上海人民出版社2007年版。

[英]马丁·雅克:《当中国统治世界:中国的崛起和西方世界的衰落》,张莉等译,中信出版社2010年版。

[加拿大]许美德:《中国大学从边缘到中心及中外大学文明间的对话》,张秀琴主编:《外国人看中国教育》,高等教育出版社2012年版。

[英]柯瑞思:《剑桥:大学与小镇800年》,陶然译,生活·读书·新知三联书店2013年版。

[澳]寇海明、谢喆平、文雯:《世界著名大学校长清华访谈录》,清华大学教育研究院组织编写,人民出版社2021年版。

[美]陆登庭:《一流大学的特征及成功的领导与管理要素:哈佛的经验》,教育部中外大学校长论坛领导小组:《中外大学校长论坛文集》,高等教育出版社2002年版。

[美]德里克·博克:《回归大学之道——对美国大学本科教育的反思与展望》,侯定凯、梁爽、陈琼琼译,华东师范大学出版社2008年版。

[美]德里克·博克:《大学的未来》,曲强译,中国人民大学出版社2017年版。

[美]哈瑞·刘易斯:《失去灵魂的卓越——哈佛是如何忘记教育宗旨的》,侯定凯译,华东师范大学出版社2007年版。

[英]迈克尔·吉本斯等:《知识生产的新模式——当代社会科学与研究的动力学》,陈洪捷、沈文钦等译,北京大学出版社2011年版。

[英]威廉姆·D.麦克米伦:《21世纪大学的学术战略》,教育部中外大学校长论坛领导小组编:《中外大学校长论坛文集》,中国人民大学出版社2004年版。

[英]艾莉森·F.理查德:《著名大学是如何产生和可持续发展的》,教育部中外大学校长论坛领导小组:《中外大学校长论坛文集》(第二辑),中国人民大学出版社2004年版。

[美]马丁·卡诺依:《知识经济中的大学:潜力与隐患》,教育部中外大学校长论坛领导小组:《中外大学校长论坛文集》(第二辑),中国人民大学出版社2004年版。

[美]范内瓦·布什、拉什·D.霍尔特:《科学:无尽的前沿》,崔传刚译,中信出版社2021年版。

[瑞士]吕埃格:《欧洲大学史·第1卷,中世纪大学》,[比]希尔德·德·里德-西蒙斯分册主编,张斌贤等译,河北大学出版社2008年版。

[英]海斯汀·拉斯达尔:《中世纪的欧洲大学:大学的起源》第一卷,崔延强、邓磊译,重庆大学出版社 2011 年版。

[美]弗雷德里克·E.博德斯顿:《管理今日大学——为了活力、变革与卓越之战略》,王春春、赵炬明译,广西师范大学出版社 2006 年版。

[美]约翰·博耶:《反思与超越:芝加哥大学发展史》,和静、梁路璐译,生活·读书·新知三联书店 2018 年版。

[美]詹姆斯·杜德斯达:《21 世纪的大学》,刘彤、屈书杰、刘向荣译,北京大学出版社 2005 年版。

[美]詹姆斯·杜德斯达、弗瑞斯·沃马克:《美国公立大学的未来》,刘济良译,北京大学出版社 2006 年版。

[美]朱易:《美国常春藤名校校长演说精选》,王建华等译,江西人民出版社 2009 年版。

[德]哈拉尔德·弗里奇:《改变世界的方程:牛顿、爱因斯坦和相对论》,邢志忠、江向东、黄艳华译,上海科技教育出版社 2018 年版。

三、期刊论文

赵沁平:《发挥大学第四大功能　引领社会创新文化发展》,《中国高等教育》2006 年第 Z3 期。

翁铁慧:《加快推进"双一流"建设　努力建设高等教育强国》,《中国高教研究》2019 年第 11 期。

洪大用:《深入落实全国研究生教育会议精神　加快培养德才兼备的高层次人才》,《中国高等教育》2020 年第 21 期。

洪大用:《走好建设中国特色世界一流大学新路》,《神州学人》2022 年第 8 期。

郝平:《深入学习贯彻习近平新时代中国特色社会主义思想　加快"双一流"建设　实现高校内涵式发展》,《中国高教研究》2017 年第 12 期。

眭依凡:《关于"双一流建设"的理性思考》,《高等教育研究》2017 年第 9 期。

铁铮:《大学的第五功能——国际交流与合作》,《北京教育(高教)》2018 年第 1 期。

黄宝印等:《努力构建中国特色国际影响的学科评估体系》,《中国高等教育》2018 年第 1 期。

周光礼:《习近平总书记关于"双一流"建设思想研究》,《清华大学教育研究》2022 年第 3 期。

周光礼:《"双一流"建设中的学术突破——论大学学科、专业、课程一体化建设》,《教育研究》2016 年第 5 期。

周光礼、武建鑫:《什么是世界一流学科》,《中国高教研究》2016 年第 1 期。

周光礼等:《世界一流大学的建设与评价:国际经验与中国探索》,《中国高教研究》2019 年第 9 期。

周光礼、薛欣欣:《扎根中国大地办大学——中国共产党创办新型高等教育八十年论坛综述》,《教育研究》2017 年第 11 期。

邱均平、孙凯:《基于 ESI 数据库的中国高校科研竞争力的计量分析》,《图书情报工作》2007 年第 5 期。

史静寰:《"形"与"神":兼谈中国特色世界一流大学建设之路》,《中国高教研究》2018 年第 3 期。

胡建华:《"双一流"建设对大学学科调整的影响》,《南京师大学报(社会科学版)》2019 年第 4 期。

王建华:《"双一流"建设中一流学科建设政策检视》,《苏州大学学报(教育科学版)》2020 年第 2 期。

王建华:《从中国式大学到大学的中国模式》,《现代大学教育》2008 年第 1 期。

翟雪辰、王建华:《我国高等教育重点建设政策的演变与启示》,《当代教育科学》2017 年第 7 期。

李文平:《我国世界一流大学建设政策的特征与发展——基于"985 工程"与"双一流"建设的政策文本比较》,《现代教育管理》2020 年第 3 期。

刘莉、刘念才:《"双一流"建设战略目标的分解研究》,《清华大学教育研究》2021 年第 3 期。

李春林、邓寒怡:《中国省域"双一流"政策文本量化分析》,《高等工程教育研究》2019 年第 4 期。

习勇生:《"双一流"建设中地方政府的注意力配置——基于 30 项省域政策文本的 NVivo 软件分析》,《教育发展研究》2017 年第 21 期。

褚照锋:《地方政府推进一流大学与一流学科建设的策略与反思——基于 24 个地区"双一流"政策文本的分析》,《中国高教研究》2017 年第 8 期。

刘益东:《论"双一流"建设中的学术文化困境》,《教育科学》2016 年第 3 期。

檀慧玲、谢予涵:《教育政策执行视角下"双一流"建设实施的思考》,《北京教育(高教)》2016 年第 12 期。

孙科技:《论"双一流"政策执行的阻碍因素及其优化路径——基于政策工具理论

的分析框架》,《复旦教育论坛》2019 年第 3 期。

孙科技:《基于委托代理理论的"双一流"政策执行优化路径探索》,《高教探索》2019 年第 11 期。

张炜:《美国学科专业分类目录 2020 年版的新变化及中美比较分析》,《学位与研究生教育》2020 年第 1 期。

张炜:《世界一流大学的共性特征与个性特色》,《中国高教研究》2016 年第 1 期。

李立国:《"双一流"背景下需求导向的学科专业调整优化》,《大学教育科学》2017 年第 4 期。

李立国:《"双一流"高校的内涵式发展道路》,《国家教育行政学院学报》2018 年第 9 期。

别敦荣、张征:《教育理念与世界一流大学的形成》,《高等教育研究》2010 年第 7 期。

别敦荣:《习近平建设中国特色世界一流大学思想研究》,《中国高等教育》2018 年第 7 期。

潘静:《"双一流"建设的内涵与行动框架》,《江苏高教》2016 年第 5 期。

李茂林:《大学群落的地域性经济贡献探究——以美国波士顿地区的 8 所研究型大学为例》,《比较教育研究》2009 年第 1 期。

徐顽强、关欣、吴剑平:《"双一流"建设的热点主题与知识演进——基于 CNKI(2016—2020 年)的文献计量与可视化分析》,《中国高校科技》2021 年第 5 期。

刘存福、申晓勇:《提升院系党建质量促进"双一流"建设的内在逻辑与实践路径》,《学校党建与思想教育》2020 年第 11 期。

雷家彬:《"双一流"建设与分类管理:省域高校分化政策的悖论及应对》,《现代大学教育》2021 年第 4 期。

袁占亭:《治理体系和治理能力现代化:"双一流"大学建设的重要保证》,《中国高等教育》2019 年第 22 期。

徐显明:《文化传承创新:大学的第四大功能》,《中国高等教育》2011 年第 10 期。

程建平:《以高质量党建引领"双一流"建设》,《党建》2022 年第 9 期。

葛信勇、王荣景:《高校内部管理机构改革及其治理现代化的路径选择——基于国内五所"双一流"大学机构改革实践的调查》,《西南大学学报(社会科学版)》2021 年第 3 期。

郭书剑、王建华:《"双一流"建设背景下我国大学高层次人才引进政策分析》,《现代大学教育》2017 年第 4 期。

程莹、刘少雪、刘念才:《我国何时能建成世界一流大学——从 GDP 角度预测》,《高等教育研究》2005 年第 4 期。

刘念才等:《我国名牌大学离世界一流有多远》,《高等教育研究》2002 年第 2 期。

赵建民:《大学核心竞争力的理论溯源与本质解读》,《中国成人教育》2008 年第 6 期。

张丰超、王丹:《核心竞争力理论发展流派分析》,《未来与发展》2003 年第 2 期。

郭聪斌:《中国的精英高等教育》,《国际高等教育》2021 年第 1 期。

孙浩林、程如烟:《〈2021 财年美国创新与竞争法案〉将大幅增加美国研发投入》,《科技中国》2021 年第 10 期。

杨祖佑:《全球竞争与合作下的大学创新》,《国家教育行政学院学报》2006 年第 9 期。

朱明、杨晓江:《世界一流学科评价之大学排名指标分析》,《高教发展与评估》2012 年第 2 期。

潘懋元:《多学科观点的高等教育研究》,《高等教育研究》2002 年第 1 期。

闵春发:《一流大学应该是特色大学》,《求是》2002 年第 1 期。

孙茂新:《建设中国的世界一流大学》,《求是》2001 年第 22 期。

孙涛:《困境与出路:"双一流"建设视域下的高校教师流动》,《北京社会科学》2020 年第 6 期。

接雅俐、唐震:《高校卓越期刊与"双一流"建设的关联性分析及期刊提升策略》,《中国科技期刊研究》2021 年第 3 期。

周志红:《"双一流"建设中高校科技期刊面临的挑战与机遇》,《中国科技期刊研究》2021 年第 1 期。

李峥等:《"双一流"背景下高校实验教学队伍建设与发展》,《实验室研究与探索》2021 年第 4 期。

卢晓中、杨蕾:《"双一流"建设的中国特色与世界一流》,《国家教育行政学院学报》2018 年第 9 期。

《教育部、财政部、国家发展改革委有关负责人就"双一流"建设有关情况答记者问:扎实推进中国特色世界一流大学和一流学科建设》,《中国高等教育》2017 年第 19 期。

牛欣欣等:《中国特色视角下"双一流"建设研究(笔谈)》,《中国高教研究》2018 年第 1 期。

郑庆:《"双一流"建设背景下中国特色高校招生选拔创新模式探索与实践》,《中国高教研究》2017 年第 9 期。

白强:《中国特色"双一流"大学建设的逻辑根据与路径选择》,《重庆大学学报(社会科学版)》2018 年第 6 期。

王战军、刘静:《构建中国特色评价体系,推进世界一流大学建设》,《清华大学教育研究》2018 年第 6 期。

欧小军:《"中国特色世界一流"大学的文化选择》,《现代教育管理》2017 年第 12 期。

关守宁、邱智东、王健:《中国特色世界一流大学伯乐型校长的本质特征与生成逻辑》,《现代教育管理》2020 年第 4 期。

刘海峰:《"双一流"建设的统筹兼顾与深入推进》,《高等教育研究》2022 年第 9 期。

林毅夫:《百年未有之大变局下的中国新发展格局与未来经济发展的展望》,《北京大学学报(哲学社会科学版)》2021 年第 5 期。

李木洲、刘海峰:《民国时期国立大学的设立与分布》,《高等教育研究》2014 年第 4 期。

龙宝新:《论中国特色一流学科建设》,《高校教育管理》2020 年第 3 期。

武建鑫:《世界一流大学研究的主题演进与前沿探讨——基于 CNKI 数据库关键词共现知识图谱的分析》,《湖南师范大学教育科学学报》2016 年第 3 期。

武建鑫:《从边缘到中心:世界一流学科的演进特征与形成机理——基于牛津大学化学学科的案例分析》,《中国电化教育》2021 年第 2 期。

由由、吴红斌、闵维方:《高校经费水平、结构与科研产出——基于美国 20 所世界一流大学数据的分析》,《高等教育研究》2016 年第 4 期。

洪成文:《世界一流学科发展有哪些国际经验》,《中国高等教育》2018 年第 5 期。

包水梅、常乔丽:《从政府战略到院校行动:香港世界一流学科建设的经验及启示》,《高等工程教育研究》2017 年第 3 期。

包水梅、常乔丽:《世界一流大学建设政策运行机制:香港的经验与启示》,《教育发展研究》2016 年第 23 期。

陈劲、阳银娟:《协同创新的理论基础与内涵》,《科学学研究》2012 年第 2 期。

仲理峰、时勘:《绩效管理的几个基本问题》,《南开管理评论》2002 年第 3 期。

陈新忠、康诚轩:《加州大学戴维斯分校建设世界一流学科的经验及启示——以农业与环境科学为例》,《现代教育管理》2021 年第 7 期。

武学超:《模式 3 知识生产的理论阐释——内涵、情景、特质和大学的向度》,《科学学研究》2014 年第 9 期。

王洪才:《"双一流"建设的重心在学科》,《重庆高教研究》2016 年第 1 期。

阎光才:《学科的内涵、分类机制及其依据》,《大学与学科》2020 年第 1 期。

叶赋桂:《世界一流大学建设的辩证思考》,《江苏高教》2010 年第 1 期。

方庆朝:《美国酝酿对教育政策进行新的调整》,《教育部国际合作与交流司·国外教育调研材料汇编》2003 年第 7 期。

宣勇:《建设世界一流学科要实现"三个转变"》,《中国高教研究》2016 年第 5 期。

林杰、洪晓楠:《论世界一流大学建设的中国道路——国家行动与大学自主办学的耦合》,《大学教育科学》2020 年第 2 期。

刘宝存:《牛津大学办学理念探析》,《比较教育研究》2004 年第 2 期。

杨蕾:《从"追赶发展"到"超越发展":后发视野下中国的世界一流大学建设路径》,《国家教育行政学院学报》2021 年第 2 期。

谢冬平:《内涵、关系与走向:双一流建设的国际化与民族化》,《黑龙江高教研究》2018 年第 11 期。

杨清华等:《建立中国特色的世界一流大学评价体系》,《中国高等教育》2017 年第 19 期。

张应强、周钦:《"双一流"建设背景下高校分类分层建设和特色发展》,《大学教育科学》2020 年第 1 期。

汪霞、李联明:《美国大学与企业研发合作的方法、拨款与运作机制》,《全球教育展望》2008 年第 5 期。

张继平等:《以中国特色的学科评估推进"双一流"建设:问题与进路》,《研究生教育研究》2020 年第 6 期。

丁学良:《什么是世界一流大学》,《高等教育研究》2001 年第 3 期。

阮成武、宋波:《论新时代高等教育发展道路自觉》,《安徽师范大学学报(人文社会科学版)》2020 年第 3 期。

阎凤桥:《我国高等教育"双一流"建设的制度逻辑分析》,《中国高教研究》2016 年第 11 期。

王栋:《美国强大的原因及发展趋势》,《国际安全研究》2013 年第 6 期。

黄炳超:《"双一流"政策的逻辑导向、制度困境与优化调适》,《中国高校科技》2020 年第 3 期。

张茂聪:《"双一流"建设中的现代大学内部管理制度》,《山东师范大学学报(人文社会科学版)》2019 年第 3 期。

周志刚、宗晓华:《"双一流"建设政策的制度调适、实施逻辑与推进机制》,《现代教育管理》2019年第6期。

马跃:《"双一流"建设背景下大学教师管理制度创新研究》,《现代教育管理》2019年第6期。

胡娟:《"双一流"建设中教师聘任与评价制度改革反思》,《苏州大学学报(教育科学版)》2020年第2期。

胡春艳、周付军:《"双一流"高校博士生"申请—考核制"制度设计与实践特征》,《研究生教育研究》2020年第1期。

蔡红生、杨琴:《大学文化:"双一流"建设的灵魂》,《思想教育研究》2017年第1期。

刘利琼:《中华优秀传统文化对"双一流"建设中通识教育的引领作用》,《社会科学家》2018年第2期。

章琳:《以优秀的学术文化滋养研究生的学术成长——"双一流"建设背景下学术学位研究生培养的思考》,《学位与研究生教育》2018年第8期。

翟理祥、凌子平等:《"双一流"背景下中医药文化融入校园文化建设研究》,《黑龙江高教研究》2018年第36期。

铁铮、杨金融:《"双一流"建设背景下的新时代大学文化建设》,《思想教育研究》2019年第10期。

朴雪涛:《大学中国模式:逻辑要义、基本特质与文化效应》,《高等教育研究》2018年第9期。

熊思东:《"双一流"建设的现实审思与未来走向》,《群言》2022年第1期。

牛欣欣、张晨宇等:《中国特色视角下"双一流"建设研究(笔谈)》,《中国高教研究》2018年第1期。

方守恩、曹文泽等:《推进世界一流大学和一流学科建设的思考与实践》,《中国高等教育》2017年第Z1期。

张德祥、王晓玲:《学科知识生产模式变革与"双一流"建设》,《江苏高教》2019年第4期。

郑庆华:《"双一流"建设背景下中国特色高校招生选拔创新模式探索与实践》,《中国高教研究》2017年第9期。

《人民日报》评论员:《全方位培养引进用好人才——论学习贯彻习近平总书记中央人才工作会议重要讲话》,《中国人才》2021年第10期。

王树恩、燕斌、杨燕:《世界科学中心形成的一般模式与我国的对策》,《科学管理研究》2004 年第 3 期。

王欢:《"双一流"建设背景下大学智慧图书馆建设模式探析》,《图书馆工作与研究》2021 年第 S1 期。

王群、王琼:《"双一流"建设背景下高校图书馆功能与定位的再思考》,《图书情报工作》2020 年第 13 期。

耿有权:《论研究生教育学理论体系的新构建》,《研究生教育研究》2018 年第 4 期。

耿有权:《建设世界一流学科的三个问题》,《东南大学学报(哲学社会科学版)》2021 年第 5 期。

耿有权:《试论中国特色世界一流大学》,《研究生教育研究》2016 年第 1 期。

耿有权:《论人类文明视域中的世界一流大学建设——兼论中华文明背景中的"中国模式"建设之道》,《东南大学学报(哲学社会科学版)》2010 年第 3 期。

耿有权:《论"双一流"建设的战略意义及逻辑体系》,《研究生教育研究》2017 年第 5 期。

耿有权:《生态学视野中的世界一流大学体系建设》,《现代大学教育》2009 年第 2 期。

耿有权:《对我国世界一流大学建设道路的辩证思考》,《江苏高教》2010 年第 5 期。

耿有权:《论欧美研究型大学世界一流贡献的基本方略》,《教育与现代化》2010 年第 1 期。

耿有权:《世界一流大学研究的现状及其走势分析》,《清华大学教育研究》2005 年第 2 期。

耿有权:《论世界一流学科建设的五对矛盾》,《大学与学科》2020 年第 2 期。

耿有权:《政治的影响、学术的规制与市场的竞争:"双一流"大学如何回应》,《东南大学学报(哲学社会科学版)》2022 年第 6 期。

习近平:《努力成为世界主要科学中心和创新高地》,《共产党员》2021 年第 4 期。

习近平:《决胜全面建成小康社会 夺取新时代中国特色社会主义伟大胜利——在中国共产党第十九次全国代表大会上的报告》,《党建》2017 年第 11 期。

《习近平在中国人民大学考察时强调 坚持党的领导传承红色基因扎根中国大地 走出一条建设中国特色世界一流大学新路》,《思想政治工作研究》2022 年第 5 期。

《习近平在清华大学考察时强调 坚持中国特色世界一流大学建设目标方向 为服务国家富强民族复兴人民幸福贡献力量》,《思想政治工作研究》2021 年第 5 期。

江泽民：《在庆祝清华大学建校九十周年大会上的讲话》，《清华大学教育研究》2001 年第 2 期。

胡锦涛：《在庆祝清华大学建校 100 周年大会上的讲话》，《清华大学教育研究》2011 年第 3 期。

《教育部、财政部、国家发展改革委关于深入推进世界一流大学和一流学科建设的若干意见》，《中华人民共和国教育部公报》2022 年第 6 期。

[美]理查德·雷文：《大学如何服务社会》，《国家教育行政学院学报》2006 年第 9 期。

[美]陆登庭：《一流大学的特征及成功的领导与管理要素：哈佛的经验》，《国家高级教育行政学院学报》2002 年第 5 期。

《钱学森之问》，《今日科苑》2015 年第 5 期。

四、报纸

习近平：《在北京大学师生座谈会上的讲话》，《人民日报》2018 年 5 月 3 日。

胡锦涛：《在庆祝清华大学建校 100 周年大会上的讲话》，《人民日报》2011 年 4 月 25 日。

《中共中央、国务院印发〈中国教育现代化 2035〉》，《人民日报》2019 年 2 月 24 日。

胡浩：《习近平对研究生教育工作作出重要指示》，《中国教育报》2020 年 7 月 30 日。

周光礼：《世界一流学科的中国标准是什么》，《光明日报》2016 年 2 月 16 日。

苏雁、吴婵：《育人路初心如磐　新征程奋楫笃行——东南大学在党史学习教育中谱写立德树人新篇章》，《光明日报》2021 年 12 月 16 日。

杨飒：《研究生教育这十年：规模突破性增长培养机制不断深化》，《光明日报》2022 年 6 月 15 日。

胡娟：《如何认识和评价世界一流学科》，《光明日报》2016 年 3 月 29 日。

戴春晨、邢佳慧、邓雪芬：《高等教育突进：20 余省份 400 亿赶场"双一流"》，《21 世纪经济报道》2017 年 2 月 17 日。

陈彬：《西安交通大学校长王树国："双一流"建设须回归教育本源》，《中国科学报》2017 年 3 月 28 日。

林焕新：《教育部发布 2019 年全国教育事业发展统计公报，全国各级各类教育事业取得新进展》，《中国教育报》2020 年 5 月 21 日。

五、英文文献

Philip G. Altbach, "The Cost and Benefits of World-Class University", *International Higher Education*, Vol.90, No.1(2003).

Philip G. Altbach, "Peripheries and Centers: Research Universities in Developing Countries", *Asia Pacific Education Review*, No.10(2009).

Ryan M. Allen, "Commensuration of the Globalised Higher Education Sector: How University Rankings Act as a Credential for World-Class Status in China", *Compare*, No.6(2021).

Sohyeon Bae, Adam T. Grimm and Dongbin Kim, "Only One Way to be a World-Class University? Comparative Analysis on the Texts and Visual Images on Websites of Universities in China and South Korea", *Asia Pacific Journal of Education*, Vol.43, No.1(2023).

Yilin Wei, Christopher Johnstone, "Examining the Race for World-Class Universities in China: A Culture Script Analysis", *Higher Education*, No.79(2020).

Ha Thi Hai Do, Anh Ngoc Mai, "Role of the Government in the Establishment of World-Class Universities in China", *Policy Futures in Education*, Vol.21, No.2(2023).

Dongbin Kim, Quirong Song, Ji Liu, Qingqin Liu, Adam Grimm, "Building World-Class Universities in China: Exploring Faculty's Perceptions, Interpretations of and Struggles with Global Forces in Higher Education", *Compare*, Vol.48, No.1(2018).

Futao Huang, "Building the World-Class Research Universities: A Case Study of China", *High Educ*, No.70(2015).

Hazelkorn E., *Rankings and the Reshaping of Higher Education: The Battle for World-Class Excellence*, London: Springer, 2015.

Marginson S., Kaur S., Sawir E., *Global, Local, and National in the Asia-Pacific*, Dordrecht: Springer, 2011.

六、电子文献

Honors and Awards Database, 2022 年 6 月 11 日, 见 https://ir.mit.edu/awards-honors。

University of Pennsylvania Facts, 2022 年 6 月 13 日, 见 https://www.upenn.edu/about/facts。

Johns Hopkins University, *Fact Book*, 2022 年 6 月 13 日, 见 https://www.jhu.edu/

assets/uploads/2018/12/johnshopkinsfactbook.pdf。

University of Oxford, *Annual Staffing Data* 2020/21 *Reporting Year*, 2022 年 6 月 12 日, 见 https://www.staffingfigures202021pdf.pdf。

University of Oxford, *Facts and Figures - Full Version*, 2022 年 6 月 12 日, 见 https://www.ox.ac.uk/about/facts-and-figures/full-version-facts-and-figures。

University of Oxford, *Award Winners*, 2022 年 6 月 12 日, 见 https://www.ox.ac.uk/about/oxford-people/award-winners。

University of Cambridge Research, 2022 年 6 月 12 日, 见 https://www.cam.ac.uk/research/research-at-cambridge/nobel-prize。

London's Global University, *About UCL*, 2022 年 6 月 12 日, 见 https://www.ucl.ac.uk/about/。

UCL Human Resources, *Full-Time and Part-Time Staff Numbers by Staff Group and FacultyService Area as on*, 2021 年 10 月 1 日, 见 https://www.ucl.ac.uk/human-resources/sites/human_resources/files/october_2021_i_full_time_and_part-time_staff_numbers_by_staff_group_and_faculty_area.pdf。

London's Global University, *About UCL*, 2022 年 6 月 12 日, 见 https://www.ucl.ac.uk/about/who/history。

U.S.Department of Education, *National Center for Education Statistics*, *Higher Education General Information Survey*(*HEGIS*), *Master's Degrees Conferred by Postsecondary Institutions*, *By Field of Study*: *Selected Academic Years*, 1970-71 *Through* 2020-21, 2023 年 8 月 6 日, 见 https://nces.ed.gov/programs/digest/d22/tables/dt22_323.10.asp? current=yes。

U.S.Department of Education, *National Center for Education Statistics*, *Higher Education General Information Survey*(*HEGIS*), *Bachelor's*, *Master's*, *and Doctor's Degrees Conferred by Postsecondary Institutions*, *By Field of Study*: *Selected Years*, 1970-71 *Through* 2019-20, 2023 年 8 月 6 日, 见 https://nces.ed.gov/programs/digest/d21/tables/dt21_318.20.asp? current=yes。

U.S.Department of Education, *National Center for Education Statistics*, *Higher Education General Information Survey*(*HEGIS*), *Doctor's Degrees Conferred by Postsecondary Institutions*, *By Field of Study*: *Selected Years*, 1970-71 *Through* 2020-21, 2023 年 8 月 6 日, 见 https://nces.ed.gov/programs/digest/d22/tables/dt22_324.10.asp? current=yes。

吴晶、胡浩:《习近平出席全国高校思想政治工作会议并发表重要讲话》, 2016 年 12 月 8 日, 见 http://www.mod.gov.cn/leaders/2016-12/08/content_4766073.htm。

陈鹏:《三步走　建一流——教育部相关负责人解读〈统筹推进世界一流大学和一流学科建设总体方案〉》,2015 年 11 月 6 日,见 http://www.moe.gov.cn/jyb_xwfb/xw_zt/moe_357/jyzt_2015nztzl/2015_zt15/15zt15_mtpl/201511/t20151106_217959.html。

高靓、董鲁皖龙:《探索世界一流大学建设的中国模式——"双一流"建设高校和建设学科名单解读》,2017 年 9 月 22 日,见 http://www.moe.gov.cn/jyb_xwfb/s5147/201709/t20170922_315007.html。

《教育部有关负责人就第二轮"双一流"建设有关情况答记者问:服务创新发展,完善管理机制,推动高层次人才培养与高水平科学研究相互促进》,2022 年 2 月 18 日,见 http://www.moe.gov.cn/jyb_xwfb/s271/202202/t20220214_599080.html。

《扎根中国大地,办出中国特色,争创世界一流——深入推进新一轮"双一流"建设》,2022 年 2 月 18 日,见 http://www.moe.gov.cn/jyb_xwfb/gzdt_gzdt/s5987/202202/t20220214_599079.html。

《我国高等教育整体实力与世界一流大学还有不小差距》,2020 年 9 月 24 日,见 http://www.moe.gov.cn/fbh/live/2020/52485/mtbd/202009/t20200924_490486.html。

《中华人民共和国 2022 年国民经济和社会发展统计公报》,2023 年 2 月 28 日,见 http://www.stats.gov.cn/tjsj/zxfb/202302/t20230227_1918980.html。

张胜波、王丽霞:《丘成桐炮轰中国高等教育七大弊端》,2009 年 3 月 27 日,见 https://www.chinanews.com.cn/edu/dxxy/news/2009/03-27/1621004.shtml。

《习近平在中国人民大学考察时强调,坚持党的领导传承红色基因扎根中国大地,走出一条建设中国特色世界一流大学新路》,2022 年 7 月 4 日,见 http://www.moe.gov.cn/jyb_xwfb/s6052/moe_838/202204/t20220425_621698.html。

《介绍党的十八大以来研究生教育改革发展成效》,2022 年 6 月 14 日,见 http://www.moe.gov.cn/fbh/live/2022/54521/。

《习近平在北京大学考察时强调,抓住培养社会主义建设者和接班人根本任务,努力建设中国特色世界一流大学》,2018 年 5 月 2 日,见 http://www.gov.cn/xinwen/2018-05/02/content_5287554.htm#1。

《习近平在清华大学考察时强调,坚持中国特色世界一流大学建设目标方向,为服务国家富强民族复兴人民幸福贡献力量》,2021 年 4 月 19 日,见 http://www.moe.gov.cn/jyb_xwfb/s6052/moe_838/202104/t20210419_527148.html。

邓晖、周世祥:《时隔 5 年再发力——"双一流"建设有了新方位、新使命、新要求》,2022 年 2 月 15 日,见 http://www.moe.gov.cn/jyb_xwfb/s5147/202202/t20220215_599500.html。

《全面提高人才培养能力，提升高等教育整体水平——教育部学位管理与研究生教育司负责人就〈关于高等学校加快"双一流"建设的指导意见〉答记者问》，2018 年 8 月 27 日，见 http://www.moe.gov.cn/jyb_xwfb/s271/201808/t20180824_346059.html。

《服务创新发展，完善管理机制，推动高层次人才培养与高水平科学研究相互促进——教育部有关负责人就第二轮"双一流"建设有关情况答记者问》，2022 年 2 月 14 日，见 http://www.moe.gov.cn/jyb_xwfb/s271/202202/t20220214_599080.html。

《2020 年全国教育事业发展统计公报》，2021 年 8 月 27 日，见 http://www.moe.gov.cn/jyb_sjzl/sjzl_fztjgb/202108/t20210827_555004.html。

《教育部关于加快研究型大学建设　增强高等学校自主创新能力的若干意见》，2007 年 7 月 10 日，见 http://www.moe.gov.cn/jyb_xxgk/gk_gbgg/moe_0/moe_1443/moe_1637/tnull_26519.htmL。

《国家中长期科学和技术发展规划纲要（2006—2020 年）》，2006 年 2 月 9 日，见 https://www.gov.cn/gongbao/content/2006/content_240244.htm。

《中共中央、国务院印发〈中国教育现代化 2035〉》，2019 年 2 月 23 日，见 http://www.moe.gov.cn/jyb_xwfb/s6052/moe_838/201902/t20190223_370857.html。

《联合国概览：会员国》，见 https://www.un.org/zh/about-us/member-states。

《教育部、国务院学位委员会、国家语委关于宣布失效一批规范性文件的通知》，2016 年 6 月 3 日，见 http://www.moe.gov.cn/srcsite/A02/s5911/moe_621/201606/t20160622_269365.html。

《关于 985、211 名单的咨询》，2019 年 11 月 28 日，见 http://www.moe.gov.cn/jyb_hygq/hygq_zczx/moe_1346/moe_1366/201911/t20191128_409940.html。

《2022 年全国教育事业发展统计公报》，2023 年 7 月 5 日，http://www.moe.gov.cn/jyb_sjzl/sjzl_fztjgb/202307/t20230705_1067278.html。

《教育部召开新闻发布会介绍 2022 年全国教育事业发展基本情况》，2023 年 3 月 23 日，见 http://www.moe.gov.cn/fbh/live/2023/55167/。

《教育部办公厅关于实施一流本科专业建设"双万计划"的通知》，2019 年 4 月 2 日，见 http://www.moe.gov.cn/srcsite/A08/s7056/201904/t20190409_377216.html。

《教育部：在学研究生总规模今天将达到 300 万人》，2020 年 12 月 3 日，见 http://www.moe.gov.cn/fbh/live/2020/52717/mtbd/202012/t20201204_503476.html。

沈怡然：《华为芯片断供前后，任正非到访北京大学等六所院校》，2020 年 9 月 24 日，见 https://www.163.com/money/article/FNA0NM7U00258105.html。

后　记

　　党的二十大报告强调,加快建设中国特色、世界一流的大学和优势学科。这表明,建设中国特色世界一流大学和世界一流学科的重大现实意义。对中国"双一流"大学而言,"加快建设"的任务意味着在前期建设的基础上继续推进发展,不仅要按照中国式现代化的建设要求实现规模发展,更好地满足人民群众对接受优质教育的期待,更要贯彻新发展理念实现高质量内涵式发展,完成国家赋予的使命任务。面对新形势新任务,"双一流"大学如何实现这个建设目标,不仅是一个重大的实践问题,也是一个重大的理论问题。

　　学界对这个问题的研究和探讨由来已久,已经取得了丰硕的成果。如2015年8月中共中央全面深化改革领导小组审议通过,同年10月国务院印发《统筹推进世界一流大学和一流学科建设总体方案》;2017年1月,教育部、财政部、国家发展改革委联合印发《统筹推进世界一流大学和一流学科建设实施办法(暂行)》;同年9月,教育部、财政部、国家发展改革委联合发布《关于公布世界一流大学和一流学科建设高校及建设学科名单的通知》,由此中国"双一流"建设战略正式实施。围绕国家重大战略部署,研究成果不断增多,对指导和推进"双一流"大学建设产生了重要影响。

　　正是在"双一流"建设的关键时期,我于2018年申报获批了国家社会科学基金教育学一般课题"'双一流'建设的历史发展及其理论体系研究"(编号：BIA180177）。本课题立项，对我个人来说，是一次非常难得的重要机遇。
事实上，"985 工程"启动之时，我正在东南大学党委政策研究与发展规划办公
室工作，具体参与研究和制定学校的发展规划及行动计划，经常谈论"一流大
学建设"这个主题或问题，因此从那时起就开始关注和研究这个重要问题，至
今在教育类核心期刊等连续发表了 30 余篇论文。比如，2001 年在《江苏高
教》第 3 期上发表了《基于创建世界一流大学的问题及思考》；2005 年在《清
华大学教育研究》第 2 期上发表了《世界一流大学研究的现状及其走势分
析》；2009 年在《现代大学教育》第 2 期上发表了《生态学视野中的世界一流
大学体系建设》；2010 年在《外国教育研究》第 10 期上发表了《论美国世界一
流大学建设模式的战略构建》，在《东南大学学报（哲学社会科学版）》第 3 期
上发表了《论人类文明视域中的世界一流大学建设——兼论中华文明背景中
的"中国模式"建设之道》，在《江苏高教》第 5 期上发表了《对我国世界一流大
学建设道路的辩证思考》；2012 年在《江苏高教》第 6 期上发表了《论我国世
界一流大学建设的初级阶段》。其间，我虽然因工作关系换了几个地方或单
位，包括 2004 年至 2007 年国家公派到东欧斯洛伐克、德国法兰克福大学讲
学，但是从来没有放弃对这个重要问题的关注、思考和研究。2015 年"双一
流"建设战略启动后，我认真学习领会国家大政方针，继续开展相关研究并发
表论文。比如，2016 年在《研究生教育研究》第 1 期上发表了《试论中国特色
世界一流大学》，在《学位与研究生教育》第 8 期上发表了《"双一流"建设视域
中的研究生教育》；2017 年在《江苏高教》第 1 期上发表了《世界一流学科：八
种定位法及其价值探析》，在《研究生教育研究》第 5 期上发表了《论"双一流"
建设的战略意义及逻辑体系》；2020 年在教育部学位中心和北京大学联合主
办的杂志《大学与学科》第 2 期上发表了《论世界一流学科建设的五对矛盾》；
2021 年在《东南大学学报（哲学社会科学版）》第 5 期上发表了《建设世界一
流学科的三个问题》；2022 年在《东南大学学报（哲学社会科学版）》第 6 期上
发表了《政治的影响、学术的规制与市场的竞争："双一流"大学如何回应》。

其中,若干篇论文被《新华文摘》《中国高等教育》等摘要转载或辑录,也获得了科研奖励。整体看,这些论文是我在不同时期、不同地方针对一个中心问题的不同方面思考和研究的成果,直到今天相互联系起来可以说形成了比较清晰的认识线索,就是所有文字都体现了我对"如何认识和建设中国特色世界一流大学"这个重大理论问题和重大实践主题的思考和探索。

在这个重大主题研究过程中,个人印象最深刻的一件事是,2014年5月23日下班后,我在回家路上接到教育部社科司电话通知征集我个人关于中国特色世界一流大学研究成果,当天晚上赶紧整理发表论文并打印装订了几乎是一本书规模的文本于次日上报,说实话,这件事给我很大的触动、鼓励和教育,我第一次强烈地感受到原来理论性或务虚性研究有如此重要的价值意义,于是继续深入研究探讨这个重要问题,之后经过三年准备于2018年汇集相关文章在中国科学技术出版社出版了个人著作《论中国特色世界一流大学》,这本书不仅是个人对该重大主题研究的一次全面总结,也是个人对相关理论研究的再反思和研究的再出发。近几年,以承担国家社会科学基金教育学一般项目课题为重要契机,我继续围绕"双一流"建设主题开展深入研究,最终希望形成具有一定系统性、学理性的理论成果。具体讲,如果说我之前的研究成果都是跟踪性的、随机性的、零散性的、个性化的研究,那么,这次国家级项目研究是主动把过去多年研究成果进行整体性反思,大胆尝试进行系统化和理论化。

显然,"双一流"建设意义重大,建设内涵极其丰富,怎么样才能实现预定的理论研究目标? 对我来说,这是一个富有挑战性的重要问题。积极进取、迎难而上、接受挑战,是唯一的正确选择。长期以来,经过阅读、思考和研究,我充分认识到积极借鉴和吸收人类优秀文明成果十分重要,比如在阅读研究古希腊哲学家亚里士多德《形而上学》著作时,我突然发现,其"四因学说"暗含着一种有价值的逻辑引线和分析方法,很有理论价值和方法论意义。于是,我设计了较为科学合理的逻辑路线开展研究,经过四年多研究写作,同时吸收众多专家学者相关科研成果,将过去若干年的零星思考进行系统性整合,形成了本书理论框架体系。我不敢说它有多么系统性或体系化,但至少是我个人对这个重大理论和实践问题进行系统性思考的一次探险和尝试,衷心期待本书能对人们正确认识和科学把握中国"双一流"建设之道有所助益。

本书的研究和出版得到了多方面的关心、指导和支持。首先,全国教育科学规划领导小组办公室的立项资助,提供了难得的研究机会。东南大学社会科学处、高等教育研究所、生物科学与医学工程学院、学习科学研究中心等部门、机构均给予了指导和帮助。南京大学教育研究院汪霞教授、南京师范大学心理学院刘国雄教授、厦门大学教育研究院张亚群教授、兰州大学高等教育研究院包水梅教授、南京邮电大学张雪蓉教授、东南大学学习科学研究中心邓慧华教授、东南大学马克思主义学院陆华教授等专家给予了宝贵的指导和支持。东南大学研究生教育学团队为本研究提供了多方面的帮助。本人指导的高等教育学和研究生教育学专业研究生陈月卿、张译丹、李洪燕、刘富尧、肖中亿等同学参与课题研究,在国内外文献资料的搜集整理、数据分析、文字校对等方面做了不少工作。非常荣幸的是,本书研究出版获得了人民出版社的鼎力支持。在此一并表示感谢!

"双一流"建设,是新时代中国高等教育强国建设的一项重大战略,实践追求目标高远,涉及内容极其丰富、复杂,背后的"道"既新又深,现在可以说,无论是在实践层面还是在理论层面上都有许多问题需要研究,且需要结合中国发展阶段和发展实际开展深入研究。鉴于认识水平和研究能力有限,本书中难免有不足之处,恳请读者批评指正。

耿有权

2022 年 5 月 30 日

2023 年 11 月 16 日修订